# COMMENT SE PSYCHANALYSER SOI-MEME ?

A. Roberti

# COMMENT SE PSYCHANALYSER SOI-MEME ?

ÉDITIONS DE VECCHI S.A.
52, rue Montmartre
75002 Paris

# Introduction

L'homme a toujours cherché à sonder son âme. Dans l'Antiquité, seuls quelques rares philosophes pressentirent les difficultés que présentait une telle tâche et il fallut attendre Sigmund Freud, à la fin du XIXe siècle, pour que soient enfin expliqués certains mystères de la personnalité. C'est en étudiant sa propre personnalité que Freud fit ses principales découvertes sur le psychisme. Ses rêves, ses tics nerveux et ses lapsus furent ses premiers sujets d'analyse. L'auto-analyse est, par conséquent, possible, pourvu que l'on respecte certaines conditions et que l'on ne souffre pas d'une véritable maladie psychique, exigeant l'intervention analyste. Autrement dit, l'auto-analyse peut être utile à toute personne, quelle qu'elle soit, sauf en cas de maladie mentale grave.

Nous subissons tous, aussi équilibrés que nous soyons, les problèmes que nous pose notre personnalité ; il nous arrive à tous de céder au doute, au manque de confiance en soi et aux faiblesses propres à la nature humaine : jalousie, peur, timidité, etc. Mais rien n'est dû au hasard : tout ce que nous sommes et tout ce que nous pensons est la conséquence de mécanismes psychiques enfouis au plus profond de notre inconscient, refoulés, et qu'il nous faut comprendre.

La psychanalyse n'est pas une philosophie : elle ne

relève pas pour autant de la sorcellerie et n'est pas une superstition, comme certains l'affirment. C'est une véritable science qu'il est, de ce fait, impossible de cerner entièrement dans les quelques pages d'un livre. Ce manuel n'est donc pas à l'usage de celui qui veut étudier la psychanalyse : le lecteur y trouvera en revanche une méthode qui lui permettra de comprendre un certain nombre de manifestations bizarres de sa personnalité, qui, quoique parfaitement anodines, n'en sont pas moins mystérieuses, souvent involontaires, comme si elles surgissaient spontanément, régies par une force intérieure indomptable. Les songes jouent également un rôle important dans la vie de l'être humain, car ils sont la clef qui permet la compréhension de certains états d'âme. Bien que l'interprétation psychanalytique ne doive pas être confondue avec la cabale, il est nécessaire, dans certains cas, de recourir à une symbologie qui exprime de lointaines frustrations sexuelles, des désirs inassouvis et des pulsions réprimées.

C'est là notre seul but. La lecture de ce livre, si elle ne donne pas au lecteur une vision scientifique de la psychanalyse, lui permettra de mieux se connaître et grâce à cette meilleure connaissance de soi, de comprendre les autres plus facilement.

# Comment devenir son propre psychanalyste ?

Nous avons tous besoin d'une psychanalyse. C'est du moins l'opinion des psychiatres et psychologues, et de nos jours plus encore qu'autrefois, soit parce que nous sommes réellement névrosés, soit parce que nous croyons l'être. Seule une minorité de personnes, et bien plus par ignorance ou pour des raisons dues à leur milieu, peut résister au stress qu'impose la vie moderne.

Mais névrose ne signifie pas folie ; c'est une façon de réagir face aux contretemps de la vie quotidienne, aux soucis, aux déceptions et aux souffrances qui marquent notre psychisme de diverses façons et se traduisent par des milliers de malaises qui tendent soigneusement à masquer leur origine. Celui qui souffre de frustrations, d'angoisses, de craintes, de complexes, d'idées fixes, d'obsessions, d'inhibitions, de crises d'hystérie, n'est pas, comme on le croit trop souvent, complètement fou mais, tout simplement névrosé, et on peut affirmer que nous le sommes tous dans une certaine mesure. Nous savons combien il est difficile de nos jours de conserver notre calme et notre équilibre, sérieusement menacés par le monde extérieur actuel. Toutefois, il est possible d'y parvenir ou de retrouver paix et harmonie intérieures lorsque la névrose est déjà très avancée ; n'oubliez surtout pas qu'une névrose vaincue sert de vaccin définitif contre toute rechute éventuelle.

## Qu'est-ce qu'un psychanalyste ?

La clé permettant de trouver la solution à nos plus intimes conflits et souffrances réside dans la psychanalyse, qui, littéralement, signifie : « analyse de la psyché », c'est-à-dire de l'esprit. Freud la définit comme « une méthode pour le traitement médical de maladies nerveuses », tout en admettant que, bien souvent, les techniques utilisées sont totalement opposées à celles de la médecine conventionnelle.

La psychanalyse est, précisément pour cette raison, une science difficile, car elle ne s'appuie pas sur des faits, mais sur des mots, des souvenirs, des gestes, des sensations, des émotions, des songes, etc. C'est une science abstraite dans la mesure où son champ d'observation ne possède pas la tangibilité d'une science exacte.

Les maladies du psychisme, quoique plus difficiles à diagnostiquer et à traiter ne sont pas moins graves que celles du corps. Si nous comparons, par exemple, un complexe d'infériorité à un défaut physique, nous verrons qu'à la longue le complexe implique une souffrance bien plus grande que le défaut physique. Les anomalies mentales provoquent un malaise continu qui conditionne la personnalité de l'être humain.

Un aveugle, ou un invalide, doté de la sérénité et d'une grande force de caractère, peut être heureux. Un homme physiquement sain, mais souffrant de complexes et de frustrations, ne parviendra jamais à affronter les difficultés de la vie, ni à profiter de ses meilleurs moments.

La psychanalyse est donc en quelque sorte une éducation permettant de libérer les énergies consommées par l'individu dans sa névrose et de les diriger vers ce qu'il souhaite réellement. La psychanalyse dévoile les causes de la névrose, et en corrige les défauts. Toute névrose peut faire l'objet d'une psychanalyse qui, par ailleurs, démontre bien que rien dans notre vie psychique n'est le fait du hasard.

## L'oubli ne résout rien

On ne peut dire que le secret du bonheur consiste à avoir mauvaise mémoire. Les souffrances et les traumatismes ne peuvent s'oublier, car ils laissent toujours une cicatrice indélébile dans notre inconscient, c'est pourquoi il faut s'armer de courage et les affronter directement.

Enfouir au plus profond de sa mémoire un fait désagréable ne le fait pas disparaître pour autant. L'illusion d'avoir oublié a, habituellement, des conséquences bien plus graves que le fait que l'on cherche à oublier. Ce fait ne disparaîtra pas, bien au contraire, il ressurgira, plus tard, monstrueusement transformé et méconnaissable. Parallèlement à une souffrance concrète d'autres malaises plus ambigus, plus imprécis apparaîtront, tout comme un cancer, avec une infinité de ramifications qui se développent dans l'inconscient. Faut-il consulter un psychanalyste et lui expliquer son passé ?

Non, certes. Il est évident que toutes les névroses n'exigent pas un traitement médical. En revanche, on doit affronter la réalité telle qu'elle se présente et apprendre à s'observer de l'intérieur. C'est ainsi que l'on améliorera son attitude face à la vie et face à ses proches. L'on augmente son rendement intellectuel qui est, bien souvent, inférieur à ce qu'il pourrait être, car on ne sait guère tirer parti de ses capacités intellectuelles. La vie quotidienne, qui n'est que trop souvent une succession d'heures malheureuses – par pur masochisme, le névrosé renonce au bonheur qu'il souhaite ardemment – semblera différente. Les problèmes qui minent la personne névrosée se résoudront peu à peu, lui redonnant le goût de la vie.

## Les inconvénients de la vie moderne

À lire cette introduction, il semblerait que nous dénoncions l'existence d'une névrose unique, générale et collective, qui transformerait en un phénomène social une maladie qui, au contraire, est individuelle et ne peut être traitée et guérie qu'individuellement.

Ceci est inexact, quoique certainement justifiable. Avec les progrès et le développement de la société de consommation, les troubles neuropsychologiques se multiplient à un rythme réellement hallucinant. Cette nouvelle civilisation nous fait participer tous à une véritable course pour gagner et l'emporter sur nos amis, nos ennemis, nos copains, nos cousins, nos voisins, etc. La vie moderne éloigne l'homme de la nature, le mécanise et robotise, le perturbe, le soumet à de brusques changements, à des bruits continuels et obsédants, à des régimes déséquilibrés, à des informations contradictoires qui s'amoncellent sans qu'il puisse formuler de jugement équilibré, mûrement réfléchi. Tout noyau urbain tend à se transformer très rapidement en un ensemble chaotique abritant des gens névrosés souffrant de troubles psychiques.

Si nous comparons l'homme du siècle dernier à celui du XXe siècle, la différence est immense. Tandis qu'autrefois le voyageur pouvait de la vitre de son attelage contempler le lent défilé de paysages, de nos jours, le conducteur enfermé dans sa voiture ou enfourchant sa moto, lancée à vive allure, n'a plus guère le loisir de prêter attention au paysage, car son regard est constamment sollicité par de nouvelles images qui défilent sans répit. Certes, hier, l'homme arrivait au terme de son voyage bien plus las mais c'était uniquement une fatigue physique tandis que le voyageur d'aujourd'hui éprouve en plus une fatigue mentale très pénible.

Il est vrai qu'aujourd'hui nous vivons plus longtemps. Le corps humain se défend mieux contre les maladies grâce aux progrès de la médecine et à la découverte de nouveaux produits pharmaceutiques ; notre espérance de vie s'est allongée. En revanche, notre psychisme est devenu bien plus vulnérable et c'est la raison pour laquelle il est important de bien se protéger. On ne peut entamer une analyse, ou une auto-analyse, sans suivre des règles précises et faire preuve de persévérance, comme nous le verrons par la suite.

## Objections

Parvenu jusqu'ici, vous pouvez vous demander si tout cela est bien nécessaire. Est-il utile de s'analyser soi-même, en reliant des faits lointains à d'autres qui, apparemment, n'ont aucun rapport entre eux ? Ne courez-vous pas le risque de devenir moins spontané et sincère, plus artificiel, moins naturel ? N'est-il pas préférable, dans certains cas, de tout ignorer ? Ne vaut-il pas mieux simuler d'autant que dans son inconscient tout va très bien et que l'on souffre d'une nervosité générale que de courtes vacances ou un tranquillisant parviendront à résorber ?

En d'autres termes, n'est-il pas plus sage de tout mettre

sur le compte de la santé ? À toutes ces questions, nous répondrons que l'ignorance ne peut être que néfaste. Vivre telle une autruche, la tête enfouie dans le sable afin de ne pas voir les dangers qui vous guettent, n'a aucun sens.

L'ignorance fait de l'homme un être fragile, sans défense. Si nous apprenions tous à mieux nous connaître, sans fermer les yeux sur nos erreurs, sans tolérer passivement nos frustrations, nous contribuerions, sans aucun doute, à la création d'un monde meilleur. Analyser son âme ne signifie pas seulement se libérer d'actes plus ou moins teintés de névrose, mais cela signifie aussi devenir plus tolérant, plus compréhensif envers son prochain. N'est-ce pas là une raison suffisante ? Connaître les causes de ses troubles revient à connaître également les aspects les plus déplaisants et les plus honteux de sa personnalité. Tout le mal dont souffre le monde n'est peut-être qu'une forme anormale de névrose ; par ailleurs, la tranquillité n'est-elle pas le signe d'un parfait équilibre intérieur ?

Certains prétendent qu'il faut éviter l'introspection car elle ne fait qu'accroître les angoisses, les tics nerveux, les manies, voire les maladies physiques, car elle nous mène vers un labyrinthe, où sommeillent les monstres engendrés par l'inconscient, dont il est ensuite impossible de retrouver la sortie. Ce scepticisme se retrouve dans tous les milieux, quel qu'en soit le niveau intellectuel. La psychanalyse est, parmi toutes les sciences, celle qui est sans doute la plus critiquée, la plus méprisée, mais ceux qui la critiquent ignorent bien souvent que ce sont eux qui ont le plus besoin d'un psychanalyste compétent.

En effet, leur attitude n'est autre qu'une réaction de défense venant de l'inconscient, comme s'ils ne voulaient pas reconnaître à quel point ils ont réellement besoin de cerner leur personnalité. Certains jouent les moralistes et invoquent la foi religieuse, d'autres croient que les psychanalystes expliquent toute chose par le sexe, d'autres encore s'en moquent de façon stupide. On peut alors se demander pourquoi ils s'inquiètent tant de quelque chose qui, en principe, ne devrait guère leur importer et se soucient tant de ceux qui décident de recourir à un psychanalyste afin de résoudre leurs problèmes.

À vrai dire, bon nombre d'entre eux sont poussés par un sentiment secret de culpabilité, à ce point refoulé qu'eux-mêmes l'ignorent. Ils craignent le psychanalyste tout comme les enfants peuvent craindre leurs parents lorsqu'ils viennent de commettre une bêtise. Ils ont peur d'être découverts ; pour le reste, Freud lui-même écrit : « toute la théorie de la psychanalyse se fonde sur la perception de la résistance qu'oppose le patient lorsque l'on essaie de ramener à la conscience claire les sentiments refoulés dans l'inconscient ».

Le psychanalyste préfère écouter les confessions de son patient en se cachant de lui afin que ce dernier ne soit pas troublé par un dialogue direct, face à face, afin qu'il ne se sente pas tendu, nerveux et puisse vaincre plus facilement les mécanismes de défense qui entravent la véritable connaissance de soi-même et de la vérité. Les psychanalystes pourraient citer des centaines de cas où le patient, bien que venant de son propre chef, n'ose dire mot et attend du spécialiste qu'il parvienne, comme par enchantement, à résoudre spontanément ses problèmes sans aucune collaboration de sa part. Il ne faut pas craindre d'aller voir un psychanalyste si l'on en ressent le besoin car on ne pourra que s'en sentir mieux.

## L'auto-analyse : signification, utilité et risques

Sigmund Freud disait que « la psychanalyse s'apprend, avant tout, avec soi-même, par l'analyse de sa propre personnalité ».

Précisons qu'il ne suffit pas d'observer des conduites relativement superficielles, mais, comme l'entendait Freud, tout l'ensemble des phénomènes psychiques qui peuvent faire l'objet d'une analyse de nous-mêmes.

Il est par conséquent logique que le psychanalyste se fasse psychanalyser avant de pratiquer, afin de libérer son esprit des troubles et des symptômes névrotiques qui entraveraient ses diagnostics et son équilibre professionnel. Par ailleurs, toute personne décidant de se rendre chez un psychanalyste ne peut prétendre demeurer en marge du traitement et renoncer à faire le moindre effort pour aider le spécialiste, car ce dernier ne peut rien pour le sujet sans sa collaboration. C'est le patient lui-même qui doit trouver la force nécessaire pour guérir, précisément par l'examen de ses expériences et de ses souvenirs d'enfance ; c'est là où réside tout le pouvoir de guérison.

Notre esprit est ordonné comme une armoire dont nous pouvons faire l'inventaire, en étudiant un par un tous les objets qu'elle contient. Le psychanalyste n'est pas un devin ni un prêtre, mais un guide. Sa tâche consiste à trouver le meilleur chemin permettant d'accéder à la vérité.

En revanche, lorsque l'on prend la décision de s'analyser sans recourir au psychanalyste, cela implique un énorme effort de volonté pour éviter toute tentation d'abandon qui ne mène qu'à la démoralisation ou à la paresse. Cet avertissement n'est pas superflu ; en effet, personne ne doit prendre la décision de s'auto-analyser, sans auparavant connaître les risques auxquels il s'expose au cas où, effrayé par ses propres découvertes, il finirait par abandonner. Cela est fort possible ; c'est pourquoi il faut éviter à tout prix de renoncer pour ne pas tomber dans une morbide contemplation des souvenirs les plus déplaisants, qui serait à l'origine d'une auto-compassion qui fournirait un nouveau motif de frustration.

Aussi, avant de commencer, il sera opportun de suivre ces conseils :

1. Soyez décidé à aller jusqu'au bout, avec courage, sans éluder les mauvais souvenirs, mais sans non plus vous y complaire.
2. Soyez convaincu que vous pouvez être heureux, car le bonheur n'est que la projection de notre état d'âme vers le monde, lequel nous apparaîtra bon ou mauvais, selon notre façon de le considérer.
3. Une fois votre décision prise, ne commettez pas une erreur en retardant l'analyse car cela équivaudrait à céder à la crainte d'une désillusion.
4. Espérez que l'analyse vous permettra de vous sentir mieux.
5. Respectez dès le début les règles fondamentales suivantes :
   *a)* consacrer à l'auto-analyse une demi-heure par jour, au moins, de préférence le soir, avant de se coucher ;
   *b)* noter tout ce qui semble utile dans un journal qui aura une fonction analogue à celle du psychanalyste ;
   *c)* répondre très sincèrement aux questions qui seront posées dans les chapitres suivants ;
   *d)* ne pas en parler à qui que ce soit, car vous risqueriez de vous laisser influencer par de mau-

vais conseils qui pourraient ensuite vous inciter à tout abandonner.

*Un autre conseil important :* ce livre ne s'adresse pas aux personnes qui souffrent d'une névrose déjà très avancée et qui doivent faire rapidement appel à un psychanalyste. Ce livre est une sorte de manuel de gymnastique mentale, facile, ne comportant pas de contre-indications, sans risques, permettant au lecteur de mieux se connaître, de conserver sa santé psychique et de parvenir à un parfait équilibre ; en d'autres termes, de se sentir mieux et de mieux accepter la société. Toutefois, ce livre ne prétend pas remplacer l'analyste dont l'importance ne fait aucun doute, ni proposer de nouvelles méthodes scientifiques d'auto-analyse.

## Un auto-interrogatoire

Commencez par un examen de conscience semblable à ceux enseignés dans notre enfance. Imaginez que vous êtes devant un miroir magique, capable de refléter votre plus intime essence, et observez ce que vous y « voyez ». Ce premier examen va vous permettre d'obtenir une série de données qui serviront à cerner la base de votre personnalité. Les questions sont nombreuses ; aussi répondre à dix de ces questions tous les soirs sera amplement suffisant. S'il vous est difficile de vous concentrer, notez ces questions et réponses sur votre petit cahier. Ces questions auxquelles on pourra en ajouter un nombre infini n'ont pas de bonne ou de mauvaise réponse, car il ne s'agit pas d'un concours, mais d'une méthode pour réfléchir, pour nous juger et avoir une image plus claire de ce que nous sommes réellement.

– Suis-je timide ?
– Suis-je agressif ?
– Suis-je nonchalant ?
– Suis-je hypersensible ?
– Y a-t-il quelqu'un pour qui j'éprouve sans raison une antipathie profonde ?
– Est-ce que je me trouve sympathique ?
– Est-ce de la faute de quelqu'un si je n'ai pu, jusqu'à présent, réaliser ce que je désirais ?
– Est-ce de la faute de quelqu'un si je n'ai pas réussi dans la vie (par exemple dans mon travail, en amour etc.) ?
– Suis-je intransigeant ?
– Suis-je faible ?
– Est-ce que je reproche à mes parents l'éducation qu'ils m'ont donnée ?
– Est-ce que je bois beaucoup ?
– Est-ce que je fume trop ?
– Est-ce que je prends des somnifères pour dormir ?
– Est-ce que je prends des tranquillisants ?
– Est-ce que je bois beaucoup de café ?
– Est-ce que j'évite de téléphoner à un ami (pour prendre de ses nouvelles et bavarder) simplement par crainte de le déranger ?
– Est-ce que je me considère plus intelligent que mes amis, mais guère apprécié à ma juste valeur ?
– Est-ce que je crois au destin ?
– Est-ce que je critique la jeunesse actuelle ?
– Est-ce que je critique la génération de mes parents ?
– Est-ce que je critique le comportement de l'autre sexe ?
– Est-ce que je critique la société actuelle, en étant convaincu que ni rien ni personne ne pourra la changer ?

– Me semble-t-il honteux de changer d'idée ?
– Suis-je athée ?
– Suis-je catholique pratiquant ?
– Suis-je superstitieux ?
– Est-ce que je souffre d'insomnies ?
– Est-ce que je dors plus que nécessaire ?
– Est-ce que je mange peu ?
– Est-ce qu'il me semble que l'on parle trop de la sexualité ?
– Est-ce que je pense qu'on n'en parle jamais assez ?
– Est-ce que j'éprouve souvent de la compassion pour moi-même ?

Parlons maintenant des tics nerveux. Sur votre journal ou votre cahier, vous prendrez note de tous les gestes ridicules et insignifiants que vous faites machinalement et que vous ne pourriez pas expliquer, en répondant aux questions suivantes :

– Est-ce que je me touche souvent le nez ou l'oreille ou les cheveux, surtout quand je me concentre ?

– Est-ce qu'il m'arrive de me mordiller les ongles ou le bout d'un crayon ?

– Lorsque je parle au téléphone, est-ce que je ne peux résister à la tentation de dessiner ou d'écrire quelque chose sans aucune signification sur un bout de papier ou même mon carnet d'adresses ?

– Ai-je l'habitude de me frotter continuellement les mains, comme si je les lavais ?

– Est-ce que je bouge constamment les jambes lorsque je suis assis ?

– Est-ce que je me concentre mieux si je fronce les sourcils ou si je tire légèrement la langue ?

– Est-ce que je me mets parfois à tousser sans raison ?

– Est-ce que je me gratte la tête, le front, le cou ? Est-ce que je me frotte les yeux ?

Les tics ne sont pas seulement des contractions spasmodiques des muscles du visage, mais aussi de petits actes incontrôlés qui semblent suggérés par un autre moi. Si vous n'êtes pas capable de vous en rendre compte par vous-même, demandez à vos proches de vous les signaler, car cela vous permettra de mieux connaître les secrets les plus intimes de votre personnalité.

## Concept de normalité : psychotique, psychopathique et débile

Tout cet interrogatoire découle en fait d'une question essentielle du doute qui vous a conduit à l'auto-analyse : « Suis-je normal ? ».

La question est en soi mal posée, car vous devez abandonner le concept de normalité si vous voulez poursuivre cette introspection. Par définition, est normal tout ce qui est conforme à la norme, c'est-à-dire à la majorité des cas ; mais supposons que cette majorité soit nevrosée, devrons-nous en déduire que la névrose est aussi un état normal ?

En réalité, la normalité humaine est faite de cas anormaux, c'est pourquoi il est vain de parler de personnes normales et de personnes névrosées. Toutefois, pour différencier la normalité du pathologique, il faut être plus précis. Il est impossible de diviser les gens en normaux d'une part, et en névrosés (c'est-à-dire incapables de réagir de façon positive aux difficultés) d'autre part car il existe aussi des psychotiques (c'est-à-dire des fous), des psychopathes (criminels, alcooliques, pervertis, drogués, etc.) et des débiles mentaux. Cette division est nécessaire afin de ne pas confondre la névrose avec diverses maladies mentales graves.

De nombreux écrivains et psychanalystes utilisent le terme « normal » pour définir un individu psychiquement sain. Ce terme peut à la rigueur être utilisé par opposition à une anomalie que l'on veut soigner (car normal serait l'individu capable de vivre sa vie sans se trouver mêlé à d'insurmontables conflits avec son milieu social et familial).

Pour l'auto-analyse, on évitera toutefois cette comparaison car elle pourrait créer une équivoque et prêter à confusion entre le concept de normalité et celui de folie.

Supposons, par exemple, que vous ayez découvert et inscrit sur votre bloc-notes une dizaine de tics auxquels vous n'aviez pas prêté attention auparavant et que vous ayez pris conscience de votre timidité, de votre intransigeance, de votre susceptibilité, etc. En voyant la liste de tous vos points faibles ainsi énumérés (et que vous n'aviez peut-être jamais considérés autrement que séparément), vous pourriez en tirer des conclusions hâtives, penser qu'il est impossible de vaincre autant de défauts et que rien ne pourra venir à bout des frustrations qui vous tourmentent. Dans ce cas, autant poser votre crayon, fermer votre cahier et renoncer à toute auto-analyse. Par conséquent, vous devez avant tout chercher à vaincre cette tendance à abandonner qui vous assaillira dès que vous aurez terminé votre interrogatoire. Songez que les autres ne sont guère meilleurs que vous, si cela peut vous réconforter, pas même ceux que vous tenez en grande estime. Le malaise que vous éprouverez en relisant vos réponses – dont beaucoup seront contradictoires – sera bien la preuve que ce premier pas n'aura pas été fait en vain, car il vous aura permis de découvrir quelque chose que vous auriez préféré ignorer.

Une fois votre examen de conscience terminé, vous reprendrez les réponses les plus importantes et les plus utiles pour les regrouper en rubriques, par exemple :

*a)* je suis agressif ;
*b)* je déteste voyager ;
*c)* je ne suis pas très fidèle, mais par contre je suis très jaloux ;
*d)* je souffre d'insomnies ;
*e)* je me ronge les ongles.

À côté de chacun de ces différents points, vous essayerez d'en donner les raisons, car une fois la cause connue, il est bien plus facile de pallier insuffisances et défaillances. Vous considérerez chaque problème séparément, en essayant de distinguer les défauts qui vous font le plus souffrir (ou ceux qui font souffrir vos proches) de ceux qui vous semblent faire partie intégrante de votre façon d'être. Ainsi, vous ne vous inquiéterez point d'être religieux ; en revanche, vous vous interrogerez sur votre religiosité. La gourmandise peut être interprétée comme un besoin physiologique de s'alimenter, mais c'est bien souvent la conséquence d'un manque d'affection. Prenez, par exemple, l'affirmation *b) Je déteste voyager*, et demandez-vous si :

1. Cette aversion aux voyages vous rebute à tel point que vous vous sentez mal à l'aise à la seule idée de partir en voyage ou que vous avez toujours un bon prétexte pour ne pas partir ou qu'il vous faut prendre un tranquillisant auparavant ou encore que vous souffrez de toutes sortes d'angoisses et craignez, par exemple, que votre maison prenne feu pendant votre absence ou que vous tombiez

malade pendant le voyage, sans personne pour vous soigner, etc.

2. Cette aversion est peut-être due à une raison bien précise (par exemple, au cours d'un précédent voyage, vous avez réchappé, par miracle, à un terrible accident, ou vous avez été cambriolé pendant votre absence).

À moins qu'il ne s'agisse d'une véritable répugnance aux voyages, cette sorte d'intolérance est facilement surmontable avec un peu de volonté et de maîtrise de soi ; toutefois, lorsque cette aversion est justifiée, comme dans le second cas, nous nous heurtons à une réaction normale et logique du psychisme devant un fait désagréable. Lorsqu'un dégoût n'est apparemment pas fondé, il faut en trouver la cause, bien que l'on se soit efforcé de l'oublier depuis des années.

Supposons que vous ayez vu, il y a très longtemps, un accident de voiture qui coûta la vie à une personne, peut-être chère. Cet accident, sans que vous vous en rendiez compte, peut avoir profondément blessé votre inconscient et être à l'origine de votre allergie aux voyages ; c'est pourquoi, dans un cas d'aversion injustifiée, vous devrez essayer d'en trouver la raison lointaine.

Le chagrin est une souffrance de l'esprit mais c'est une souffrance surmontable. L'angoisse, en revanche, est bien plus subtile, plus crispante et affecte tous nos actes, quels qu'ils soient.

## Qu'est-ce que l'esprit de l'homme ?

La transformation d'un traumatisme en un symptôme nevrotique se produit dans l'inconscient. Freud dit : « les processus psychiques... sont inconscients, tandis que les processus conscients ne sont qu'une partie de toute notre vie mentale ». Ceci signifie, en d'autres termes, que notre esprit échappe à notre contrôle, comme s'il nous était étranger, agissant de manière incompréhensible ; mais nous devons éviter cela et parvenir à maîtriser notre esprit, en tirant le plus grand parti de nos capacités, en contrôlant nos passions et en nous efforçant de maintenir notre équilibre psychique. Et pour cela, il ne suffit pas de recourir à la foi ou aux justifications familiales. La foi, l'environnement et la famille ne peuvent résoudre, seuls, l'instabilité émotive de l'homme ; ils permettent tout au plus de compenser notre déséquilibre en imposant une discipline, une rigueur qui peut, en surface, donner de bons résultats, mais qui, dans certains cas, ne fait qu'aggraver le déséquilibre nevrotique en profondeur.

Rien ne peut aider un individu à retrouver la paix intérieure qu'il a perdue, risquant parfois même de déterminer un état véritablement pathologique.

L'esprit ne peut, en réalité, être considéré comme quelque chose de tangible et d'unique. Le mérite de Freud est précisément d'avoir reconnu l'existence de trois instances, chacune ayant ses fonctions respectives :

1. Le *Moi* (ou l'*Ego* ou encore le *Conscient)*. C'est l'élément de la personnalité qui est consciemment en rapport avec le monde extérieur, et qui sert d'intermédiaire entre la réalité et l'inconscient.
2. Le *Ça* (ou l'inconscient). C'est la partie la plus inaccessible de la personnalité, à laquelle échappent la moralité et tout jugement sur le bien et le mal. Son énergie provient de pulsions primitives et irraisonnées, au service du plaisir et de la jouissance.
   Le temps lui est étranger, contrairement au *Moi*, et les désirs et les pulsions ont, pour lui, un caractère permanent ; à tel point qu'il conserve toute son

agressivité pendant des années et des années. Ce n'est que lorsque ces pulsions, par le biais de la psychothérapie, sont perçues par le conscient qu'elles perdent leur énergie et deviennent un fait appartenant au passé.

3. Le *Surmoi*. C'est le fondement du sens moral car il soumet le *Moi* aux principes moraux les plus rigides. Il se développe immédiatement après la petite enfance et se renforce pendant l'adolescence ; le jeune enfant n'a donc pas de conscience morale. Avec les années, le *Surmoi* se substitue à l'autorité des parents et des professeurs dont il est le prolongement direct. La rigueur du *Surmoi* est inexorable ; manquant d'indulgence, son idéal est la perfection à laquelle il soumet constamment le pauvre *Moi*.

Les limites entre le *Moi*, le *Ça* et le *Surmoi* sont très floues et confuses. En fait, les rapports entre ces trois instances constituent un ensemble unique, une personnalité unique.

C'est le *Moi* qui est soumis aux exigences des deux autres instances. D'une part, le *Surmoi* lui impose un contrôle et une critique constante, provoquant frustrations et complexes de culpabilité, lorsque les normes morales qu'il impose ne sont pas respectées.

D'autre part, le *Ça* agit comme une marmite débordant de pulsions et de désirs. Freud disait à propos des rapports entre le *Moi* et le *Ça* que le *Moi* était le cavalier et le *Ça* son cheval. Le cheval possède l'énergie et la force de courir mais c'est le cavalier qui le guide et choisit le chemin. C'est bien souvent le contraire qui se produit ; le cavalier se laisse mener par son cheval, abandonnant les rênes et par conséquent la possibilité de choisir consciemment son destin.

Le *Moi* doit ainsi endurer le despotisme de deux tyrans

(le *Ça* et le *Surmoi).* Il est certain que les névroses, les angoisses, les frustrations, les complexes se trouvent de cette façon pleinement justifiés. La tâche de notre conscient (c'est-à-dire du *Moi)* est particulièrement difficile car il doit harmoniser les forces contraires qui pèsent sur lui (le *Ça* qui l'incite à agir et le *Surmoi* qui le freine), sans disposer des moyens permettant de surmonter cette difficulté.

Le *Moi,* obligé de reconnaître son incapacité, se voit plongé dans l'angoisse, une angoisse névrotique par rapport au *Ça,* et morale face à un *Surmoi* rigide, comme si les deux autres instances de la structure psychique punissaient le *Moi,* l'une de ne pas lui obéir *(Surmoi),* l'autre de résister à ses fortes pulsions (Ça).

## Les mystères du psychisme

Le *Ça* emmagasine toutes nos expériences transformées en pulsions et en désirs qui bouillonnent comme la lave d'un volcan, manifestant constamment leur désir immédiat d'assouvissement. Si le *Surmoi* n'intervenait pas comme un frein, le *Moi* se laisserait entièrement mener par le *Ça.*

Supposons par exemple qu'une jeune femme épouse un milliardaire sans l'aimer. Il est évident que ce qui pousse cette femme à ce mariage d'intérêt est le désir de mener une vie facile, luxueuse, lui permettant de s'offrir de beaux vêtements, des bijoux, des voyages, etc.

La voix de la conscience lui souffle de ne pas tromper son mari par de fausses promesses d'amour, mais elle préfère les ignorer et ne songer qu'au luxe de sa vie future. La jeune femme, se souvenant de la pauvreté de son enfance, aspire à élever sa condition sociale et ne veut pas commettre la même erreur que sa mère qui s'est mariée fort jeune avec un homme peu fortuné qui n'a su que lui donner une ribambelle d'enfants et mille peines. Elle croit que ce mariage va lui permettre de réaliser toutes ses aspirations ; elle aura, enfin, tout ce qu'elle désire et n'aura plus à faire de sacrifices. Mais une fois mariée, elle commence soudain à souffrir d'insomnies et doit prendre tranquillisants et somnifères ; de violentes migraines la martyrisent, sans raison apparente. Bien que jeune, elle est tourmentée par la peur de mourir et craint les voyages en avion, en voiture, en train, par peur d'un accident ; elle s'imagine toujours malade. Ce sont, en définitive, tous les symptômes d'une vengeance du *Surmoi* qui punit la jeune femme de ne pas l'avoir écouté. Celle-ci ne s'en rend pas compte et ne peut associer ses migraines et son anxiété à l'amour mensonger qu'elle offre à son mari. Sa conscience la châtie, mais elle en ignore les raisons.

Prenons maintenant le cas d'une jeune fille qui s'éprend de son beau-frère. Contrairement à ce que l'on peut observer dans le cas précédent, la jeune fille suit les ordres dictés par sa conscience morale (ou *Surmoi*) et réprime ses pulsions ; mais, incapable de maintenir l'équilibre entre les forces qui s'opposent du *Ça* et du *Surmoi* et d'affronter avec cran la réalité de ses sentiments, elle préfère oublier ; or, cet oubli est impossible car ce désir non satisfait renaît sous diverses manifestations de type névrotique. Elle se désintéresse de son travail, devient apathique, et souffre également de fréquentes migraines. Le médecin lui conseille de prendre des vacances mais il ne s'agit pas d'une fatigue nerveuse puisque cette névrose est la conséquence de sentiments réprimés qu'elle tente d'oublier.

L'inconscient est mystérieux, complexe ; il n'est guère facile de le déchiffrer mais parfois, un simple détail peut nous permettre, à un moment donné, de pénétrer ses mécanismes plus secrets.

Comment faire pour découvrir ce qui peut dévoiler notre inconscient ?

Laissant de côté le cas de l'individu qui préfère consulter un psychanalyste, voyons comment doit procéder celui qui, en toute humilité, décide de se retrouver seul avec lui-même. Il faudra, pour cela, qu'il se serve du *Moi*, c'est-à-dire de cette partie de la structure psychique qui intervient consciemment et volontairement afin d'imposer un programme.

Voici quelques conseils :

1. Essayez de trouver une explication à ce qui est survenu par le passé, même si cela peut paraître insignifiant. Demandez-vous sans crainte : pourquoi ai-je pris telle décision ? Le passé est le passé ; il serait donc logique qu'il y ait une certaine objectivité, une certaine capacité de jugement vis-à-vis de lui. Or, on constate qu'il n'en est pas ainsi, car de vieilles injustices continuent encore de bouillonner en notre for intérieur comme si elles étaient récentes et des embarras de longue date nous font encore rougir. Il vous faut affronter avec courage, une par une, toutes les choses qui vous sont désagréables. N'essayez pas de vous mentir, cela serait stupide.
2. Efforcez-vous de trouver sympathiques les personnes qui vous semblent les plus déplaisantes, et, de même, chaque fois qu'une ombre de pessimisme traverse votre esprit, essayez de voir les choses du bon côté car, en fait, il n'y a rien qui n'ait un sens positif.

   Supposons, par exemple, que vous fassiez une

tache d'encre sur votre vêtement. Votre première réaction est la contrariété ; mais si vous vous mettez à penser qu'au fond la couleur de ce vêtement ne vous plaisait guère et que la tache serait un prétexte pour le teindre ou acheter quelque chose de neuf, vous accepterez bien mieux le fait. Un autre exemple : supposons que vous vous laissiez angoisser par l'idée d'être licencié. Cette appréhension ne servira qu'à diminuer votre rendement et à augmenter les possibilités d'un renvoi ; en revanche, si vous essayez de vous convaincre que vous n'avez rien à craindre et que même s'il n'en était pas ainsi, ce ne serait pas la fin du monde, car vous pourriez toujours trouver un emploi meilleur, mieux rémunéré et plus enrichissant, votre angoisse disparaîtrait.

3. Faites l'essai de tenir un journal intime et de noter tout ce qui vous passe par la tête, sans réfléchir, sans tenter d'y attribuer une explication logique.
4. Pensez à votre enfance. Si, instinctivement, un souvenir vous gêne, essayez de vous le rappeler dans ses moindres détails, en étant fidèle à vous-même, sans essayer de vous mentir ou d'inventer.
5. Songez à vos défauts, dressez-en une liste et demandez-vous quels sont les plus récents. Cherchez pourquoi, comment et quand ils sont apparus. Vous en trouverez peut-être les causes et donc un moyen de découvrir votre véritable personnalité.
6. Ne craignez point de parler à d'autres personnes de vos doutes, surtout s'il ne s'agit ni d'amis ni de proches. Toute occasion est bonne pour entamer le dialogue ; au risque d'être jugé ennuyeux par celui qui devra vous écouter, ces confidences vous seront bénéfiques. C'est souvent en parlant avec un étran-

ger que bien des choses remontent spontanément à la surface de notre conscience.

## Les lapsus

Il vous est certainement déjà arrivé d'utiliser un mot pour un autre ou de lire une phrase pour une autre, ce que vous avez jusqu'ici attribué à un manque d'attention. Voyons pour commencer ce qu'est un lapsus. Freud le définit comme un « acte manqué ». C'est essentiellement un phénomène qui n'a aucun rapport avec les maladies psychiques et qui se produit chez toute personne saine et normale qui peut commettre une erreur en parlant *(lapsus linguae* ou faux pas de la langue), en écrivant, en écoutant ou en lisant. Ce peut être également l'oubli d'un nom, d'un rendez-vous, d'un objet, et bien que cela puisse sembler insignifiant, il se cache toujours derrière la cause de cette erreur ou de cet oubli, un motif valable et convaincant.

Par exemple, oublier un mot, le déformer ou le remplacer par un autre est parfois un incident important et révélateur, comme l'exemple que donne Freud lui-même, d'un jeune homme qui, abordant une jeune fille dans la rue, lui dit : « Mademoiselle, me permettez-vous de vous insulter ? » remplaçant le mot « inviter » par « insulter ».

Parfois, la recherche du motif du lapsus est bien plus difficile ; tel est le cas de ce professeur qui, au cours d'une conférence dans l'amphithéâtre de son école, ne parvint pas à se souvenir du nom de l'auteur du *Décaméron*. Ce lapsus, qui suscita le rire de ses élèves, était apparemment incompréhensible, d'autant plus que la conférence traitait précisément de Boccace. En fait, si le professeur avait oublié ce nom, c'était parce qu'il lui rappelait un accident de voiture qu'il avait eu dans une rue du même nom que celui de l'auteur du *Décaméron*. À l'origine de son amnésie se trouvait son intention de ne point se rappeler ce désagréable incident et par conséquent d'effacer la contrariété qu'il en avait éprouvée.

Ce mécanisme de défense contre les désagréments que suscite le souvenir de certains faits provoque l'oubli de noms, de mots, de faits. Le rapport est tantôt lointain, tantôt immédiat. Supposons que vous oubliez un rendez-vous ; il est très probable que cet oubli ne soit pas fortuit et que votre inconscient se rebelle en fait devant la perspective de rencontrer la personne concernée. Il en est de même lorsque vous oubliez de faire quelque chose ; il est vraisemblable qu'il s'agit de quelque chose qui ne vous plaît guère, même si votre volonté vous a permis de l'accepter auparavant. Le *Moi* qui veut et le *Ça* qui ne veut pas produisent ensemble l'oubli, le lapsus.

Oublier (ou plus encore, perdre) un objet peut s'expliquer de la même façon. Cela est souvent lié à la personne qui nous a offert cet objet ou à un fait qui s'y rattache. Perdre un objet est moins désagréable qu'il n'y paraît. Supposons qu'un individu perde son portefeuille ; il en sera fort contrarié, le cherchera partout et personne ne réussira à le convaincre que c'est le fait de son inconscient. Tel est le cas de Fred T. de Manchester, obligé d'admettre malgré lui que ce portefeuille lui avait été offert par son ex-fiancée qui, précisément, l'avait quitté six mois plus tôt pour se marier avec son meilleur ami. Un autre exemple nous est donné par Freud : c'est celui d'un homme qui retrouva un jour dans un tiroir un livre qu'il avait égaré précisément le jour où sa femme le lui avait offert. Il le retrouva lorsque, pour diverses circonstances, il modifia son attitude, jusque-là hostile, envers son épouse.

Les lapsus se produisent contre la volonté de l'individu et révèlent les pulsions de son inconscient.

Il existe d'autres lapsus qui consistent à saisir un objet au lieu d'un autre ou bien à trébucher et à faire tomber ce que l'on avait dans la main. C'est ce qui arrive parfois aux domestiques plus fréquemment qu'à la maîtresse de maison. La raison profonde de cette inattention peut être l'envie portée aux classes aisées, une sorte de rancœur à devoir travailler pour des personnes qui peuvent inspirer l'hostilité et la jalousie. Un type de lapsus, plus rare mais tout aussi intéressant et significatif, est celui qui découle d'un sentiment profond et inconscient de culpabilité. C'est le cas des petits (ou graves) incidents provoqués par des faits apparemment sans importance. Les exemples sont innombrables : des personnes qui se cognent constamment contre des portes, des meubles, qui tombent et se font mal, qui, de façon inexplicable, se coupent avec tout couteau ou objet tranchant.

Rien de tout cela n'est le fait du hasard, car la vie psychique est une suite de causes et d'effets. Sigmund Freud cite l'incident survenu à une dame qui trébucha contre des pierres et heurta le mur d'une maison, se défigurant d'horrible façon. On sut après qu'elle était tombée précisément au moment où elle avait décidé de traverser la rue pour aller acheter un tableau, dans un magasin situé de l'autre côté de la chaussée, pour décorer la chambre de ses enfants. À cet instant précis, sans le savoir, avait surgi en elle un complexe de culpabilité d'avoir récemment avorté, ne souhaitant plus mettre d'enfant au monde. Comme elle le confessa plus tard, elle s'était accusée d'avoir tué cet enfant qu'elle portait et était convaincue que ce délit ne resterait pas impuni.

En conclusion, nous pouvons dire que le lapsus naît de l'influence réciproque entre deux tendances psychiques opposées. Le fait de s'interroger non pas sur ses propres lapsus, mais sur ceux des autres, est un excellent exercice, et si vous vous trompez sur leur véritable signification, cela ne risquera pas de vous porter personnellement tort et vous permettra de comprendre bien des attitudes qui, auparavant, ne vous semblaient avoir aucun sens. De toute façon, gardez-vous de faire part de vos conclusions vraisemblablement peu correctes au début à la personne intéressée, car elle risquerait de vous reprocher de l'avoir prise comme cible.

Supposons que votre femme (ou votre mari) avoue avoir perdu le cadeau que vous veniez de lui faire. Ne lui faites pas aussitôt une scène de jalousie et ne considérez pas qu'il s'agit d'un manque d'amour.

C'est le moment de vous interroger sur vos relations conjugales, de vous demander si tout va bien dans votre couple, si lui (ou elle) vous aime comme avant. Le fait d'avoir perdu ce cadeau peut être un signal d'alarme, vous alertant que quelque chose laisse à désirer dans vos relations.

De même, ne prenez pas pour du sabotage le fait qu'un domestique casse votre vase préféré ; mieux vaut penser que cela n'a guère d'importance.

Au cas où vous observeriez souvent ces petits incidents, ou même de façon isolée et apparemment sans raison, vous pourriez peut être parvenir à en déceler la cause psychique et par là même à les priver de leur contenu inconscient.

Il faut pour cela essayer de reconstruire les faits qui précèdent l'oubli ou le lapsus, c'est-à-dire savoir où vous étiez, ce que vous faisiez, ce à quoi vous pensiez, avec qui vous parliez, quel objet ou quel fait provoqua l'incident, etc.

S'il vous est difficile de vous concentrer, vous prendrez

votre plume et votre cahier et noterez les réponses ; même si vous avez du mal à écrire, vous vous rendrez compte à quel point cela facilite votre tâche.

## Docteur Jekyll et Mr Hyde

Nous avons tous une double personnalité. Personne n'est entièrement bon ou mauvais ; chacun est ce qu'il est et également son contraire.

Le Docteur Jekyll et Mr Hyde revivent en chacun de nous l'éternel conflit entre le bien et le mal, soumettant la partie consciente de notre personnalité (c'est-à-dire le *Moi*) à un dilemme continu.

La personne psychiquement saine résout le problème par le bon sens, en recherchant une nouvelle dimension dans la dépendance du *Surmoi* et en essayant d'élargir son champ de perception afin de ramener à la conscience les zones inconscientes du *Ça*.

Parmi les solutions les plus dangereuses que peut choisir l'être humain pour échapper à ses angoisses, notons l'évasion loin de la réalité. Ce n'est qu'en affrontant les situations qui se présentent qu'il est possible de surmonter et de vaincre son angoisse. Il ne faut surtout pas chercher refuge dans l'alcool, la drogue, l'apathie, ou rêver tout éveillé (attitude plus dangereuse qu'il n'y paraît) ; cette sorte de faux remède ne sert qu'à aggraver la situation, en affaiblissant le *Moi* qui se retrouve à la merci de ses deux tyrans (le *Ça* et le *Surmoi*).

## Ceux qui renoncent

Il ne faut jamais renoncer, car cela laisse prévoir des difficultés futures. Il faut au contraire réagir, vivre, supporter les souffrances non seulement physiques mais aussi psychiques, les peines de toute sorte, les désillusions.

La double personnalité est un reflet de ce double aspect de la vie, parfois douce et agréable, parfois dure et amère. La personne psychiquement saine ne prétend pas que la vie soit l'une ou l'autre chose, car tenant compte de ces contradictions, elle s'adapte à la souffrance lorsqu'il faut souffrir, et à la joie lorsque la vie la lui offre. En fait, on peut dire que tout commence à tourner mal quand on souffre sans aucune raison.

## Les nostalgiques

Il ne faut pas chercher non plus à se réfugier dans le passé, cela ne sert à rien.

Qui s'y raccroche trop devient incapable de profiter de l'instant présent. Se réfugier dans le passé est une dangereuse évasion car elle empêche l'individu d'être objectif dans ses appréciations (il transpose romantiquement certaines valeurs du présent à des choses du passé) et finit par tomber dans le plus profond pessimisme.

Le nostalgique est un individu stérile et malheureux qui pleure sur les ruines de son passé et vit dans des souvenirs qu'il tend à embellir, poussé par une imagination débordante. C'est un être vivant mais qui, socialement, se comporte comme s'il n'était plus de ce monde.

## Les rêveurs

Celui qui rêve tout éveillé vit un peu dans la même situation. Imaginer des choses qui ne pourront jamais se réaliser revient à se droguer et à se détruire peu à peu.

Les belles images que l'on se complait à évoquer au gré de sa propre fantaisie ne servent qu'à nous opposer violemment à la réalité qui, en soi, n'est jamais parfaite. Celui qui se réfugie, tel un ermite, dans son imagination, croit avoir découvert le secret de son bonheur, car il peut ainsi échafauder tout ce qu'il désire. Le monde lui appartient mais c'est un monde irréel, tout d'illusion, qui s'évanouit brusquement comme un fantôme.

L'illusion est éphémère et affaiblit la volonté et le grand rêveur sort vaincu de toutes les épreuves, sans avoir le courage d'affronter les choses à leur juste mesure et accumule erreur sur erreur.

## Les suicides

Un autre type d'évasion de la réalité – une évasion totale, castratrice qui coïncide avec l'autodestruction – est le suicide.

Pour certains, renoncer à la vie est la seule solution envisageable pour résoudre leurs angoisses. Les conflits émotionnels de leur personnalité atteignent des limites intolérables, incompatibles avec la réalité, et le *Moi* devient totalement impuissant, incapable de résister à la double tension du *Ça* et du *Surmoi.*

Le suicide réel consiste à supprimer la vie (saut dans le vide, poison, etc.) pour mettre fin à toute souffrance.

Mais le suicide peut être psychique lorsqu'il se manifeste par le renoncement progressif à tout, à l'amour, à l'affection, au travail, aux ambitions, à la famille. Ces personnes, fort malheureuses, incapables de s'intéresser à ce qu'elles font, assistent inertes à leur ruine devenant des objets que ni rien ni personne n'affecte.

Elles ne vivent pas mais végètent jusqu'à la fin de leurs jours, leur retour à une vie réelle devenant de plus en plus problématique. Cette autodestruction systématique, qui peut être très lente et progressive, s'effectue parfois sans que le sujet ne s'en aperçoive.

Elle peut se manifester tout d'abord par un désintéressement du malade pour son travail, ou un désir soudain de s'enfoncer dans la solitude : le patient repousse ses amis et l'affection de sa famille, fuit dans un isolement de plus en plus accentué et se transforme en un « non-être ». C'est presque comme s'il portait son épitaphe sur le front : « Ci-gît Monsieur X qui décida de ne plus lutter et de se retirer à jamais de ce monde ». Cette fuite du monde réel est motivée par l'ennemi le plus fallacieux de l'être humain, à savoir « la peur ».

## Le bon sens (ou sens commun)

Parfois le bon sens peut faire des miracles. « *Count your blessings* » disent les Anglais, c'est-à-dire, « pense aux bons côtés de la vie et estime-toi heureux avec ce que tu as ». Vivre signifie lutter et avant tout lutter contre soi-même. Certes, il n'est pas toujours facile de mettre en pratique certains préceptes qui semblent issus d'une œuvre édifiante écrite à une autre époque, mais il est important, pour celui qui veut être en mesure de se juger et s'analyser, de faire cet effort essentiel. Il est quelquefois utile de retomber en enfance et d'adopter envers son inconscient la même attitude tendre et indulgente d'une mère à l'égard de son unique enfant. Sans recourir au *Surmoi* et à ses exigences (« tu dois, tu ne dois pas »), vous vous pencherez pendant une semaine sur chacune des réflexions suivantes :

1. Profitez de l'instant présent, sans permettre qu'un souvenir ou une espérance ne viennent empoisonner ce que vous faites ou ce que vous êtes, surtout ce que vous pouvez faire ou ce que vous pouvez être, et si vous avez commis une erreur la veille, tâchez de ne pas la répéter. Considérez la vie comme une droite formée par des points très proches et essayez de considérer chaque point correctement. Si vous vous apercevez que vous êtes en train de céder à un remords stérile ou à un souvenir nostalgique, ou que vous êtes sur le point de sacrifier le plaisir d'un moment présent pour le remettre à plus tard, pensez à ce que vous êtes en train de perdre.
2. Veillez à préserver votre santé. Il ne fait aucun doute que certaines maladies sont la conséquence d'une névrose, mais il est également vrai qu'une personne physiquement saine est moins exposée aux mauvais tours du psychisme et au stress de la vie moderne.

   Il est bon de pratiquer un sport. Le corps et l'esprit sont intimement liés ; il en est pour preuve que les sportifs comptent le plus faible pourcentage connu de névrosés.
3. *Think happy*, c'est-à-dire songez à ce qui vous rend heureux.

Réveillez-vous avec une pensée joyeuse ou tout au moins agréable qui vous accompagnera toute la journée.

Ce peut être un simple projet pour la soirée qui rend votre journée de travail plus légère, moins tendue. Pourquoi ne pas vous efforcer d'observer autour de vous les choses les plus plaisantes, prêter l'oreille aux paroles les plus gentilles, au chant des oiseaux (mais oui ! même dans les grandes villes) ? Découvrez la facette la plus sympathique de tous ceux qui vous entourent. C'est ainsi que vous vous sentirez heureux ; d'ailleurs le bonheur n'est qu'une attitude de l'esprit à laquelle il faut se sentir prédisposé.

4. « Ne jamais remettre à demain ce qu'on peut faire le jour même ».
   Ce proverbe est très valable comme règle de vie, non seulement pour gagner du temps mais aussi pour éviter l'angoisse de la tâche accomplie à la dernière minute ou inachevée. Pour votre propre tranquillité, il est préférable de pas remettre vos obligations.
5. En revanche mieux vaut remettre au lendemain ce qui nous coûterait trop de faire aujourd'hui. S'accorder des moments de détente, de temps à autre, n'est pas interdit.
6. Cessez de vous lamenter en répétant « Ha ! de mon temps... », car votre époque c'est l'époque actuelle avec laquelle vous devez essayer de vivre en harmonie.
7. Apprenez à ne pas vous plaindre, non seulement pour ne pas paraître antipathique, mais aussi parce que cela empêche souvent de voir ce pourquoi nous pourrions être contents.
8. Comparez vos problèmes à ceux des autres. Le fait de constater que nos problèmes ne sont pas les plus graves qui soient peut parfois nous aider à vaincre plus facilement certaines difficultés qui peuvent sembler insurmontables.

9. Aimez votre famille et votre prochain. N'attendez pas que ce soit l'autre qui fasse le premier pas. L'amour du prochain nous récompense de tous les sacrifices.
10. Ne traînez pas derrière vous les malheurs passés. Il n'est pas nécessaire de les oublier pour se convaincre qu'ils appartiennent au passé ; réjouissez-vous donc qu'ils soient du passé.
11. Ne croyez pas ingénument qu'un changement radical de vie va enfin vous apporter le bonheur. C'est dans nos cœurs que le bonheur se trouve et non à l'extérieur.
12. Acceptez de bon gré les responsabilités familiales, du travail ou de la vie en général.
13. N'exigez pas que tout le monde soit aimable, ne faites pas de drames à la première déconvenue. Donner trop d'importance aux détails est un signe de névrose, car le comportement d'une personne psychiquement saine est de considérer le malotru comme tel, sans lui prêter d'intentions particulières.
14. Ne perdez jamais votre humour ; même les contrariétés momentanées ont, si l'on apprend à les juger correctement, un côté comique.
15. Même si vous êtes débordé de travail, ménagez-vous un peu de temps libre (une heure au moins) pour faire ce qui vous plaît, ou simplement vous reposer.
16. Ne regrettez jamais les occasions perdues pendant l'adolescence ; cela ne peut avoir qu'une influence négative sur la vie adulte.

    La jeunesse dure aussi longtemps que l'on veut la faire durer. Reprenez ce qui vous enthousiasmait étant jeune et consacrez votre temps libre à un passe-temps.

17. Méditez sur vos erreurs. Méditez aussi sur celles que les autres vous semblent avoir commises et demandez-vous si sincèrement, vous auriez agi de même dans de semblables circonstances.
18. Pour éviter la solitude, le grand mal de toutes les grandes villes, cherchez des amis, tout autour de vous, dans votre voisinage par exemple, et essayez de vous lier d'amitiés avec ceux qui vous semblent les plus sympathiques. Vous n'êtes pas le seul à vouloir rencontrer d'autres personnes.
19. Si vous êtes marié, ne demandez pas l'impossible à votre conjoint.
20. Téléphonez ou écrivez tous les jours à l'un des amis que vous avez perdu de vue et qui vous était sympathique. C'est une excellente formule pour se lier d'amitié avec des personnes autres que nos collègues de bureau.
21. Apprenez à vous détendre. Allongé sur le sol, vous essaierez de penser à quelque chose d'anodin, sans forcer l'esprit, sans évoquer des souvenirs désagréables ou des projets séduisants. Essayez tout d'abord de relaxer la pointe des pieds, puis les jambes, puis le tronc progressivement jusqu'aux bras. Il est très difficile de ne penser à rien : il faut un long apprentissage avant de soumettre l'esprit à cet exercice. Les phases d'une bonne relaxation sont au nombre de trois :

*a)* sensation de lourdeur dans tout le corps ;
*b)* sensation de froid ;
*c)* sensation de légèreté.

## Les frustrations

Pour terminer, un conseil : ne vous apitoyez pas sur vos peines et vos problèmes. De nombreux névrosés tendent ainsi à la dépression, ce qui amoindrit encore leur résistance aux frustrations.

Les frustrations sont des désillusions accompagnées de la sensation d'avoir été privé de quelque chose d'essentiel et à laquelle nous ne pouvons rien. C'est précisément cette sensation qui empêche le névrosé de réagir, alors que le sujet psychiquement sain est capable non seulement de réagir mais encore d'opposer aux contretemps inéluctables de la vie un désir de revanche, de lutte.

Le névrosé déprimé s'imagine être victime de la société et des circonstances ; il transforme souvent tout en frustration ; il est convaincu que tout ce qu'il entreprendra sera semé d'obstacles insurmontables, d'où son apathie.

Comment naissent les frustrations ?

Elles résultent de l'incapacité d'affronter la réalité et de distinguer les problèmes réels, importants, de ceux qui sont fictifs.

Il y a des personnes qui se sentent frustrées en amour ou dans leur travail ; d'autres, en revanche, se sentent totalement frustrées par l'ensemble de leur vie et la moindre déception les rend encore plus abattues et indifférentes vis-à-vis des autres. Les personnes psychiquement saines éprouvent aussi des déceptions, mais elles les surmontent et les acceptent comme des expériences.

Pour le névrosé, en revanche, ce sont des expériences tout à fait négatives qui transcendent tous leurs actes et toutes leurs pensées.

Les sujets non névrosés parviennent, en s'imposant une

certaine autodiscipline, à surmonter leur crise sans avoir recours à la psychanalyse, parce qu'ils sont suffisamment équilibrés. En revanche, lorsque les névrosés tentent de vaincre seuls leurs frustrations, ils retombent bien souvent dans une frustration plus insidieuse encore que les précédentes, lorsqu'ils s'aperçoivent qu'ils demeurent impuissants.

Les frustrations d'un névrosé ne peuvent être guéries qu'en trouvant l'origine de la névrose. Celle-ci remonte presque toujours très loin, jusqu'à l'enfance, lorsque parents et maîtres jugeaient et punissaient selon de stricts critères de justice, sans tenir compte d'autres choses. Prenons un exemple : un adolescent de seize ans, Terence N. habitant Newcastel dans le nord de l'Angleterre, préoccupait ses parents. En effet, alors qu'il était toujours l'un des premiers de sa classe, chez lui, en revanche, il se comportait de façon stupide au point de répondre de travers aux questions qu'on lui posait ou de se tromper constamment quoi qu'on lui demandât de faire. Parfois, lorsqu'il sortait avec ses parents, il se mettait à trébucher et à tomber ; il était pourtant en parfaite santé et très sportif. En dehors du cercle familial, il se montrait franc, sympathique et avait de nombreux amis (amis qu'il évitait de présenter à ses parents).

Le mystère fut élucidé par un psychologue que sa mère alla consulter.

Terence était incapable de surmonter l'état d'anxiété et de crainte que son père, involontairement, lui avait inspiré des années auparavant. Lorsque Terence, faisant ses premiers pas, venait à tomber et se faisait mal, son père le grondait et lui ordonnait de se relever. Lorsqu'il ne voulait pas manger ou faisait une bêtise, immanquablement son père le punissait. Bien que les parents n'aient jamais eu l'intention de mortifier l'enfant, celui-ci, plus tard, se mit à craindre une réprimande dès qu'il voyait son père. Cette impression de ne rien savoir bien faire et d'être jugé stupide ne se produisait, fort heureusement pour l'enfant, qu'en présence de ses parents, puisqu'à l'école, Terence était un excellent élève. Chez lui, son inconscient qui gardait en lui la blessure causée par les humiliations de son enfance dictait à Terence cette étrange conduite, ce qui ne faisait que contrarier son père qui redoublait ses réprimandes, aggravant ainsi la situation.

Un autre exemple : une journaliste obligée pour son travail d'écrire des articles en toute hâte avait constamment l'impression d'avoir oublié quelque chose, de s'être trompée quelque part, ce qui la poussait à relire plusieurs fois ce qu'elle avait écrit, suscitant la colère du directeur du journal car, bien souvent, les articles étaient incomplets ou lui parvenaient tardivement.

C'était pourtant une bonne journaliste, passionnée par son métier, mais elle fut renvoyée. Sur le moment elle se sentit soulagée, comme libérée, mais elle s'aperçut bientôt, que c'était une fausse impression et qu'elle ne souhaitait qu'une chose : travailler à nouveau à la rédaction d'un journal. Ce qu'elle fit, mais une fois de plus, la crainte de se tromper la reprit ; elle en arrivait même à oublier des noms et des dates, et à commettre de multiples lapsus.

Pourquoi ce phénomène ? L'origine de celui-ci remontait à ses études primaires, au cours moyen, époque à laquelle elle avait eu la meilleure note pour une rédaction. Elle s'empressa de la montrer à ses parents ; mais son père ne trouva jamais le temps de la lire et sa mère, qui était institutrice, ne remarqua que les fautes et les maladresses de style.

Ce commentaire maternel fut pour la jeune élève une

profonde humiliation qui demeura gravée et refoulée dans son inconscient et qui réapparaissait chaque fois qu'elle tentait d'écrire quelque chose. La joie de cette meilleure note, ternie par l'indifférence du père, détruite par la sévérité de la mère, s'était transformée en amertume, en insécurité et en sensation d'avoir obtenu quelque chose qu'elle n'avait pas mérité.

Bien entendu, une fois la cause du blocage mental décelée, la jeune femme put développer ses talents, et c'est aujourd'hui l'une des journalistes les plus connues en France. Qui cède à ses frustrations finit par céder devant tout. Celui qui capitule et ne parvient pas à surmonter ses faiblesses psychiques tombe peu à peu dans une sorte de léthargie. Si, par définition, l'être humain est un être qui manifeste un intérêt pour la vie, le sujet frustré finit par ne plus être une personne.

N'est-il pas absurde de laisser une déception d'enfant conditionner ainsi son existence ? C'est pourquoi il est bon de tenir un journal où vous pourrez noter vos découvertes, en essayant de vous souvenir de faits passés, enfouis dans votre mémoire, qui peuvent être à l'origine de vos problèmes actuels.

Il faut savoir ce que l'on veut, mais il faut surtout savoir ce que l'on est. La vie est brève ; nous ne devons pas gaspiller notre temps uniquement parce que nous ne sommes pas capables de l'utiliser.

Une personne mûre et équilibrée est aussi une personne qui ne gaspille pas inutilement ses énergies, qui ne se complaît pas dans de stériles évocations du passé mais qui sait, au contraire, apprécier les choses à leur juste valeur, préserver son indépendance et se sent intimement libre. C'est dans cette attitude que réside le secret du bonheur.

# Un code pour déchiffrer notre âme

Dans l'Antiquité, on attribuait aux songes une importance considérable.

Les livres d'histoire sont pleins d'anecdotes concernant des personnages célèbres qui, avant de prendre une décision, une initiative, ou de donner le signal de l'attaque, consultaient oracles et devins afin que ceux-ci interprètent les rêves qu'ils avaient faits pendant la nuit. De l'interprétation de ces songes, ils tiraient ensuite des conseils, des promesses, voire des menaces, des châtiments.

Pour les Grecs, les Romains, les Étrusques, les Égyptiens et les Phéniciens, l'interprétation des songes était un art que personne n'avait jamais mis en doute et qui était généralement confié aux grands prêtres. Pour les hommes de l'Antiquité, le rêve était quelque chose de surnaturel qui les rapprochait des dieux, car ceux-ci manifestaient aux hommes leur volonté par l'intermédiaire de ces rêves.

Rappelons ainsi le songe légendaire de l'empereur chrétien Constantin : la veille de la bataille du Pont Milvius (l'an 312 de notre ère), il vit une croix dans les airs, portant cette inscription en latin : *in hoc signo vinces* (tu vaincras par ce signe). Ce que l'on explique à l'école, comme un fait surnaturel pour convertir les peuples au christianisme et mettre ainsi fin à la persécution des chrétiens, trouve une explication plus logique en psychanalyse que dans l'interprétation miraculeuse.

En admettant que Constantin ait fait ce rêve de la croix, il est clair que ce fut une projection inconsciente de son plus cher désir, à savoir vaincre son rival Maxence et devenir le maître et seigneur de l'Empire d'Occident ; mais Constantin préféra donner à ce rêve une interprétation religieuse et lui attribuer une signification chrétienne, pour conforter la foi de ses sujets.

## Qu'est-ce que le rêve ?

Le rêve est la représentation symbolique d'un désir ou d'une pulsion. Parfois le désir est facile à interpréter (comme dans presque tous les rêves d'enfants), mais parfois il se présente sous une forme déguisée, totalement déformée et son interprétation requiert une analyse précise.

Cette interprétation n'est pas toujours acceptée et l'on comprend pourquoi. Les rêves ne trahissent pas toujours des désirs nobles ou tout au moins avouables ; certains révèlent des désirs obscènes ou criminels. Considérons, par exemple, le cas d'une mère de famille très croyante, aimant son foyer, qui une nuit fait un rêve trahissant ses tendances homosexuelles ; si quelqu'un essaie de lui expliquer la signification de son rêve, elle se sentira offensée ou le prendra comme une plaisanterie.

Considérons également le cas d'un homme très amoureux de sa femme, aimant ses enfants et qui rêve que, dans un acte monstrueux, il tue toute sa famille. Qui pourra lui faire comprendre qu'il existe en lui un profond désir de liberté et que, bien que ne coïncidant pas avec ses pulsions homicides, il s'identifie avec le désir de voir disparaître les êtres qui lui sont chers ?

Tous les rêves sont des réalisations de désirs, même ceux où le sujet rêve qu'il est battu, mort ou humilié. Il s'agit alors d'un désir d'autopunition découlant d'un sentiment inconscient de culpabilité qui, précisément par le biais du sommeil, assouvit le désir d'être châtié pour une faute commise ou que l'on croit avoir commise.

Les rêves sont parfois angoissants. La peur est la manifestation du grand conflit du psychisme entre les désirs qui demandent à être satisfaits et la résistance qu'oppose le *Surmoi*. Ce type de rêve provoque souvent d'autres malaises secondaires divers, tels que des sueurs abondantes, des larmes, des maux de tête et un réveil brutal. La peur non seulement se rêve mais se vit aussi réellement.

Il est certain que nous rêvons tous lorsque nous dormons. Pour Freud, le rêve est « la vie du psychisme pendant le sommeil ». Ce ne peut d'ailleurs être autre chose car, si pendant le sommeil nous nous réfugions dans une situation de renoncement au monde extérieur (nous aspirons à retrouver la paix que nous ressentions avant de naître, dans le sein maternel), l'activité psychique continue.

Tandis que le corps se repose, l'esprit maintient son activité effrénée, comme si quelque chose l'empêchait de se reposer et de freiner son dynamisme.

On pourrait penser qu'une personne psychiquement saine ne devrait pas rêver puisque sa vie psychique n'est pas perturbée, ou devrait tout au plus rêver comme les enfants ; mais il n'en est pas ainsi et nous rêvons tous, même si au réveil nous ne nous en souvenons plus. La vie psychique est soumise à toutes sortes de stimuli et l'esprit donne libre cours à ses réactions pendant le sommeil.

Lorsque Sigmund Freud étudia le sommeil sur le plan psychanalystique, il fut âprement critiqué. Jusqu'alors les songes et leur interprétation étaient considérés comme des superstitions et des histoires de gens ignorants ; ce fut, par conséquent, très audacieux de sa part de prendre la vie onirique au sérieux et d'en faire le sujet d'étude d'une science, démontrant son importance pour le diagnostic d'une maladie. Dans la mesure où ses patients névropathes devaient lui communiquer tout ce qui leur venait à l'esprit dans leurs rêves, Freud commença à les analyser comme tout autre symptôme et en conclut qu'effectivement les rêves représentaient une partie importante de la vie psychique du patient.

## L'auto-analyse par l'interprétation des rêves

L'interprétation correcte des rêves, quoique possible, n'est pas toujours facile. La vie onirique dévoile toute l'essence de notre personnalité, nos désirs les plus secrets, nos craintes et nos véritables penchants. Derrière le plus stupide de nos songes se cache notre vérité la plus profonde.

Comme nous le savons, il existe différentes sortes de rêves : il y a le rêve irrationnel qui, de par sa structure, semble un conte ; il y a aussi le rêve tranquille, le rêve anxieux, drôle, macabre, confus, précis, celui qui se déroule en noir et blanc, celui qui est en couleurs, le songe prophétique, etc.

Ce qui est intéressant dans un rêve, c'est ce dont on se souvient, car cela peut permettre de mieux connaître le monde inconscient du sujet en analyse.

Cette règle vaut également pour l'auto-analyse et comme ce dont on se souvient dans un rêve, au réveil, s'oublie ensuite très vite (exception faite de certains songes auxquels, pour une raison ou une autre, on attribue une importance particulière), il est bon de les noter dès le réveil ou de les expliquer à quelqu'un d'autre afin de s'en rappeler plus facilement.

Il peut être utile de garder un cahier sur sa table de nuit afin d'y inscrire avec précision tous les détails et les sensations éprouvées, après un brusque réveil. Ce qui importe ce n'est pas ce que l'on a rêvé, mais le souvenir que l'on en garde. Le rêve étant une déformation d'un désir, cette déformation importe peu, car, par le biais de l'analyse, on parviendra aux pulsions inconscientes à l'origine du rêve (ou du souvenir que l'on en a, au réveil).

Les rêves peuvent être interprétés de deux façons : par une interprétation immédiate qui permet le souvenir de faits survenus la veille pouvant avoir provoqué le songe, ou par une interprétation d'ensemble, c'est-à-dire en comparant plusieurs rêves pouvant aider à trouver la clef du mystère. Pourquoi est-il important de se souvenir de ses rêves ? Parce que si nous souffrons de névrose, nous trouverons peut-être dans nos songes la cause de ce qui nous tourmente, et parce que nos rêves reprennent, quoiqu'en les déformant, les éléments inconscients du *Ça* que nous cherchons à découvrir et enfin, parce que si nous voulons vraiment bien nous connaître, nous y trouverons les secrets les plus intimes de notre personnalité.

## Comment naissent les rêves ?

Le rêve peut aussi être défini comme la réaction à un ou plusieurs stimuli qui se manifestent pendant notre repos. Ces stimulations peuvent venir de l'extérieur (de sources qui nous sont étrangères) ou de l'intérieur (lorsqu'elles proviennent de notre corps). Envisageons le premier cas, supposons que nous rêvons que nous sommes pris dans une tempête de neige, en pleine montagne. Il est logique de penser que le froid intense que nous ressentons n'a rien à voir avec les sphères lointaines de notre *Ça*, mais est dû au froid que nous éprouvons réellement, soit parce que nous ne sommes pas suffisamment couverts, soit parce que la température de la chambre a brusquement baissé.

Supposons maintenant que nous rêvons de cloches ou que nous dirigeons un orchestre ; généralement ces rêves sont interrompus par un bruit réel, celui du réveil-matin qui en est précisément la cause. Dans les deux cas, la stimulation du rêve est venue de l'extérieur.

Des expériences effectuées sur des sujets endormis ont permis d'établir un rapport entre les rêves et les phénomènes externes.

Par exemple, on laisse tomber une goutte d'eau froide sur une personne endormie et celle-ci rêve de pluie, de vent, de froid. La même expérience avec un autre patient suscite un rêve différent où l'eau est l'élément prédominant (bains de mer, etc.).

En revanche, lorsqu'on élève la température de la pièce où dort le patient, celui-ci se met à rêver qu'il est perdu au milieu du désert ou qu'il est devenu boulanger. L'influence du stimulus externe (dans ce cas l'élévation de la température) est évidente.

Quant à la stimulation interne, elle peut être de deux sortes : corporelle ou psychique. La stimulation interne corporelle est tout simplement celle qui provient d'organes internes tels qu'une douleur abdominale, une envie d'uriner, une pulsion sexuelle, un rhume, etc. En revanche, la stimulation interne psychique coïncide avec un désir bien que parfois, et seulement en apparence, un souci ou une crainte s'y superpose.

Prenons comme exemple les rêves d'enfants, simples, élémentaires, faciles à interpréter et qui reflètent un passé très récent (généralement datant de la veille) et un désir non satisfait.

Le rêve est inconsciemment la satisfaction de ce désir.

De même l'interprétation des rêves des hommes primitifs, semblables à ceux des enfants, est relativement facile alors qu'elle l'est beaucoup moins avec les adultes qui vivent dans un monde civilisé, exposés à de multiples conditionnements. Le désir est à tel point déformé qu'il devient pratiquement méconnaissable, surgissant parfois sous des formes exagérées de violence et d'érotisme, tel le cas de cette mère de soixante ans rêvant qu'elle avait des relations incestueuses avec l'un de ses fils. Bien que cela nous paraisse impossible, notre *Ça* est un enfer de désirs inconscients inavoués (et souvent inavouables) qui se réfugient dans le sommeil, sans tenir compte des règles éthiques ou légales. À cet égard, le rêve peut être considéré comme une soupape de sécurité sans laquelle nous deviendrions méchants, impitoyables, excités ou totalement névrosés à cause d'une trop stricte répression de nos tendances les plus honteuses.

En marge de la première fonction du rêve, c'est-à-dire satisfaire nos désirs les plus secrets, il en existe une autre tout aussi importante qui permet de nous libérer de nos inhibitions. Prenons, par exemple, le cas d'une jeune femme passionnée, mariée et mère heureuse de deux enfants. Ses rêves trahissent nettement ses désirs d'amour et de rapports sexuels. Elle a honte de les avouer à son analyste car ils lui semblent plus propres à une prostituée, or c'est à ces rêves qu'elle doit sa sérénité de femme mariée. Qu'adviendrait-il si, au lieu de se libérer de ses inhibitions dans ses rêves, elle cherchait à s'en libérer dans la vie réelle ? Ces rêves fortement érotiques apaisent sa sexualité, de sorte que ses rapports avec son mari, bien que conventionnels et peu exaltants, la satisfont précisément dans la mesure où son tempérament plus ardent trouve une compensation dans ses rêves.

Considérons le cas opposé, c'est-à-dire celui d'une personne qui, précisément à cause de ses rêves, perd la possibilité de jouir d'émotions authentiques, tel le cas de cet individu qui satisfait ses aspirations professionnelles en rêvant qu'il occupe un poste important où il est respecté et craint par ceux qui, en réalité, sont ses supérieurs. Ces rêves permettent à cet homme de se réveiller content, satisfait mais ont des répercussions sur son travail dans la mesure où il ne ressent plus le besoin de se consacrer à sa tâche avec toute l'énergie nécessaire pour parvenir à une satisfaction réelle et non fictive de ses ambitions.

Si vous aussi faites partie de cette catégorie d'individus, vous devez vous efforcer de lutter contre la paresse. Dans ce cas, en effet, le rêve vous retirera la charge agressive nécessaire pour chercher à triompher dans votre travail, en amour, etc. Ne vous contentez pas de l'agréable souvenir de ces doux rêves. Demandez-vous jusqu'à quel point vos songes n'influent pas sur votre vie quotidienne ou sur vos relations avec vos proches et répondez très sincèrement.

Certaines personnes réagissent à ce type de rêve, avec une certaine insatisfaction et un esprit de revanche. La comparaison entre le rêve et la réalité les stimule et c'est précisément la meilleure façon de réagir, en ne se conformant pas à de vaines et vagues chimères.

Parfois, la fantaisie est fort agréable, mais parfois elle l'est moins. On risque d'y laisser une grande partie de sa capacité intellectuelle et, en conséquence, de se priver d'un minimum d'agressivité professionnelle.

## La méthode d'interprétation

Jusqu'ici nous n'avons examiné que des rêves dont la signification semblait évidente et n'exigeait pas de grands efforts d'interprétation ; mais tous les rêves ne se prêtent pas à une analyse simple et précise. Certains semblent « fous », sans aucune explication vraisemblable.

Nous ne devons pas pour autant renoncer à leur interprétation, car, aussi énigmatiques qu'ils soient, ils expriment quelque chose que le rêveur sait mais ignore qu'il sait.

Et ce n'est pas un simple jeu de mots. Il est plausible de savoir, et de ne pas savoir que l'on sait. Certaines connaissances ne sont données par le *Ça* qu'à l'état d'hypnose ou de sommeil profond car lorsque le *Moi* est en éveil, il oppose une forte résistance comme s'il craignait ou ne voulait pas savoir. Et cela est tellement vrai que les psychanalystes parviennent à déchiffrer les rêves en recourant au sujet lui-même, au départ toujours incrédule et méfiant.

La tâche de l'analyste consiste, par conséquent, à permettre au sujet de communiquer ce qu'il sait déjà et, pour que cela soit possible, le patient doit dire tout ce qui lui passe par l'esprit, sans réfléchir, mais toujours en rapport avec l'objet du rêve.

Supposons que M. X. rêve d'un objet à raies rouges et jaunes.

Le psychanalyste ignore ce que son patient sait à propos de ces deux couleurs qui, en aucun cas, ne sont fortuites. M. X. opposera vraisemblablement une certaine résistance, dira qu'il ne sait pas jusqu'à finir par céder à l'insistance de l'analyste et révéler ce que ces deux couleurs évoquent pour lui. Ce pourra être, par exemple, les couleurs de la cravate de son directeur, ou de tout autre chose qui lui rappelle un fait précis et ainsi successivement jusqu'à ce que le psychanalyste soit en mesure de reconstruire les mécanismes psychiques réels sur la base de ces rêves en apparence inexplicables.

Les rêves ne reflètent pas toujours une seule expérience vécue et linéaire. Ce sont, le plus souvent, des puzzles inextricables d'images floues et difficiles à interpréter. Cette difficulté peut parfois être résolue en décomposant le rêve en ses multiples éléments et en les analysant ensuite séparément. Il est difficile de donner des exemples car il n'existe pas de table donnant, sans possibilités d'erreur, la clé des songes. Il sera parfois utile de recourir aux symboles, surtout lorsque le patient refuse ou ne parvient pas à collaborer, mais, dans la plupart des cas, la coopération est possible et à plus forte raison lorsque le sujet est son propre interprète.

Il est important de dire ou de noter ce qui vient aussitôt à l'esprit, même s'il n'est pas certain que de cette première association découle la vérité ; mais c'est en poursuivant de libres associations, avec constance et sans se démoraliser au premier échec, que l'on parviendra au but.

Une fois que vous aurez interprété chacun des éléments composant le rêve, il sera facile de le comprendre. Vous observerez alors que ces différents éléments, auxquels vous n'attachiez aucune importance, deviennent intéressants grâce à la méthode des libres associations et parce qu'ils sont liés à des faits, des pensées ou des désirs appartenant à un passé, indifféremment proche ou lointain.

Vous vous apercevez alors que le rêve n'est pas une

activité psychique abstraite, mais la substitution d'une pensée et c'est précisément cette pensée que vous cherchez à découvrir. Le chemin à parcourir avant de parvenir à l'origine même du rêve est long, mais c'est la seule façon valable de comprendre la raison de certains actes.

## La résistance

Pour comprendre la complexité du travail d'interprétation du psychanalyste et des résistances que son patient doit surmonter avec son aide, il est utile d'essayer d'interpréter un songe.

Dès que l'on donne une interprétation à un rêve que l'on vient de faire, la première réaction est de la rejeter soit parce qu'elle nous semble insignifiante, soit parce qu'elle n'est pas flatteuse, ce qui empêche de progresser ou tout au moins retarde l'analyse.

C'est un peu comme si l'on avait honte de la première idée qui vient à l'esprit à propos de notre rêve (ou l'un de ses éléments), et l'idée qui, pour un instant a été ramenée à la conscience, est à nouveau refoulée dans l'inconscient. Pour analyser un rêve, il ne faut pas négliger les détails. Ne pensez pas non plus que les rêves doux et agréables abritent forcément de nobles pensées. Préparez-vous au pire.

Savoir permet de vaincre dans bien des cas ses troubles. Par conséquent, si vous découvrez soudain des choses qui vous horrifient, n'abandonnez pas, convaincu qu'il est inutile d'aller plus loin, car l'hypocrisie est peut-être pire que ce que vous cherchez à ignorer. Et c'est précisément à cause de ce désir d'occultation que ces idées offrent un intérêt.

La résistance peut se manifester de différentes façons,

selon, bien souvent, le temps consacré à l'interprétation. Lorsque la résistance est intense et revêt diverses facettes, l'analyse est longue et compliquée, tandis que si elle se manifeste faiblement, il sera plus facile de parvenir assez rapidement à la racine du mal.

## Les rêves symboliques

Parfois les associations ne mènent à rien ou bien la résistance est si violente qu'il est impossible de continuer. Faites un essai en décrivant votre rêve sur une page de votre agenda et toutes les associations (c'est-à-dire les idées que vous rapprochez de vos rêves) sur la page suivante. Lorsque l'interprétation en est difficile et que les résistances semblent insurmontables, vous n'aurez d'autre solution que de recourir aux symboles qui sont, pour la plupart, issus de la tradition (fables, folklore, poésies, mythes, chansons, proverbes, etc.) et qui font souvent allusion aux organes génitaux et à l'activité sexuelle. Sachez que l'interprétation symbolique ne saurait remplacer l'interprétation associative, mais qu'il faut l'envisager lorsqu'il est impossible de parvenir autrement à l'inconscient. Les objets utilisés symboliquement gardent, par ailleurs, leur propre signification.

Le rêve peut s'expliquer par les symboles dans la mesure où il est la manifestation la plus primitive de l'homme. Son contenu se manifeste par le langage des images et des objets qu'utilisaient les peuples primitifs et adopté par la tradition folklorique.

Le rêve (ce dont, en fait, nous nous souvenons au réveil) et les pensées latentes (c'est-à-dire les idées que nous associons au rêve) ne sont cependant pas toujours forcément en rapport avec les symboles.

La symbologie à laquelle la psychanalyse recourt sans consulter le sujet (ou soi-même lorsque l'on tente d'interpréter ses propres rêves) ne saurait être considérée comme une sorte de code infaillible.

Les symboles proposés par la psychanalyse servent uniquement à aider l'analyste dans les circonstances que nous venons de préciser.

Voici quelques symboles et leur signification.

| | |
|---|---|
| ABÎME : | état de profonde anxiété, sans raison. |
| ACCOUCHEMENT : | désir d'éviter une souffrance que l'on redoute. |
| AIGLE : | désir de pouvoir.<br>Avidité, mégalomanie, symbole de la virilité et de la force. |
| AIGUILLE : | état d'anxiété dû à une pensée préoccupante. |
| AMI : | désir d'un plus grand confort (matériel, spirituel ou social). |
| AMIS ILLUSTRES : | compense un complexe d'infériorité sociale. Manque de confiance en soi. Le rêve de personnages célèbres entre dans cette catégorie. |
| ANGE : | inquiétudes spirituelles. Désir de se purifier. |
| ÂNE : | crainte des scandales. |
| ANIMAUX FÉROCES : | agressivité. Folles passions. |
| ARAIGNÉE : | timidité envers l'autre sexe. |

ARBRE : c'est l'un des nombreux symboles de la virilité. Il peut également signifier un désir de prestige moral et de grandes ambitions.

ARGENT : désir d'être véritablement aimé.

ARMES : (blanches et à feu) : symbole de la virilité. Typique chez l'adolescent. De nombreuses jeunes filles rêvent qu'elles sont agressées ou effrayées par des hommes armés. Crainte inconsciente de la jeune fille encore vierge vis-à-vis des rapports sexuels.

AUBERGE : désir de bien connaître les femmes et de pénétrer dans leur monde (voir MAISON).

BALAI : crainte d'être irresponsable. Également désir d'affection.

BAIGNER (SE) : (dans un fleuve) : désir d'avoir des enfants. Le bain est symbole de naissance (voir également EAU).

BANQUEROUTE : peur d'une impuissance sexuelle.

BATEAU : désir de fuir son milieu. Crainte d'une vie de routine.

BÂTON : désir sexuel. Symbole de virilité.

BERCEAU : symbole féminin dénotant le désir d'être mère.

BÉTAIL : prospérité, sérénité, équilibre et paix intérieure.

BÊTE SAUVAGE : (attaque de) : peur d'une agression. Chez les femmes vierges, crainte d'être violées.

BLESSURES : peur des personnes auprès desquelles on vit.

BŒUF : symbole d'amitié.

BOIS : symbole des parties génitales féminines.

BOÎTE : symbole de la sexualité féminine. Désir de féminité.

BOÎTE À BIJOUX : symbole de la personne aimée. Désir sensuel.

BOUCHE : symbole féminin de la passion. Désir de relations sexuelles.

BOUGIE : symbole de la virilité. Peut également signifier remords et repentir.

BOUTEILLE : désir d'amour.

BRÛLER : symbole d'un désir non satisfait. Frustration sensuelle.

BUISSON : symbole des parties génitales féminines. Indique aussi une tendance excessive à l'introspection.

CARDINAL : comme tous les personnages illustres, indique un profond complexe d'infériorité et le désir inconscient de compenser des frustrations sociales, économiques ou intellectuelles.

CAVERNE : c'est aussi un symbole de la féminité. Indique un désir d'amour.

CHAMBRE : autre symbole de la féminité.

CHANTER : exhibitionnisme. Besoin de recevoir des honneurs.

CHAPEAU : symbole sexuel féminin.

CHAPELLE : symbole de la féminité.

CHARRUE : forte sensualité et désir d'aimer ou d'être aimé. Également symbole de la virilité.

CHAT : cet animal que l'on associe souvent à l'idée d'infidélité et de trahison, se réfère en psychanalyse à l'homme.

CHÊNE : symbole de la virilité, de la force et de l'autorité. Solidité.

CHIEN : désir de se confier.

CIMETIÈRE : peur physique de quelque chose que l'on redoute pour l'avenir. Anxiété.

CLÉ : symbole sexuel masculin mais aussi désir de triompher et de vaincre.

CLOU : autre symbole sexuel masculin. Indique aussi l'obstination, le désir d'obtenir ce que l'on veut.

COLLIER : désir de fuir une situation désagréable ou une personne qui nous opprime ou nous accable.

COMMANDER : complexe d'infériorité et désir de le compenser. Cas de rêve signifiant précisément son contraire.

CONCERT : plaisirs sexuels solitaires.

CONFITURE : comme toute chose sucrée, indique le plaisir sexuel et le désir de relations intimes.

COQ : symbole masculin. Mégalomanie et exhibitionnisme. Désir d'attirer l'attention.

COURIR : soucis et profonde anxiété. Émotivité.

COUTEAU : symbole de la virilité et de la force physique. Indique également une forte agressivité contre quelqu'un. Si l'on rêve que l'on est attaqué par une personne armée d'un couteau, cela signifie que l'on désire être dominé sexuellement. Rêve typique de l'adolescent.

CRAVATE : symbole sexuel masculin.

CRAYON : autre symbole sexuel masculin.

CROIX : symbole d'origine religieuse. Indique la nécessité de se donner et de se sacrifier pour les autres.

CUISINE : symbole typiquement féminin. Signifie aussi joies, divertissements et vie active.

CYGNE : désir d'être admiré. Exhibitionnisme. Peut refléter un complexe d'infériorité sociale.

DAIS : mégalomanie. Désir d'être respecté et honoré. Exhibitionnisme. Compense un profond complexe d'infériorité

DANSER : comme toute activité rythmique et musicale, indique un désir de relations intimes. Rêve typique des sujets inhibés, influencés par une éducation trop rigide et conformiste.

DENT : si on l'arrache, indique le désir de défendre sa propre personnalité. Également symbole de castration comme punition de l'organisme.

DEUIL : désir de se libérer des personnes pour lesquelles on porte en rêve le deuil.

DRAP : symbole sexuel féminin mais aussi peur des autres et désir de disparaître.

DUEL : autosatisfaction sexuelle.

EAU : désir d'avoir des enfants. Dans le rêve, la naissance s'exprime toujours par rapport à l'eau. Par exemple entrer ou sortir de l'eau est lié à l'accouchement ou la naissance (c'est-à-dire mettre au monde ou être mis au monde dans un sens spirituel).

Il est peut-être superflu d'expliquer l'origine de ce symbole : l'eau représente en effet le liquide amniotique dans lequel baigne le fœtus pendant la grossesse. Pour la tradition populaire, l'eau est également liée au désir de maternité.

ÉCHEC : crainte d'impuissance sexuelle.

ÉGLISE : symbole de la féminité.

ÉLÉPHANT : symbole de l'agressivité et des passions folles. Peut aussi manifester la conviction inconsciente d'être supérieur aux autres.

EMBLÈME : désir de nudisme, c'est-à-dire de se dévêtir en confessant ses sentiments à quelqu'un.

EMPEREUR : symbole qui est identifié, en psychanalyse, avec la figure du père et son autorité.

ENFANT : désir d'être aimé.

ENFANT (redevenir) : rêve très fréquent chez les personnes âgées. Trahit la crainte de la mort et par conséquent le désir de retomber en enfance.

ENTERRER : désir d'oublier ses propres erreurs et d'apaiser ses remords.

ESCALIERS (monter) : symbole du plaisir sexuel intense, désir de relations avec les personnes de l'autre sexe.

ESCARGOT : symbole sexuel féminin. Indique également la nécessité d'avoir des relations plus intimes avec quelqu'un.

ÉTUI : symbole de féminité, comme tout objet qui peut enfermer quelque chose, c'est le symbole du giron maternel.

EXCRÉMENTS : la tradition populaire relie ce rêve désagréable et fréquent à l'argent et à la fortune. En psychanalyse, il représente uniquement la prodigalité.

FENÊTRE : symbole de la féminité comme la plupart des éléments d'une maison. Pour un homme en rêve, cela peut signifier un désir de conquérir.

FEU : peur des tentations liées aux fortes pulsions passionnelles.

FIÈVRE : symbole d'un état d'anxiété. Émotivité.

FLÉAU : chagrin inconscient de son propre sort. Résignation.

FLÈCHE : symbole sexuel masculin.

Fleur : désir sexuel, surtout symbole de la verginité. C'est également un rêve typique de l'adolescent.

Foin : crainte de malheurs futurs. Horreur de la faim.

Folie : peur de tomber malade.

Fontaine : symbole de bonheur et de prospérité.

Fou (devenir) : peur de faire quelque chose dont on n'est pas responsable.

Four : désir de grossesse. Symbole du giron maternel.

Fourchette : désir de tomber amoureux.

Frapper : impulsions agressives, violence, mais également désir de rapports sexuels.

Frère : symbole d'autorité paternelle.

Fruit : symbole typiquement féminin. Peut indiquer le sein.

Gâteau : symbole du plaisir sexuel, mais aussi désir d'être très aimé.

Gendarme : s'identifie à l'individu pour lequel on ressent crainte ou respect.

Glisser : désirs de plaisirs solitaires.

Grêle : crainte pour sa famille ou son compagnon.

Guerre : agressivité sexuelle et désir d'apaiser ses propres pulsions.

Hache : comme toutes les armes tranchantes, elle signifie la violence, l'agressivité et le désir de détruire ses liens affectifs. Également symbole sexuel masculin.

HÉRITER : angoisses, préoccupations dues à des difficultés financières.

HIRONDELLE : désir d'être mis à l'épreuve pour démontrer ce que l'on vaut réellement.

HÔPITAL : crainte de perdre quelqu'un ou quelque chose.

HÔTEL : désir d'amitié et de gaieté.

HUILE : désir de rendre la vie plus facile.

IMPÉRATRICE : symbole de la mère et de son autorité.

INCENDIE : désir de se défouler mais en même temps crainte de ne pas savoir se maîtriser.

INCIDENT : état d'anxiété générale dû au stress.

INDÉCISION : crainte de l'avenir et sensation inconsciente de ne pas pouvoir surmonter les difficultés à venir.

INSECTE : enfant. Peut également être le symbole du frère ou de la sœur.

INSTRUMENTS DE MUSIQUE : symbole des plaisirs sexuels. Passions.

JARDIN : symbole sexuel féminin. Désir de s'éloigner d'un milieu désagréable. Indique également le mécontentement.

JET D'EAU : voir FONTAINE.

JOIE : désir de fuir un milieu monotone ou qui nous rend peu heureux.

JOUER : symbole d'infantilisme et d'immaturité. Incapacité de vivre avec les autres.

JUGE : symbole de l'autorité paternelle. Également peur d'être jugé.

LABOURS : forte sensualité, désir d'aimer et d'être aimé.

LABYRINTHE : peur de ses propres décisions. Insécurité, manque de confiance en soi. Incapacité de résoudre un problème.

LAMPE : symbole masculin. Exprime aussi la confiance en soi et l'optimisme.

LARMES : complexe de culpabilité et désir d'être puni.

LAVER : sentiment obscur de culpabilité.

LETTRE : état d'anxiété. Problème à résoudre.

LIME À ONGLES : symbole sexuel masculin.

LINGERIE : symbole de féminité, surtout si elle est en soie.

LION : orgueil, exhibitionnisme, désir d'être admiré et de triompher. Crises d'agressivité. Passions folles.

MAISON : c'est l'un des nombreux symboles de l'agressivité non assouvie, c'est-à-dire d'un désir de plus grande liberté. Si les murs de la maison sont lisses, elle s'identifie à la virilité et à la force. S'ils ne le sont pas (s'il y a des balcons ou des pignons par exemple), c'est un parfait symbole de la féminité.

MALLE : nostalgie excessive. Désir de retour vers le passé.

MALADIE : crainte d'une situation donnée.

MANGER : désir d'être aimé. Manque d'affectivité.

Marcher : désir de reconquérir des positions perdues. Donne souvent au réveil une sensation de lassitude.

Mariage : crainte profonde de la solitude. Désir intense d'amour et d'amitié.

Marier (se) : désir d'amour.

Menuisier : symbolise l'équilibre moral. Besoin d'être utile et nécessaire à quelqu'un.

Mère : si c'est un homme qui rêve, cela signifie la crainte de la femme en général. Si c'est une femme, cela peut indiquer un grand besoin d'affection.

Messe : manque de sécurité. Indécision et émotivité.

Miroir : ambiguïté, doutes et désir de tout élucider.

Monnaie (pièces de) : sens du devoir et anxiété pour son travail.

Monstre : symbole de l'autorité paternelle.

Montagne : symbole sexuel masculin.

Mourir d'un accident : besoin de punition dérivé d'un sentiment de culpabilité inconscient. Peut masquer des pulsions suicidaires.

Mouton : désir d'être aimé. Malheur sentimental.

Mur : posture de défense. Désir de construire une barrière entre les autres et soi. Manque de sécurité. Désir de se cacher.

MUSIQUE : tout rêve lié à la musique peut signifier les plaisirs solitaires et l'incapacité d'aimer l'autre sexe et d'être aimé.

NAISSANCE : désir d'avoir des enfants.

NEIGE : exigence de spiritualité et de purification.

NOIR : anticonformisme, désir de relations sexuelles.

NOURRICE : grand besoin et désir d'être protégé par quelqu'un.

NOYER : incapacité d'affronter les difficultés de la vie.

NUDISME PUBLIC : désir de se libérer de ses propres inhibitions.

OBÉSITÉ : désir d'être près de sa mère.

ŒIL : virilité.

ŒUF : symbole de la vie.

OISEAU : désir de nouveauté, de changement.

OLIVE : symbole de la féminité. Capacité d'aimer.

OR : désir de compromis.

OURS : agressivité, désir de solitude.

PAIN : désir de sincérité.

PALAIS : peut être comme la maison un symbole de la féminité.

PANTOUFLE : symbole sexuel féminin.

PAPE : autorité paternelle. Exhibitionnisme compensant un complexe d'infériorité.

PAPIER : symbole de la féminité. Peut aussi exprimer une préoccupation pour des êtres chers se trouvant au loin.

PARADIS : désir de spiritualité, de se détacher des choses matérielles.

PARAPLUIE : symbole sexuel masculin. Ténacité et confiance en soi.

PARDONNER : sensation de ne pas être suffisamment apprécié.

PARENT DÉFUNT (parler de lui) : désir de nier la réalité de sa mort.

PIERRE : désir d'être puni pour une faute dont on se sent inconsciemment responsable.

PLUME : symbole de la virilité mais aussi de surpasser les autres.

PORC : symbole de la fécondité.

PORCHERIE : satisfaction de ce que l'on a. Euphorie.

PORT : symbole de la féminité. Également paix et désir de tranquillité faisant suite à diverses ambitions.

PORTE : autre symbole de la féminité.

POUSSIÈRE : anxiété. Insatisfaction momentanée pour ce que l'on possède.

PRÉ : désir de choses simples. Également désir de féminité.

PRISON : profond sentiment de culpabilité lié au désir d'être jugé et châtié.

PRISON (être en) : crainte de ne pas pouvoir surmonter l'angoisse de ses propres frustrations.

PROCÈS : voir PRISON.

PUPITRE : exhibitionnisme. Désir d'être supérieur aux autres.

PYRAMIDE : désir de vie intellectuelle et spirituelle.

RÂTEAU : symbole sexuel masculin.

REINE : symbole de l'autorité maternelle (voir également IMPÉRATRICE).
Lorsqu'on rêve de personnages royaux, cela peut aussi trahir un sentiment inconscient d'infériorité.

REPTILE : symbole de la virilité.

RETARD (arriver en) : rêve typique de toutes les femmes frigides. Froideur des sentiments.

REVOLVER : symbole de la virilité.

RICHE (devenir) : compense un complexe d'infériorité à la suite de déboires financiers.

RIRE : envie secrète, désir de paix.

ROI : symbole de l'autorité paternelle (voir aussi EMPEREUR).

ROSE : symbole féminin.

RÔTI : peur de découvrir quelque chose de grave ou d'être surpris par quelque chose de désagréable. État d'anxiété.

RUISSEAU : symbole de la féminité. Désir de maternité.

SAC : représente symboliquement le sein, le giron maternel et dénote une grande féminité.

SACRILÈGE : sentiment de culpabilité. Angoisse due à une mauvaise action commise dans le passé.

SANG : peur de quelqu'un ou de quelque chose. Anxiété.

SATYRE : rêve typiquement féminin. Trahit la peur de l'homme en général et de l'acte sexuel plus précisément. Rêve fréquent chez les adolescentes et les femmes sans expérience sexuelle.

SEIN : infantilisme et rejet inconscient du monde des adultes.

SERRURE : symbole de la féminité.

SEXE : désirs réprimés. Inhibitions dues à une moralité excessive.

SOLEIL : désir de fuir une situation désagréable ou de fuir un milieu ennuyeux.

SONGE ROMANTIQUE : désir d'amour.

SORCIÈRE : désir de vengeance.

SOUS-SOL : crainte de son propre subconscient et des forces qu'il abrite.

SUCCÈS : indique son contraire. Complexe d'infériorité.

SUCRE : plaisir sexuel mais aussi désir de tendresse.

SUICIDE : désir d'attirer l'attention. Frustrations.

TABLE : symbole de la prudence mais aussi de la féminité comme tous les objets en bois.

TABLEAU : désir sensuel.

TACHE : sentiment de culpabilité.

TAMBOUR : désir de se faire remarquer. Complexe d'infériorité.

Taureau : violence réprimée.

Télégramme : crainte de quelque chose de néfaste dans un proche avenir.

Ténèbres : peur de soi-même et de l'avenir.

Terre : symbole de la féminité, dans le sens de la fécondité et de la prospérité.

Tigre : agressivité que l'on cherche à assouvir.

Toit : symbole féminin dans la mesure où il abrite et fait partie de la maison (symbole de la féminité par excellence).

Tomber : soucis. Peur de céder à quelqu'un ou à quelque chose que notre conscience morale censure.

Tour : désir de défendre son point de vue face aux autres.

Tourbillon : émotivité, excitabilité. Angoisse due à un sentiment de culpabilité.

Train : désir de relations heureuses avec les personnes de l'autre sexe.

Tribunal : sentiment de culpabilité et désir d'être jugé.

Trois (chiffre) : représentation symbolique du sexe masculin.

Tuer : forts instincts agressifs et tendances criminelles.

Tuyau : l'un des nombreux symboles de la virilité.

Université : désir de se surpasser et de triompher afin de compenser un complexe d'infériorité profond.

Valise : symbole sexuel féminin. Désir d'amour.

Valse (danser) : désir de parfaite harmonie sexuelle avec l'être aimé.

Vautour : désir d'éliminer une personne qui nous est hostile.

Vendanges : désir de plaisirs sexuels et spirituels.

Vêtement : désir de se dévoiler spirituellement, de se confier à quelqu'un.

Vierge : agressivité amoureuse.

Violon : désir de satisfaction des sens.

Vol (être volé) : crainte de devoir résoudre des problèmes économiques. Peur d'une insécurité financière, mais aussi morale et affective.

Voler : tendances criminelles réprimées. Aussi désir d'être aimé.

Voyage : crainte d'une séparation définitive, état d'anxiété et désir de fuir la réalité des faits.

Les rêves ont presque tous une signification sexuelle précise. Freud insista expressément sur l'importance du sexe, troublant ainsi les gens de son époque, extrêmement influencés par la morale du XIXe siècle. La psychanalyse permit à Freud de découvrir le monde des sens et des passions qui n'avait pas été étudié jusqu'alors ; il lutta contre l'hypocrisie et s'efforça d'expliquer les raisons inconscientes des inhibitions de l'être humain.

Le langage symbolique est donc l'une des nombreuses caractéristiques du rêve ; c'est une sorte de langage des images que l'opinion publique a longuement hésité à accepter, considérant sa signification comme obscène. Des rêves en apparence fort beaux peuvent, en réalité, indiquer des désirs fous et que la conscience réprouve.

Si le rêve exprime un désir inconscient, il doit s'agir d'un désir que notre conscience réprouve, car s'il en était autrement, il ne serait pas nécessaire de recourir au rêve pour l'assouvir ou l'exprimer dans la zone du *Ça ;* il serait ramené à la conscience et pourrait se manifester comme tel pour être satisfait.

## Censure onirique

Lorsque l'on essaye de se souvenir d'un rêve qui semble honteux, certains points, souvent les plus intéressants, demeurent confus ou presque effacés de notre mémoire. Nous avons déjà parlé de la résistance que l'individu oppose d'habitude à l'interprétation des rêves et nous avons signalé comment, avec la méthode associative, il tend à rejeter ou à considérer comme superflues toutes les pensées qui ont un rapport avec le rêve lorsque celui-ci est jugé honteux. Cette sorte de résistance se produit aussi pendant le rêve. Cette pudeur est même ressentie pendant l'aventure onirique.

Prenons à nouveau un exemple. Supposons que nous avons rêvé de notre cousine (ou cousin), et que nous éprouvions pour elle (ou lui) un irrésistible penchant. Le lendemain, nous parvenons à retracer tous les détails de la rencontre et du prélude à la relation sexuelle, mais, chose curieuse, nous ne nous souvenons pas du point culminant de la relation, ce qui nous agace car nous pressentons que là réside la clé du rêve. En fait, l'épisode a été censuré dans le rêve, à cause du lien de parenté qui le rendait vaguement incestueux. Notre inclination au plaisir (ou libido) qui, dans l'inconscient, se manifeste par des désirs et pulsions contre la morale commune, s'est heurtée, même dans le rêve, à la résistance du sujet. Il ne faut donc guère s'étonner si le rêve utilise divers symboles tels que ceux que nous avons cités, pour exprimer des instincts sexuels ou se référer à l'anatomie masculine ou féminine. Le symbole n'est autre qu'une pensée qui se substitue à une autre et avec laquelle elle a un point commun (brûler par exemple au lieu d'aimer passionnément) ou un rapport logique (l'eau, par exemple, qui évoque la naissance car elle rappelle le liquide amniotique dans lequel baigne le fœtus). Notre hypocrisie se manifeste jusque dans le rêve, rend les faits méconnaissables au travers de métamorphoses successives et, par conséquent, dissimule la honte habituellement liée au sexe, au désir de vengeance, au complexe d'infériorité et au besoin d'autopunition, en étroit rapport avec le sentiment de culpabilité.

Il n'est donc pas surprenant qu'un rêve, en apparence poétique et exaltant, apparaisse après un minutieux examen, d'une nature entièrement différente. La libido cache toujours des désirs interdits, sans exclure des pulsions incestueuses, voire aberrantes pour notre code moral, mais suffisamment fortes pour provoquer le rêve. Ainsi, la haine ressentie pour des êtres pour lesquels nous jurerions le plus grand amour, se déguise discrètement dans le rêve où elle peut se libérer et trouver une échappatoire. Subterfuge fort utile dans la mesure où il atténue l'énergie agressive de l'inconscient.

Freud nous dit : « Le *Moi*, libéré de tous les liens éthiques, se solidarise avec les exigences du désir sexuel, depuis très longtemps condamnées par notre éducation et allant à l'encontre des contraintes morales. La libido ne connaît aucune inhibition lorsqu'elle choisit ses objets et préfère précisément ceux qui sont interdits. Elle prend non seulement pour objet la femme mariée mais manifeste aussi des désirs incestueux avec la mère ou la sœur dans le cas de l'homme, ou le père et le frère dans le cas de la femme... Les désirs de vengeance et de mort pour les êtres les plus chers tels que les proches parents, le frère, la sœur, le conjoint, les enfants ne sont guère insolites. Ces pulsions semblent venir de l'enfer et, au réveil, aucune censure ne nous paraît suffisamment sévère dans nos confrontations ».

Madame F. rêve qu'elle tue sa propre fille de dix-huit ans, sur le point de se marier. Le lendemain, la pauvre femme ne comprend pas comment elle a pu rêver pareille chose, un tel cauchemar qu'elle attribue à un dîner indigeste. Mme F. aime tendrement sa fille et regrette qu'elle se marie et s'éloigne. Personne ne pourrait un instant imaginer qu'elle puisse avoir des instincts homicides. Mais le rêve est moins irrationnel et insensé qu'il n'y paraît. Mme F. n'était pas encore mariée lorsqu'elle découvrit qu'elle attendait sa fille, elle se sentit alors obligée de se marier. Elle dut ensuite reconnaître qu'elle n'avait jamais souhaité la naissance de l'enfant. En fait, elle avait même craint qu'à cette nouvelle, son compagnon l'abandonne ; imaginant avec terreur la réaction de ses parents, elle avait envisagé pendant quelque temps l'avortement. Combien de femmes enceintes pensent, comme Mme F. à se défaire de l'enfant qu'elles portent ? Certaines pour des raisons économiques ou pour des difficultés familiales, d'autres par égoïsme. Peu importe que ce soit ensuite des mères parfaitement heureuses et fières de leur progéniture, une trace de ce désir demeure dans leur inconscient.

Considérons un autre cas : nous rêvons que nous tuons l'un de nos parents ou que nous assistons à son enterrement. Là aussi, le rêve a fait apparaître un désir, celui de se libérer de l'autorité paternelle ou maternelle que l'inconscient considère comme un boulet. Peu importe la tendresse des relations qui effectivement nous unissent à notre père ou à notre mère et rien ne sert de prétendre que moralement nous n'avons jamais eu un désir aussi criminel. En réalité, c'est notre *Ça* qui mûrit une lointaine rébellion dans une pulsion d'hostilité qui finit par se manifester dans le rêve.

Le fait de nier la vérité de certains désirs ou pulsions n'empêche pas pour autant leur existence. Notre code moral est ainsi fait qu'il n'admet même pas la présence éventuelle de ces désirs en nous, mais cela n'empêche pas qu'en dépit de l'obscénité et de la perversité de certaines tendances inconscientes, celles-ci fassent partie de nous. Pourquoi vouloir les nier ? Tous les saints ont connu l'enfer des tentations.

## La condensation onirique

Les principales caractéristiques du rêve que nous avons vues jusqu'à présent sont sa symbologie et sa structure. Examinons maintenant un autre aspect de la vie onirique : la condensation.

Il arrive fréquemment de rêver à des personnes auxquelles on ne parvient pas à donner une identité précise au réveil. Le personnage de notre rêve peut prendre l'apparence de notre mère avec la tonalité et les expressions d'une jeune chanteuse très connue et à ces deux personnages se superposent parfois une troisième et une quatrième figures ; l'une est vêtue des vêtements d'une amie, l'autre bavarde comme une collègue de bureau, etc.

Quatre personnes peuvent donc être réunies en un seul personnage.

Il peut en être de même avec les lieux et les objets. Par exemple, on a rêvé que l'on se trouvait dans sa ville natale mais sans pouvoir retrouver quoi que ce soit de commun avec l'étrange site du songe qui ressemblait bien plus à l'endroit où l'on passe ses vacances. On sait qu'il s'agit de sa ville et pourtant, elle est différente.

Ce n'est bien sûr qu'un exemple mais qui permet d'illustrer le phénomène de la condensation onirique, parfois extrêmement complexe. Et le rêve n'en devient que plus étrange. Il en est de même avec les dialogues. Nos rêves sont parfois muets mais lorsqu'il nous arrive de parler, il s'agit presque toujours de phrases tirées de discours datant d'une époque plus ou moins lointaine. Le rêve n'invente rien en fait, mais transpose et joue avec nos souvenirs et nos instincts.

Le résultat de la condensation onirique est la superposition de pensées diverses et souvent contraires ; c'est pourquoi pour bien analyser un rêve, il ne faut pas se contenter de la première interprétation mais envisager toutes les autres possibilités.

## L'éloignement onirique

Les rêves sont allusifs. Ils ne se réfèrent jamais directement à un problème mais procèdent par allusions.

Au niveau conscient, toute allusion est faite de façon à être comprise mais dans le rêve, il n'en est pas ainsi, car l'allusion y est si complexe qu'elle exige une étude précise. Il est impossible de trouver un parallèle avec la pensée consciente, seul un fou utiliserait des allusions aussi bizarres et des substitutions aussi vagues et lointaines que celles du rêve. Avant d'analyser un rêve, il faut donc tenir compte de cette complication et savoir que le travail d'interprétation est encore plus difficile qu'il ne semble au premier abord.

Un exemple ? Mais comment faire sans tomber dans la grossièreté ou la fantaisie ? L'éloignement (ou déplacement) a lieu en vertu d'associations faites par le sujet pendant le sommeil. Par ailleurs, révéler les rêves d'une personne est incorrect, car on pénétrerait et découvrirait ainsi le côté le plus intime et secret de sa personnalité. De toutes manières, nous pouvons toujours essayer de simplifier. Supposons que M.X. ait rêvé de l'objet A et que cet A soit le substitut de l'objet Z auquel M.X. se trouve rattaché par un lien lointain mais réel, constitué par (a, b, c,... z). Ce n'est qu'en reprenant toutes les étapes « a », « b », « c », « d »,... jusqu'à « z », que l'on parviendra à déchiffrer la signification du songe incompréhensible seulement en apparence.

## La transposition des rêves en images

Toutes les pensées ne sont pas transposables en images. Les rêves sont pourtant, pour la plupart, muets. Cela signifie que nos sentiments, nos pulsions et nos désirs parviennent à se manifester dans le rêve par une représentation visuelle.

C'est, en quelque sorte, un peu la même chose que l'écriture ancienne, lorsqu'il n'existait pas encore de signes représentatifs des sons : on adoptait des dessins d'hommes, d'objets, d'animaux pour représenter non seulement ces hommes, ces animaux, ces choses, mais aussi pour exprimer des pensées et des actions s'y rapportant.

L'entreprise semble facile mais il n'en est rien. Essayez de traduire un passage d'un roman ou d'un essai en images et vous vous rendrez compte à quel point il est indispensable de procéder par déformations successives des idées que l'on veut exprimer. Par exemple, pour traduire la phrase : « le paysan cueille les pommes sur l'arbre », le dessin devra représenter un fermier cueillant les fruits d'un pommier, ce qui ne pose aucune difficulté. Mais, comment faire avec une phrase du type « demain, il sera trop tard », ou bien « tous ses efforts furent vains », etc. ? Il faudra recourir à des symboles, des allusions, des images qui, d'une façon ou d'une autre, permettent de capter le sens de la phrase. La tâche de l'interprète ne consistera pas en une simple lecture mais en une étude de toutes les interprétations possibles des images qui ont été choisies.

Plus complexe encore est la représentation des mots qui relient les phrases entre elles, tels que « parce que », « cependant », « si », « tandis que », etc. et dont dépend la signification d'un groupe de propositions. Les images qui les expliciteront seront plus complexes encore. Il sera peut-être nécessaire de les multiplier, de prendre plusieurs exemples qui, tout en donnant une explication à ces mots, compliqueront la tâche d'interprétation des autres termes de la phrase auxquels ils viendront se superposer.

Qui n'a pas joué, dans sa jeunesse, au jeu des mimes ? On choisit le titre d'un film ou d'un roman et l'on essaie, grâce à divers gestes et mimiques, de se faire comprendre par ses compagnons de jeu. Imaginons que l'on doive interpréter le film (et roman) *Guerre et Paix*. Le joueur, par toutes sortes de gestes, devra représenter le premier terme (tirer des coups de feu, faire le mort ou le blessé, etc.). En ce qui concerne le mot de liaison « et », il n'aura pas à le transposer, car il peut facilement se déduire une fois que l'on connaît les deux autres mots. Mais si le titre est plus long, plus élaboré, contient des mots abstraits, des conjonctions, des pronoms relatifs, etc., les difficultés s'accumulent. Comment le mime peut-il s'expliquer ? Comment ses camarades pourront-ils le comprendre ?

Le travail qui s'effectue dans notre esprit pendant le rêve est très semblable à l'effort que fournit le joueur qui essaie de mimer, et la concentration de ses compagnons de jeu est analogue à celle de l'analyste qui explore le rêve afin de parvenir jusqu'à la pensée qui en est à l'origine. Mais cette comparaison ne reprend qu'une petite partie des difficultés que suppose l'interprétation correcte des rêves.

## Conseils pour interpréter les rêves

Parvenus à ce point, de nombreux lecteurs se décourageront peut-être devant la quantité d'obstacles à franchir. Il est vrai que les écueils sont innombrables. Chaque rêve est une sorte de hiéroglyphe, mais de même que les passionnés d'énigmes parviennent à les résoudre, les rêves peuvent susciter chez le sujet-analyste un intérêt tel qu'il l'encourage à vaincre ces obstacles. L'interprétation de ses propres rêves peut être, au départ, erronée, mais si avec le temps, le sujet apprend à faire taire la voix des résistances et à suivre soigneusement toutes les pistes possibles, il n'y a aucune raison qu'il ne parvienne pas au but. Plus l'interprétation onirique est difficile, plus la satisfaction de la résoudre est grande à laquelle s'ajoute un sentiment de libération. Voici quelques conseils :

1. Notez vos rêves sur un carnet. Il est toujours préférable de le faire au saut du lit, sans attendre trop longtemps pour ne pas en perdre le fil.
2. Divisez votre rêve selon ses multiples éléments. Ne lui donnez pas une interprétation d'ensemble et

résistez à la tentation de lui donner un sens prophétique.

3. N'oubliez pas que le rêve le plus beau et le plus agréable peut cacher des désirs inavouables.
4. Associez vos pensées par rapport aux différents éléments du rêve, sans exclure celles qui vous paraissent insignifiantes ou obscènes.
5. Recourez à la symbologie uniquement lorsque vous ne parvenez pas à attribuer aux choses rêvées une valeur intrinsèque.
6. Ne vous scandalisez pas si la plupart des rêves cachent des pulsions de violence, de haine et surtout des désirs sexuels (de type incestueux notamment).
7. Ne vous fiez pas à votre mémoire et écrivez associations ou interprétations symboliques auprès de chaque élément.
8. Comparez vos rêves et leurs interprétations respectives entre eux. Il est probable qu'ils aient tous, ou presque, un point commun ou un fil conducteur.
9. Ne négligez pas tout ce qui a été dit à propos de la condensation ou de l'éloignement onirique.
10. Tenez également compte d'une éventuelle surinterprétation qui se superpose à la première et la complétera.
11. Rappelez-vous que les circonstances extérieures et les malaises physiques peuvent influencer les rêves. Faim, soif, chaleur, froid, douleurs abdominales, etc. peuvent être des stimuli responsables d'horribles cauchemars.
12. Abstenez-vous d'expliquer aux autres les résultats de vos investigations personnelles. Cela risquerait de susciter toutes sortes de confusions et d'ajouter à vos propres erreurs celles des autres ; si vous

devez vous tromper, mieux vaut que ce soit seul. Ne renoncez pas dès les premières difficultés, car l'interprétation rapide des rêves n'est guère aisée et les obstacles sont inévitables.

13. Une fois confronté à la réalité de vos désirs inconscients, n'en faites pas une maladie. L'interprétation des rêves en mettant le sujet face à ses maux, lui permet d'y remédier et d'assumer une attitude positive face aux difficultés de l'existence.

# Sommes-nous tous névrosés ?

Combien l'angoisse est terrible ! C'est peut-être l'une des plus grandes souffrances de l'humanité et des plus incompréhensibles aussi.

Prenons l'exemple d'une femme mariée, d'une quarantaine d'années, ayant des enfants déjà grands, et qui souffre de ce mal étrange. De qui peut-elle attendre compréhension et soutien ? De son mari ? Sans doute pas. Si elle souffrait d'une rage de dents ou d'une colique hépatique, elle se rendrait aussitôt chez le dentiste ou le médecin. Mais trop souvent personne ne prend au sérieux l'angoisse ; et si elle décidait de consulter un psychanalyste, toute la famille s'empresserait de se moquer d'elle et de l'en dissuader. Dans certains milieux, l'analyse fait encore l'objet de suspicions et d'ironie, comme s'il s'agissait de techniques de magie noire propres aux sorciers africains. Entre-temps, cette mère de famille continue de souffrir et son état ne fait qu'empirer. Elle craint parfois de devenir folle et ressent en son for intérieur de terribles impulsions. Certains jours, elle en arrive même à souhaiter la disparition d'un être cher (son mari ou son fils), mais rejette aussitôt cette pensée pour se sentir plus angoissée que jamais. Pour se punir de ses impulsions criminelles, elle se soumet à divers châtiments et renoncements, et son sentiment de culpabilité (pour quelque chose dont elle n'est pas responsable) exige d'elle de continuels repentirs.

Sa vie devient un véritable enfer, quoique superficiellement tout semble continuer comme avant, normalement. Les chemises de son mari sont bien repassées, les chaussures cirées, ses enfants bien soignés et affectueusement traités, et les repas sont toujours amoureusement préparés. Qui pourrait, un seul instant imaginer ce qui se passe dans l'esprit de cette pauvre femme au foyer ?

Ses proches la trouvent certes un peu nerveuse et tendue, et lui conseillent d'en faire moins, de se reposer un peu. Son mari lui reproche de pleurer souvent pour un rien, ce qui a, bien entendu, le don de l'agacer profondément.

Cette femme se demande ce qu'il lui arrive. Pourquoi gâche-t-elle ainsi son existence ? Pourquoi cherche-t-elle à détruire tout ce qu'elle aime, jusqu'à ses enfants ? Pourquoi vit-elle comme si elle était dans une prison ? Pourquoi se sent-elle épuisée, comme si ses macabres pensées la rongeaient de l'intérieur ? Pourquoi ne cesse-t-elle de penser à la guerre, aux souffrances et aux maux de ce monde ? Pourquoi ? La réponse est simple : cette femme est victime d'une névrose obsessionnelle, et bien qu'elle suppose ses troubles d'origine psychique, elle ne le sait pas avec certitude. Et comme elle, combien de personnes vivent ainsi dans la crainte de ce qui leur arrivera, accumulant des sentiments d'angoisse qui ne les laissent vivre ni même se consacrer à leurs activités quotidiennes.

En son for intérieur, le névrosé sent bien que quelque chose ne fonctionne plus ; il évite cependant d'en parler comme s'il craignait de passer pour un fou. Il redoute d'envisager l'hypothèse d'une maladie mentale. Il ressent souvent l'impérieuse nécessité de faire, de dire ou de penser des choses absurdes ; cette contrainte est telle qu'il ne peut y résister, ce qui ne fait qu'aggraver son état d'angoisse et d'anxiété. Angoisse et anxiété qui ne cessent que lorsque le névrosé obéit à la puissante impulsion qui le force à dire ou à faire quelque chose contre sa propre volonté ou contre toute logique.

## Comment se manifeste la névrose ?

La névrose obsessionnelle se manifeste par des pensées, des impulsions, des actions obsédantes.

Bien souvent, ces pensées sont insensées, parfois stupides, voire cruelles, parce que le malade n'y peut rien, même s'il en souffre énormément. Il pense des heures durant, un jour après l'autre, à la même chose, comme s'il s'agissait d'un point essentiel dans sa vie. Ces idées sont totalement obsédantes et font souffrir le malade qui est incapable de les chasser de son esprit, comme s'il en était prisonnier.

Les pulsions de la névrose coïncident parfois avec de graves tentations, par exemple, voler, commettre des actes contre-nature, parfois même tuer. Fort heureusement, ces pulsions ne parviennent presque jamais à leur accomplissement, parce que le névrosé se soumet à la voix de son *Surmoi* c'est-à-dire à la voix de sa conscience morale qui le freine. Son complexe de culpabilité ne disparaît pas pour autant car les pulsions non satisfaites suscitent une angoisse comparable à celle que ressent celui qui les satistait. Le sentiment de faute atteint une exacerbation telle qu'il peut provoquer chez le névrosé un désir de terrible punition qui, à son tour, impose des limitations à sa propre liberté. Les actes obsessionnels sont aussi des manifestations de névrose. Ils consistent à répéter une action déterminée ou à compliquer de simples activités quotidiennes jusqu'à les transformer en de véritables rituels.

Considérons le cas d'un individu qui ne sait pas résister à la tentation de compter les lettres de certains mots, ou bien à celle d'additionner les numéros qui composent les plaques d'immatriculation ou les numéros de téléphone. Ce sont des actes qui n'ont aucun sens, aucune utilité, mais le névrosé, même s'il en reconnaît l'ineptie, ne peut pas s'en empêcher. S'il n'obéissait pas à la contrainte d'accomplir ces actes, il se sentirait à tel point angoissé qu'il ne pourrait rien faire d'autre, comme si sa vie dépendait étroitement de la réalisation de ces actes sans aucun sens. De nombreux névrosés se disent des phrases du genre : « Si je ne croise pas les doigts chaque fois que je vois un barbu, il peut m'arriver ceci et cela ». « Si je ne compte pas les marches de cet escalier, je buterai avant la dernière marche », « Si je ne touche pas le cinquième pieu de cette palissade, un malheur arrivera à ma famille », et ainsi de suite.

Cette tendance à effectuer des actes répétitifs et obsessionnels se manifeste également dans l'activité normale de tous les jours. Certaines personnes se soumettent par exemple à un long rituel très précis, avant d'aller se coucher ; d'autres vérifient que le robinet du gaz est bien fermé cinq fois de suite, ou bien regardent dans leurs armoires ou sous leur lit si personne ne s'y trouve ; d'autres encore ne peuvent s'endormir si, sur leur table de nuit, les objets ne sont pas disposés d'une certaine façon. Que se passe-t-il si, pour une fois, le névrosé résiste à cette coercition ? Il ne fermera pas l'œil de la nuit, tout simplement.

Certains individus se lavent de façon obsessionnelle ; par exemple ils ne peuvent se savonner le cou s'ils ne se sont pas tout d'abord frotté les oreilles ; pour d'autres, il faut que le savon soit blanc (ils n'utiliseront jamais un savon d'une autre couleur) ; d'autres encore se lavent les mains plusieurs fois de suite, tout en les essuyant après chaque lavage, ou bien se douchent parce qu'ils ne supportent pas de prendre un bain, etc. Certains sont maniaques au lever et doivent toujours sauter du lit du pied droit (ou gauche) ou font de véritables acrobaties pour s'habiller dans leur lit et se chausser avant d'avoir mis pied à terre.

Ces mêmes actes obsessionnels peuvent aussi affecter la façon de manger, de marcher, de saluer, etc. Certains marcheront la pointe des pieds tournée vers l'extérieur, tout en se sachant ridicules, d'autres ne mangeront rien avant d'avoir bu trois gorgées d'eau (ni plus ni moins), ou ne peuvent serrer une main avant d'avoir croisé les doigts. Tous ces actes semblent, de par leur absurdité, des jeux inoffensifs. Seul le névrosé sait l'angoisse qu'il ressent si, pour une fois, il y résiste.

La cause de tous ces comportements que l'on qualifie de « phénomènes compulsifs », résulte de phénomènes psychiques inconscients. Par conséquent, la névrose peut être définie comme une « névrose obsessionnelle-compulsive », la compulsion limitant l'utilisation du temps, la liberté de pensée et d'action ainsi que l'attention.

Le patient affligé de névrose obsessionnelle-compulsive est toujours à la limite de ses forces, bien qu'il ne souffre pas de troubles physiques.

## Les cas les plus graves de névrose

En dépit de l'absurdité et de l'inutilité de leurs actes, les sujets les plus affectés par la névrose obsessionnelle sont aussi les plus doués intellectuellement et appartiennent plus fréquemment au sexe masculin que féminin. Le névrosé est bien souvent aussi un individu qui, dans le passé, avait une forte volonté, un grand dynamisme, beaucoup d'énergie, et une intelligence certaine ; ce sont des qualités que la névrose attaque inexorablement.

Souvent, les êtres doués d'une grande sensibilité, tels que peintres, musiciens, écrivains, souffrent de névrose ainsi que tous ceux qui dépendent fondamentalement de leurs émotions. Ceci n'empêche pas qu'il soit possible de devenir névrosé dès l'âge de trois ans, à la suite d'erreurs d'éducation et de traumatismes soudains.

Le névrosé a un concept de la morale trop développé ; son code éthique est d'autant plus strict que sont accentuées les pulsions obsessionnelles qui le poussent à faire, dire ou penser, quelque chose qui lui est contraire. Habituellement le malade atteint de névrose compulsive ne se permet jamais dans la vie le moindre écart.

Toutefois, aussi accentuée que soit la névrose, nous pouvons être assurés que jamais le névrosé n'agira en fou ou en délinquant. Si la compulsion parvenait à abolir la pulsion originale, il ne s'agirait que d'un défoulement simple et logique de l'esprit. Mais il n'en est jamais ainsi. La compulsion ou contrainte ne résout pas l'instinct d'origine mais se limite (par exemple) à la répétition obsessionnelle de certains actes, sans pour autant calmer l'agressivité.

Le malade a généralement pleinement conscience de sa maladie et ce sont les autres qui la sous-estiment et la cataloguent sous un terme auquel, injustement, on donne peu d'importance : dépression nerveuse. La névrose obsessionnelle-compulsive est bien plus douloureuse ; ceux qui en souffrent se trouvent dans une situation proche de celle de l'enfant ou de l'homme primitif, déchiré entre l'amour et la haine dans tous ses actes, dans toutes ses pensées. Il n'y a aucune intention, aucun geste d'amour de leur part qui ne soit privé d'hostilité. Pris entre deux sentiments aussi opposés, le névrosé n'est sûr ni de ses affections ni de ses antipathies qui se mêlent en dépit de leur contradiction.

De nombreux sujets souffrant de névrose obsessionnelle-compulsive n'osent pas confier leurs peines. Ils sont seuls face à leurs compulsions et l'absurdité de leurs « je dois » et « je ne dois pas ». Ils essaient de se camoufler, de passer inaperçus, mais il y a toujours un œil attentif qui les remarque et les dénonce. Souvent ce sont des tics qui les trahissent.

## La personnalité du névrose

Ces êtres tourmentés, pleins de zèle et d'ardeur, ne sont pas toujours facilement reconnaissables bien qu'il y ait quelque chose dans leur façon d'agir qui les dénonce. Ils sont soucieux, peu sûrs d'eux, se montrent rigides et trop prudents. Ils peuvent passer de la timidité à une extrême agressivité, poussés par une force qu'eux-mêmes ne parviennent à comprendre et dont ils se repentent presque toujours.

Le doute les angoisse dans tous leurs choix. Ils se sentent peu sûrs d'eux car ne savent jamais ni comment faire ni ce qu'ils peuvent ou doivent faire. De nombreux névrosés ont le visage tendu par l'angoisse, une expression butée et les lèvres pincées. Ils sont déprimés comme si une menace inconnue les poursuivait.

Ils réagissent mal à toute contrariété que leur esprit enfle et déforme. Leur anxiété continuelle les empêche de vivre les bons moments de l'existence, les trouble même dans une atmosphère de sérénité, de détente ou de loisir.

Ils sont égocentriques, pensent avant tout à eux (or l'une des meilleures façons de sortir du labyrinthe des pensées angoissantes sur son existence est précisément de s'intéresser aux autres). Ils sont toujours très conscients de leurs moindres gestes et se sentent constamment le centre de l'attention générale. Leur timidité ne doit pas nous tromper.

Rien n'aggrave plus leur situation que l'ironie. Il est inutile de vouloir qu'ils se sentent responsables de leur caractère, car leurs défauts ne dépendent pas d'eux mais d'une véritable maladie du psychisme qui est précisément la névrose.

Bien souvent, le névrosé préfère s'isoler. Parfois, il manifeste son agressivité envers les autres par de violentes scènes dont il se repent aussitôt. Alors qu'il crie, il sait très bien qu'il crie pour un rien, pour une bêtise, mais il est totalement incapable de se contenir. Sa famille le considère comme une personne très nerveuse mais sait que se fâcher avec lui ne fait qu'empirer les choses, et lorsque les proches cèdent, eux aussi finissent par souffrir de névrose. Il arrive souvent que tous les membres de la famille du névrosé souffrent progressivement des mêmes symptômes comme s'il s'agissait d'une épidémie que l'on définit comme « névrose de groupe » ou « névrose collective ».

Le névrosé est aussi un rêveur qui, face aux frustrations, réagit en rêvant et non pas en agissant. Il rêve de succès, de gloire plus que de vengeance et, distrait par ces pensées inutiles, laisse échapper les occasions véritables de revanche morale et professionnelle. Personne ne sait mieux que lui comment perdre son temps.

## Types de névrose

Les types de névrose sont nombreux ; nous n'en citerons ici que quelques-uns. En règle générale, ces névroses sont déterminées par des processus psychiques inconscients, elles provoquent parfois une perturbation réelle de l'activité d'un ou plusieurs organes.

Il n'est pas toujours possible de tracer les limites entre les différents types de névrose. Parfois les symptômes peuvent se confondre et rendre le diagnostic d'autant plus difficile.

### NEURASTHÉNIE

C'est la névrose organique la plus importante. Ce terme signifie « fatigabilité des nerfs ». Les neurasthéniques souffrent de migraines et de troubles gastro-intestinaux, résistent mal à la fatigue physique ou mentale en général, et ont beaucoup de mal à concentrer leur attention sur un objet, tout en étant très sensibles aux stimuli extérieurs. La vie sexuelle de l'homme neurasthénique se caractérise très souvent par de graves difficultés.

Parmi les causes de la neurasthénie, citons tout d'abord une déplorable éducation sexuelle. De nombreux neurasthéniques doivent leurs troubles au fait que leurs plaisirs solitaires créent artificiellement un état d'excitation physique, toutefois non dû à l'acte en soi, mais au sentiment de culpabilité qu'il engendre. De nombreuses neurasthénies disparaîtraient si la masturbation était considérée comme une étape normale du développement sexuel, surtout pendant la période critique de l'adolescence.

## NÉVROSE D'ANGOISSE

Les symptômes sont à la fois physiques et psychiques. Le malade a constamment peur de quelque chose qui doit lui arriver et vit dans l'attente angoissante de malheurs qui peuvent s'abattre sur lui ou sur l'un des êtres qu'il chérit. Parfois la crise se manifeste par des sueurs, des palpitations, des tremblements, des sensations de froid, des cauchemars et même la diarrhée. Dans la mesure où cette symptomatologie caractérise également d'autres formes de névrose, un examen psycho-analytique est nécessaire si l'on veut bien déterminer la maladie.

À la racine de cette névrose, on découvre généralement une vie sexuelle problématique. Combien de névrosés de ce type sont incapables de réaliser normalement l'acte sexuel de crainte de procréer ou dans l'obstination de prolonger la durée de l'acte ?

Chez les femmes affectées par ce type de névrose, on trouve un grand nombre d'épouses absorbées par leur travail et par la famille. Fatiguées le soir, elles sont incapables de volupté entre les bras de leur mari parce qu'au lieu de s'abandonner et de laisser libre cours à leur corps et à leur esprit, elles réalisent généralement l'acte sexuel dans la crainte d'être fécondées. Une crainte qui tôt ou tard a des répercussions névrotiques.

## NÉVROSE MONOSYMPTOMATIQUE

Qui n'a jamais ressenti une terrible douleur, dans les côtes ou une dent par exemple, pour la sentir disparaître à peine entré dans la salle d'attente du spécialiste ? C'est aussi une névrose, mais à une échelle réduite.

Plus grave est le cas du sujet qui croit ressentir tous les symptômes d'une grave maladie, laquelle étant d'origine psychique ne peut être soignée et guérie par des médicaments. Ce sont précisément ces troubles névrotiques qui guérissent de façon miraculeuse grâce à un traitement psychique. Trop impressionnable, le malade ne parvient à se délivrer de ses troubles que lorsque ceux-ci sont traités à leur racine par une thérapeutique qui influe d'une certaine manière sur le psychisme. L'origine de cette névrose remonte parfois aux rapports entre l'enfant et ses parents. Certains médecins qui, en plus des moyens préconisés par la science, ont un pouvoir de suggestion rappellent au patient l'influence de l'autorité parentale. Comme un enfant qui vient de se blesser au genou et qui, en pleurant, montre la plaie à sa mère pour être consolé et cajolé (au point d'en oublier pourquoi il pleurait et retourner jouer avec ses amis comme si de rien n'était), l'adulte névrotique attribue à son guérisseur tous les mérites de son rétablissement.

La névrose monosymptomatique peut également expliquer le succès obtenu par certains guérisseurs. La force de suggestion qui émane d'eux suffit à éliminer le mal, comme s'il s'agissait d'un miracle ou d'une volonté surnaturelle.

## HYSTÉRISME

Manifestation névrotique se caractérisant par une instabilité émotionnelle et par la multiplicité des symptômes physiques. Elle était déjà connue dans l'Antiquité. On la considérait comme un mal exclusivement féminin, à tel point d'ailleurs que ce nom dérive du terme *hystera* qui signifie utérus. Avec la fantaisie propre à ceux qui essaient d'expliquer des phénomènes sans connaissances scientifiques, les Anciens affirmaient que l'utérus se déplaçait dans le corps de la femme où il errait, provoquant des douleurs là où il se fixait, que ce soit la tête, l'estomac, les jambes ou même les pieds.

En effet, les symptômes organiques de l'hystérisme affectent pratiquement tout le corps. L'hystérique peut souffrir d'une toux insurmontable ou de nausées ou perdre la mémoire. Il peut avoir une faim de loup ou au contraire éprouver du dégoût pour la nourriture. On observe aussi des paralysies d'origine hystérique ou de terribles douleurs dorsales qui préoccupent le malade à tel point qu'il préfère rester au lit de crainte que son mal ne se manifeste ou n'empire.

Certains sujets sont affectés de troubles rénaux, de difficultés de miction ou de vomissements inexplicables. Certaines femmes affirment même être enceintes. Certaines crises d'hystérisme s'accompagnent de surexcitation et de fureur, d'autres de dépression et d'aboulie. Dans quelques cas, plus graves, il peut arriver que le malade perde connaissance pendant les crises : il crie, s'agite, est hors de lui, mais quand il revient à lui, il ne se souvient plus de rien.

Certains sujets perdent l'usage de la parole ou des

jambes, d'autres perdent le sens de l'odorat ou du toucher. Les cas d'amnésie sont relativement fréquents, plus particulièrement limités à certaines zones de la conscience. L'épiderme peut aussi présenter des éruptions, des prurits insupportables, des enflures voire des plaies qui, semble-t-il, seraient dues à une forme particulière d'hystérisme.

L'amour peut également être affecté d'hystérisme. L'hystérique n'est jamais tout à fait normal et peut passer de façon surprenante du rire aux larmes. Tout son être est hypersensibilisé par les stimulations venant de l'extérieur. En règle générale, il tend à la mélancolie, quoiqu'il connaisse des instants de joie effrénée. Il est très influençable, sans personnalité, et émotivement très faible. Un jour il adore aveuglément une personne, est disposé à la suivre jusqu'au bout du monde et le lendemain il s'en méfie et la juge sévèrement.

De toute évidence, ce n'est pas une personne mûre. Son infantilisme se traduit précisément par l'instabilité de ses sentiments et de ses émotions, en plus de son incapacité à poursuivre une activité avec constance. Ceci étant, il existe parmi les sujets hystériques des hommes et des femmes de grand talent, presque toujours des artistes, des écrivains ou des danseurs qui se sentent précisément poussés vers de grandes réalisations par les tourments mêmes qui les affligent.

Tous ces symptômes sont connus sous le nom de « symptomatologie de conversion », car ils se substituent aux conflits mentaux qui en sont la cause. Chacun de ces symptômes exprime une défense du psychisme et remplace un désir frustré et refoulé par la conscience morale du malade.

Cette conduite caractéristique de défense chez l'hystérique se manifeste aussi dans ses craintes qui peuvent être très diverses et qu'en psychanalyse on désigne sous le terme de « phobies ». La souffrance et l'angoisse qu'elles provoquent sont probablement connues de bon nombre de lecteurs qui auront peut-être ressenti la crainte soudaine de rester coincés dans un ascenseur (claustrophobie) ou de traverser seuls une place déserte (agoraphobie) ou de se pencher à un balcon (acrophobie), etc.

Ce qui ne veut pas dire que quiconque souffre d'une aversion inexplicable pour quelque chose soit profondément hystérique. Nous avons tous, à un plus ou moins grand degré, connu l'angoisse provoquée par ces inévitables phobies, apparemment stupides. Une personne psychiquement saine peut traverser une étape de conflits mentaux et ne les résoudre que progressivement.

Fort heureusement, l'hystérisme peut se guérir même sans le recours à un traitement médical approprié ; il peut se guérir grâce à l'intervention du destin, à un changement de vie sexuelle ou à la satisfaction imprévue d'un désir (un succès professionnel, une amélioration économique). De même, un changement d'activité inattendu peut être un excellent remède contre l'hystérisme.

Parfois l'hystérisme guérit avec l'apparition d'une maladie authentique dont la gravité fait oublier les angoisses provoquées par des maux imaginaires, ou bien s'atténue, par exemple, chez les femmes, après la ménopause, se stabilisant en une mélancolie inoffensive.

## HYPOCONDRIE

Combien de fois qualifie-t-on d'hypocondriaque une personne qui affirme être continuellement malade ? Combien de fois ne l'avons-nous pas entendu dire ? L'hypocondrie est, en effet, un terme mal employé dans son acception courante et parfois utilisé avec une légèreté excessive. Il s'agit, en fait, d'une véritable maladie du psychisme qui requiert un traitement psychanalytique, mais essayons de faire la part du mythe et de la réalité, de distinguer le vrai du faux. L'hypocondriaque est affecté de multiples souffrances physiques, fruit de sa tristesse, une tristesse qui se manifeste par des troubles digestifs, des vertiges, des angoisses et surtout par la dépression. Un hypocondriaque ne voudrait jamais se lever le matin parce que le monde lui semble manquer d'intérêt. Son corps est fatigué, la lumière du soleil le gène. Ses journées se déroulent comme dans un songe parce qu'il ne désire ni voir ni vivre. Il travaille, parle toujours par sens du devoir, mais sans aucun enthousiasme, convaincu de l'inutilité d'un mot ou d'un geste de trop.

L'idée de suicide traverse parfois son esprit. Il vit comme une lampe éteinte, comme un mort-vivant. Il est aboulique et dès qu'il le peut, il s'assoit dans un fauteuil ou va se coucher, fixant le vide et évoquant des pensées futiles, toujours les mêmes, à propos desquelles il ne cesse de divaguer.

Il est convaincu d'être très malade et ne croit pas un seul instant que sa maladie est imaginaire. En fait, seuls ses troubles suscitent son intérêt. Par ailleurs, et sans renoncer à aller chez le médecin, il est persuadé que ni rien ni personne n'arriveront à le soigner. Il se sent marqué par le destin et, dans l'attente de la mort, se comporte comme s'il était inutile de vivre. Dans le fond sa vocation véritable est celle d'être malade.

## Comment se comporter auprès des personnes névrosées

En général, les personnes névrosées ne sont pas fondamentalement « mauvaises », même si leur état mental contribue à les rendre insupportables. Leur irascibilité et surtout leur manque d'humour en font des personnes mal acceptées en société. La plupart de leurs proches et de leurs amis finissent par les rejeter, n'étant plus en mesure de supporter leur fort mauvais caractère.

Or le névrosé souffre du manque de compréhension et d'affection ; il est comme un enfant gâté qui recherche l'amour maternel. Il est capricieux, fantasque, et croit toujours que les autres vont lui pardonner, mais il n'en est pas toujours ainsi. Bien souvent, il est critiqué ou laissé à lui-même et à ses impulsions obsessionnelles. Celui qui vit auprès d'un névrosé a tendance à prendre des airs de martyre et à se rebeller de façon soudaine contre les accès de colère aussi injustes qu'occasionnels de son malheureux compagnon (ou compagne). La plupart finissent par se lasser, surtout dans le cadre des relations conjugales. Peu de maris sont disposés à accepter de vivre auprès d'une femme névrosée et vice versa et les couples se séparent inéluctablement.

Si la lecture de ce livre vous permet de reconnaître en vous-même certains des symptômes exposés jusqu'ici et, par conséquent, de réfléchir sur leurs causes, vous serez en mesure d'éprouver de la compassion pour le névrosé que nous différencierons du malotru. Et il est juste que ce soit ainsi, car si les personnes gravement malades suscitent peine et affection, pourquoi une maladie psychique qui crée de graves problèmes ne devrait-elle provoquer qu'indifférence, ironie ou même colère !

Comme nous l'avons déjà signalé, les personnes névrosées sont peu sûres d'elles et face à l'attitude peu compréhensive de leur famille et de leurs amis, elles se sentent plus indécises encore. Par ailleurs, si le névrosé trouve une personne capable de le comprendre, de lui redonner confiance, de l'aimer et de minimiser ses accès de colère, il peut finir par se la « gagner » affectivement, puis par la névroser à son tour. « Si tu ne fais pas ci, moi je ferais ça », dit le névrosé à l'être cher qui s'empresse de le satisfaire. « Je me suiciderais si tu ne te comportes pas comme je veux » et l'autre, affolé, se hâte de contenter les caprices du névrosé et, à la longue, bien souvent, devient aussi névrosé, pénétrant peu à peu dans ce labyrinthe d'émotions et d'hypersensibilité, au lieu d'aider le malade à surmonter ses troubles psychiques.

Comment traiter le névrosé ? Avant tout avec fermeté. Il ne faut pas se montrer intolérant, mais il ne faut pas non plus céder à ses caprices extravagants.

Le névrosé ne doit être ni méprisé ni ridiculisé, mais il ne doit pas non plus être plaint. Il a certainement besoin d'être soutenu lorsqu'il se montre indécis, mais certes pas aveuglément. Il est inutile de dire de pieux mensonges ; il faut en revanche essayer de renforcer ses moyens, de stimuler ses intérêts et d'en créer de nouveaux, de le distraire de ses pensées obsédantes, en essayant de l'occuper. Personne n'a autant besoin d'être soutenu que le névrosé. Il ne faut pas lui refuser notre appui, même si nous perdons plus d'une fois notre patience, car au fond, ce n'est pas de sa faute (tout comme un malade n'est pas responsable d'une forte poussée de fièvre).

## Les avantages du névrosé

La névrose revêt parfois un aspect positif, quoique très relatif et peu enviable. Le névrosé est doté d'une hypersensibilité quasi féline, bien plus aiguë que celle des personnes psychiquement saines. À cet égard, il est comparable à un chat. Son instabilité émotionnelle donne d'heureux résultats (même si c'est par le biais de la souffrance) aussi bien dans le domaine artistique qu'intellectuel. De célèbres écrivains et peintres furent névrosés. Certes, ce ne sont pas des personnes méthodiques et ordonnées mais c'est précisément de leur chaos mental que naît l'œuvre d'art géniale.

Le névrosé, quoique incompris, prétexte toujours l'excuse de son mal en cas d'échec, quel qu'il soit.

Il se trouve toujours une justification. Lorsqu'il déplore ce qu'il a fait, il demeure malgré tout certain que, dans des conditions normales, il aurait pu atteindre les plus hautes sphères de sa profession. De même lorsqu'il accuse un sentiment d'infériorité par rapport aux autres, il accumule, en fait, un fort complexe de supériorité en puissance et en tout cas suffisant pour le convaincre qu'il est un génie incompris.

## L'autocompassion

Les névropathes n'ont que trop tendance à s'apitoyer sur leur sort et à oublier la sympathie des autres. Il n'y aurait rien de pernicieux à cela si cette autocompassion n'avait d'autres conséquences ou était simplement cataloguée comme un des symptômes de la névrose. Il n'en est pas ainsi et l'autocompassion implique le rejet total de tout remède, de toute cure. Considérons le cas d'Ulla B., jeune femme de vingt-cinq ans, souffrant d'un grave complexe d'infériorité dû à son aspect physique peu gracieux et à son obésité. Recherchant la sympathie des autres mais pleurant sur sa disgrâce, elle ne faisait qu'empirer la situation, ne cessait de manger, menait une vie sédentaire et pensait à se suicider.

On voit bien que cette forme d'autocompassion aurait pu la conduire à renoncer à la vie. Se sentant peu comprise par les autres et surtout ne ressentant pour elle-même qu'une profonde pitié, Ulla ne prenait pas la décision qui s'imposait, à savoir suivre un régime. Ce fut un ami de son frère qui la fit réfléchir, en lui disant clairement, presque brutalement, la vérité. Ulla se mit à moins manger, à compter les calories, à faire de la gymnastique et en peu de temps perdit plusieurs kilos. Ce premier résultat l'encouragea à continuer, un an plus tard, elle devint une personne totalement différente : plus svelte et jolie, mais aussi beaucoup plus tranquille et sympathique. Sa vie psychique s'améliora également. Le fait de se savoir mieux sur le plan physique la mit sur la bonne voie pour se parfaire mentalement. Les résultats obtenus grâce à ses efforts lui démontrèrent que dans la vie rien n'est impossible et que la volonté est bien souvent la seule alliée pour réaliser ses désirs.

Le névropathe qui s'obstine à souffrir et à attribuer au destin la responsabilité de son état ne peut susciter chez les autres que la compassion. Un minimum de volonté est indispensable, surtout lorsqu'on essaie de guérir par soi-même. La volonté peut nous aider à ne pas nous voiler la face devant les réalités de la vie et à ne pas nous déclarer vaincu d'avance.

La résignation n'est pas une vertu, mais un ennemi

implacable qui réduit toute potentialité chez l'homme et le prive de toute agressivité.

## Les résistances

Quiconque se soumet à une analyse, doit tenir compte du problème des résistances. N'allez pas croire que, sans la présence du psychanalyste, l'auto-observation sera facile et spontanée : bien au contraire, car c'est en réalité essentiellement de nous-mêmes que nous avons peur.

Essayez de penser, pendant un instant, à l'une de vos mauvaises actions envers autrui : vous ressentez aussitôt, en votre for intérieur, une impulsion vous poussant à rejeter ce mauvais souvenir que vous croyiez avoir oublié et il vous est difficile de repenser à cet épisode sans vous sentir moralement abattu. Quelque chose freine votre recherche.

Quelles sont les résistances qu'oppose habituellement le patient vis-à-vis de son analyste ?

Nous allons en étudier quatre, une par une.

1. *La résistance technique*. C'est la résistance qu'oppose le sujet lorsque l'analyste l'invite à dire tout ce qui lui traverse l'esprit, sans réfléchir, et dans l'ordre d'apparition des images. Le patient sait déjà très bien qu'il n'existe pas de pensées insignifiantes et que toutes peuvent servir à trouver la clé du conflit inconscient, cause de sa névrose.
   La règle est tout d'abord acceptée par le patient, mais la promesse est rarement tenue.
   Tout en sachant très bien que le succès du traitement dépend essentiellement de sa sincérité, le névrosé se défend de toutes les façons possibles,

cherchant des échappatoires et choisissant ce qu'il va dire. Il a honte d'avouer certaines de ses pensées et d'autres lui semblent stupides ; or c'est précisément cette sorte de pudeur qui entrave la tâche de celui qui s'analyse. Vous vous efforcerez donc de noter très librement sur un cahier les pensées, les souvenirs et les sensations que vous ressentez en votre for intérieur, sans vous soucier de leur logique ou de leur bon enchaînement. Il est inutile de penser au long chemin qu'il vous faut parcourir avant d'arriver au point crucial, celui qui vous fait souffrir. « Tout dire, dit Freud avec simplicité, signifie réellement tout dire ».

2. *La résistance intellectuelle.* C'est le second stade de l'opposition croissante que manifeste le névrosé, une nouvelle tentative pour essayer de dissimuler les racines profondes de son mal.
   Une fois la résistance dite technique surmontée, un nouveau comportement apparaît, ralentissant à nouveau l'analyse. Le patient se découvre soudain une sorte de passion pour la psychanalyse, une certaine curiosité pour des cas qui n'ont rien de commun avec le sien, un besoin effréné de lire des ouvrages sur le sujet ; il interroge l'analyste afin d'en savoir plus en la matière, bien que ce soit par pur dilettantisme. Il s'agit, bien entendu, d'un intérêt fallacieux, hypocrite qui permet d'éluder tout ce qui a directement rapport avec ses propres troubles. Qui se soumet à un traitement psychanalytique connaît bien cette phase au cours de laquelle il est disposé à tout analyser sauf lui-même et son passé.
3. *Le doute.* Enfin, lorsque le sujet se soumet de bon gré à l'analyse, il répond avec une apparente

honnêteté à toutes les questions, n'essaie plus de cacher ce qui lui vient spontanément à l'esprit, renonce à son excitation intellectuelle, et pourtant n'avance pas d'un seul pas.

Ses symptômes sont toujours les mêmes, l'angoisse n'a pas disparu et, malgré les semaines et les mois de traitement, l'état du patient reste stationnaire.

Il s'agit en fait du troisième stade de la résistance, celui du doute, lorsque ni rien ni personne ne peut convaincre le névropathe qu'il est possible de guérir ; il est trop sceptique, reconnaît que tout cela est fort intéressant intellectuellement, mais affirme que son mal est incurable. Il pense que la psychanalyse est un exercice mental passionnant, mais guère plus.

4. *Le transfert.* Il s'agit ici d'une projection ou du report d'un sujet sur un autre. Malgré les doutes, la recherche se poursuit. Ceci signifie que le troisième stade de résistance n'est pas le plus fort et que les hésitations cèdent à la curiosité de voir « ce qui peut se passer ». Toutefois, à un moment donné, s'établit entre le patient et l'analyste une relation particulière (relation certes impossible dans le cas de l'auto-analyse) : le sujet voit en la personne du psychanalyste, son père, sa mère, sa femme, l'être cher. C'est alors que la bataille devient passionnante car l'analyste ne peut répondre comme le père ou l'être cher.

Le seul allié de celui qui s'auto-analyse est son cahier qui remplace, dans une certaine mesure, l'analyste. On ne doit pas effacer quelque chose que l'on vient d'écrire, cédant à un regret soudain, ni le relire. Il n'est pas nécessaire de réfléchir ni de s'obstiner à vouloir suivre un fil conducteur dans ses pensées.

La logique apparaîtra après une lecture attentive, au bout d'un certain temps. Il faut éviter de se laisser distraire ; d'ailleurs s'auto-analyser exige constance et concentration ; il faut écrire dans le calme et la tranquillité. Il est inutile de poursuivre cette étude de soi-même pendant les moments de loisir de la journée ; ce serait tâche vaine. Il est probable qu'au tout début l'on manifeste une certaine résistance à cette condition, nécessaire pour une observation sereine ; mais il est facile d'y remédier avec un peu de bonne volonté.

## La responsabilité de la famille

Pourquoi suis-je ce que je suis ? Vous êtes-vous déjà posé cette question ? Vraisemblablement oui ; peut-être en attribuant à vous-même vos mérites et vos erreurs à l'influence de la famille, à la déplorable éducation reçue ou au milieu dans lequel vous avez dû vivre. Il vaut mieux être prudent et bien réfléchir avant de lancer de telles accusations. Il y a certes unc part de vérité dans ces affirmations, mais vous ne devez pas vous justifier ainsi et continuer à accumuler complexes et conflits émotionnels. Ce n'est pas en reportant la faute sur les autres que vous parviendrez à surmonter vos handicaps et s'il est certain que l'éducation familiale reçue pendant l'enfance et l'adolescence est très importante quant à l'évolution psychique d'un individu, il est également vrai que les justifications ne servent qu'à réaffirmer une tendance à la paresse et à la passivité, défauts tout aussi funestes l'un que l'autre pour un sujet tendant vers la névrose.

La névrose n'est pas héréditaire, mais elle est contagieuse. C'est pourquoi, dans certaines familles, on observe le phénomène de la névrose de groupe ou « névrose collective » que nous avons déjà mentionné. Il peut arriver qu'une femme se suicide, de même qu'a pu le faire sa mère, mais on ne saurait parler de tare héréditaire. En revanche, il est clair que toutes deux ont réagi de la même manière, face à un même type de frustrations.

Pourquoi arrive-t-il que tous les membres d'une même famille soient névrosés ? Pourquoi la suggestion parvient-elle à ce que tous les membres d'une même famille où vit un névrosé finissent par imiter ses symptômes névrotiques ? Si une femme souffre de névrose obsessionnelle-compulsive, il est probable que son mari, au bout d'un certain temps, en sera également affecté et finira par manifester les mêmes symptômes, ce qui montre bien que le facteur héréditaire n'intervient pas.

Nous n'insisterons jamais assez pour que les jeunes (hommes ou femmes) souffrant de symptômes névrotiques, se soignent avant de se marier et non ensuite. Le mariage n'est pas, comme certains semblent le croire, une clinique. La guérison se produira très rarement, même si pendant les premiers temps il semble qu'il y ait une certaine amélioration. Tôt ou tard, les symptômes se manifesteront à nouveau, plus angoissants que jamais et le conjoint se trouvera face à une personne changeante, émotivement instable, immature, infantile et surtout capable de lui transmettre ses troubles, même si le caractère du pauvre homme (ou de la pauvre femme) est de nature paisible.

Il en est de même avec les jeunes gens névropathes qui, en se mariant, commettent la grave erreur d'assurer le malheur de leur compagne. Victimes presque toujours de mères dominantes et exigeantes, ils ne parviennent jamais à assurer à leur épouse une vie conjugale harmonieuse et finissent par prédisposer aussi leur femme à la névrose. Il faut donc commencer par se soigner, par respect de soi-même, de l'être cher et également des enfants qui naîtront. En cas contraire, on ne fait que multiplier les individus hystériques, les névrosés, les criminels et les marginaux qui se multiplient déjà à cause du manque du sens de la responsabilité. La névrose, maladie du siècle, s'étend comme une tâche d'huile, comme une implacable épidémie.

## Le milieu

Le milieu influe sur le développement de la névrose de façon bien plus évidente que le facteur héréditaire. Par milieu, nous entendons outre la famille, le lieu de travail, l'école, le contexte religieux, les amitiés, la maison, le quartier, la ville, le climat, etc. Tout ce qui nous entoure constitue l'ensemble des stimulations externes que reçoit notre psychisme et qui contribue à forger ce que l'on appelle la « personnalité ».

La naissance n'est pas le seul facteur qui prédispose la manière d'être d'un individu. La vie et les circonstances nous font naître des milliers de fois, en modelant constamment notre caractère, notre « personnalité ». Qui ne s'est pas déjà demandé : où et comment ai-je vécu jusqu'à présent ? Dans quelle mesure suis-je le produit des autres ? Dans quelle mesure suis-je moi-même et le reflet de ma volonté ?

Prenez votre cahier et décrivez votre milieu. Rédigez des compositions, comme à l'école : « Mes parents » (qui sont-ils, leur origine, attitude, manies, préjugés, mérites, défauts, etc.) ; « Mes frères et sœurs », « Mon enfance »,

« Ma ville », « Ma maison », « Mes études », « Mes amis », etc. Il s'agit de faire une critique de son milieu, en le divisant en ses éléments essentiels. Cela permet de préciser sa pensée et de mieux comprendre certaines de nos réactions. La quantité de choses que l'on découvre ainsi est incroyable ; des choses que l'on ignorait ou que nous savions de longue date, mais que nous avions oubliées. Il est bon, de temps à autre, de rafraîchir sa mémoire, en la libérant de préjugés qui ne sont pas nôtres mais qui nous ont été imposés par d'autres en vertu de l'autorité qu'ils exerçaient sur nous.

Objectivité, sincérité. Dès notre plus jeune âge, nous sommes éduqués pour vivre en société mais cette éducation est un prétexte permettant de nous imposer les idées d'autrui, des traditions qui, en fin de compte, ne sont que des précautions dépassées. Qu'en est-il resté de nous-mêmes ? Qu'avons-nous donné de nous-mêmes aux autres ? Les termes se confondent, personne n'est jamais vraiment soi-même. Ne vous est-il jamais arrivé de répéter des phrases, des expressions dites par d'autres ? D'exposer des idées que vous ne partagez pas mais que vous vous sentez inexorablement poussé à répéter ? D'aucuns sont convaincus que la personnalité est exclusivement le fruit de nos dons, mais nous n'approuvons pas ce concept. Il suffit de penser au nombre d'individus, que personne n'oserait considérer comme stupides, qui se laissent entraîner par une doctrine politique et défendent des points de vue habilement diffusés par les média, par leur parti ou leurs amis. Il n'y aurait pas eu tant de dictatures dans le monde, depuis des temps immémoriaux, si des milliers d'hommes ne les avaient rendues viables. Le dictateur (ou le parti) assume pour chaque individu un rôle de père, un père qui éduque avec ses préjugés et ses expériences (qui ne s'appliquent pas forcément aux enfants), c'est-à-dire un père qui a toujours raison.

Pour un névrosé, adhérer à un groupe, est la meilleure échappatoire lui permettant de fuir ses responsabilités et l'obligation de se soigner. Un névropathe n'est jamais libre, il a besoin des autres et surtout qu'on lui dise ce qu'il doit faire ou penser. Il ne surmonte pas son état d'angoisse ; au contraire, en vertu du phénomène de contagion ci-dessus, la tension névrotique de tout le groupe s'accroît.

N'oublions pas de dire aussi qu'il semble de bon ton de nos jours d'incriminer ses parents : ce sont des *boucs émissaires*. Si un névrosé est conscient de son mal, il se saisit aussitôt d'un concept de la psychanalyse pour l'appliquer à son cas, en se disant : « C'est de la faute de mon père et de ma mère ; je ne peux rien faire pour résoudre une série de problèmes qui m'ont été imposés ». Personne ne met en doute l'importance de l'éducation que donnent les parents aux enfants. Mais à quoi bon insister sur ce point ? N'allons-nous pas retomber dans l'erreur commune du névrosé qui réagit mal face à une situation difficile.

Nous savons tous à quel point la figure maternelle influe sur les hommes et sur leur future vie sexuelle, mais pourquoi se résigner définitivement à cet état de choses, sans essayer d'y remédier ? Nous n'ignorons pas que les traumatismes de l'enfance peuvent provoquer de graves déséquilibres psychiques par la suite, mais à quoi bon les accepter comme un sort fatidique et pourquoi ne pas se soumettre à une profonde psychothérapie ?

Il n'existe pas de bonnes ou de mauvaises familles mais « sa » famille à laquelle chacun doit s'adapter, et, si tel est le cas, déceler les périodes critiques de l'enfance et de l'adolescence afin de pouvoir affronter avec courage les anciens traumatismes, tout en se sachant responsable des erreurs qui n'incombent qu'à nous. Si un jeune tue ou vole, c'est de la faute... des parents ; combien de fois ne l'avons-nous pas entendu dire, à une époque extrêmement sensibilisée par la psychanalyse et la sociologie ? C'est – dit-on – la faute des parents qui n'ont pas su l'éduquer. Leur enfant est innocent. Ce sont les parents les coupables, les accusés, les délinquants, les criminels qu'il faut accuser. N'exagérons rien. Beaucoup parmi nous, peut-être tous, avons eu une éducation traumatisante, trop rigoureuse. C'était la norme à l'époque et on ne peut incriminer tous les parents, produits d'une société différente de la nôtre ; mais, fort heureusement, nous ne sommes pas tous devenus criminels, névrosés, hystériques, et fous ! Nous avons tous la possibilité de résister aux circonstances défavorables et de nous adapter peu à peu, sans que notre équilibre psychique s'effondre.

Citons plusieurs exemples de cas réels que nous connaissons personnellement.

Premier cas : Esther T. vingt-trois ans, un mariage raté. La faute de cet échec conjugal revient, selon elle, à ses parents qui ne l'ont jamais vraiment aimée. Elle admet, en effet, s'être mariée afin de s'éloigner du foyer paternel où elle se sentait trop souvent incomprise. Père et mère sont donc coupables. S'ils avaient su donner à leur fille l'enfance et l'adolescence que celle-ci méritait, elle n'aurait jamais éprouvé le désir urgent de quitter sa famille et de se marier si jeune. Esther a accepté le premier homme qui a demandé sa main. Apparemment le raisonnement d'Esther ne sert pas à grand-chose ou en tout cas ne servirait pas à grand-chose si elle ne se contentait de cette explication pour rompre définitivement son mariage. À partir du moment où elle est convaincue que ce n'est pas de sa faute mais de celle de ses parents, elle préfère laisser les choses ainsi, sans réagir et en récriminant sur son passé sans essayer de trouver une autre façon de vivre que de geindre continuellement sur son malheureux sort, sans manifester d'intérêt pour le monde extérieur, ce qui engendre une grave névrose et une profonde insatisfaction générale.

Ainsi, une attitude de non-responsabilité vis-à-vis de ses propres décisions, compensée par une attitude d'accusation du prochain (dans ce cas, les parents) ne sert qu'à empirer le mal. Si Esther s'était effectivement trompée à cause de son père et de sa mère, qui n'ont pas su la comprendre et qui l'ont involontairement éloignée du foyer en lui donnant une éducation trop stricte et frustrante, maintenant c'est elle qui se trompe et ne peut s'en prendre qu'à elle-même. Envisager son propre malheur comme si l'on était prédestiné ou comme si l'on dépendait de la volonté des autres, revient à gâcher toute son existence.

Deuxième cas : celui d'un jeune de vingt ans, Robert S. qui attribue ses échecs professionnels (il n'a jamais pu avoir son baccalauréat et a été renvoyé plus d'une fois de son travail en raison de son indolence) aux profondes frustrations dont il a souffert à cause de son frère, plus beau et plus intelligent que lui, et qui étouffait sa personnalité. Sa mère, bien que sans le vouloir, avait toujours semblé préférer son frère. Il avait grandi, convaincu d'être destiné à l'échec et c'est sur cette triste conviction, mûrie depuis l'enfance, qu'il avait échafaudé toute sa malheureuse vie.

« Je n'ai vraiment pas de chance, répète-t-il maintenant, mais ce n'est pas de ma faute ». Et sur ce raisonnement stérile, il continue de perdre toutes les possibilités que la vie lui offre. Il est inutile de le convaincre qu'il n'est ni stupide, ni laid, ni prédestiné comme il le croit. Au fond, cela lui est plus facile de continuer à se dire qu'il n'a pas eu de chance dans la vie, à cause de ses parents qui n'ont jamais su l'aimer. Il pourrait réagir, en recherchant dans l'amour et l'affection l'énergie qui lui manque, mais il n'en fait rien, accentuant son caractère aboulique. Il ne cesse d'incriminer ses parents et d'une certaine manière se complaît dans ce prétexte solide.

C'est un peu facile, n'est-ce-pas ? Quant à nous, nous éviterons de nous engager sur cette voie dangereuse, tout en reconnaissant les responsabilités de nos parents (surtout de la mère) dans la formation psychique des enfants. Il est préférable de se rendre compte des causes de sa propre névrose et c'est là la finalité de l'analyse. Mais cette analyse est peu fructueuse si elle ne nous donne l'élan qui nous permet de nous libérer d'influences néfastes datant de très longue date.

Nombreux sont les jeunes gens qui n'ont jamais appris à bien réagir aux contretemps de la vie. Il incomberait aux parents responsables de préparer leurs enfants à vivre et à surmonter les obstacles quotidiens que ni rien ni personne ne peut éviter. Mais s'ils ne l'ont pas fait, n'est-ce pas le droit et le devoir des enfants, une fois adultes et hors du nid familial, de lutter afin d'affirmer leur propre personnalité ? Continuer d'attribuer aux parents la responsabilité de toute chose est aussi néfaste que cette erreur d'éducation.

## La surprotection maternelle

Examinons à présent le cas de ces sujets trop instables et immatures sur le plan émotionnel pour parvenir à se séparer de leurs parents et plus particulièrement de leur mère. Ils n'appartiennent pas à la même catégorie qu'Esther ou Robert qui se déchargent de leurs responsabilités, mais conditionnent volontairement toute leur vie à l'approbation de l'un ou de leurs deux géniteurs.

Ce sont des individus difficiles, « esclaves » de leur affection filiale qui atteint fréquemment des aspects et des limites morbides. Le cordon ombilical n'est jamais coupé, ce qui leur crée de très graves problèmes. C'est un peu comme si ces sujets ne parvenaient jamais à devenir grands et restaient collés aux jupons de leur mère.

Ces liens pathologiques influent de façon négative sur l'ensemble de leur vie et plus encore sur leur vie sexuelle qui n'est jamais harmonieuse ni normale. Contrairement aux cas d'Esther ou de Robert qui accusent leurs parents des conséquences d'une éducation trop stricte, ces personnes immatures n'admettront jamais que leur mère ou leur père puissent avoir tort.

Ce sont des individus infantiles, influençables, timides ou superagressifs (comme des enfants capricieux) et qui se comportent, quelle que soit la circonstance, comme des enfants gâtés. Tandis que pour Esther et Robert, les coupables sont toujours les parents, pour les névrosés de la surprotection maternelle, ce n'est jamais leur faute, ni celle de leurs parents, mais les autres qui sont responsables. Un vague mépris caractérise leurs relations avec les autres qu'ils jugent ignorants, stupides, sans cœur et ingrats. Dans ce cas, un échec n'est pas une blessure d'amour-propre mais suscite des sentiments de perplexité.

Ils se poseront par exemple les questions suivantes : est-il possible que mon talent n'ait pas été reconnu ? Comment se peut-il que personne ne se soit rendu compte de ce que je suis, beau, fort, intelligent, et de ce que je vaux ?

## Comment se défendre de ses parents ?

De tout ce que nous venons de dire, il ressort que les parents sont souvent un obstacle s'opposant à l'épanouissement de la vie de chacun. Et à ce propos, nous devrions retenir la leçon des animaux : la maman ours frappe gentiment son ourson lorsqu'il cherche à la suivre alors qu'il est en âge de vivre seul ; la maman hirondelle pousse ses petits hors du nid afin qu'ils puissent apprendre à voler de leurs propres ailes.

L'être humain, en revanche, ne renonce pas à ses droits qu'il confond avec ses devoirs.

Les parents, sous prétexte qu'ils ont conçu leur enfant, continuent d'en prendre soin, même après l'adolescence, alors qu'il a d'excellentes raisons de se séparer du noyau familial. Les résultats d'un attachement excessif envers les enfants donnent, comme nous l'avons vu, des individus qui rejettent la faute de tous leurs échecs sur leurs parents, cherchant à se justifier devant leur propre incapacité, ce qui les mène vers de nouveaux échecs.

Nous ne voulons pas condamner a priori tous les parents. En revanche nous condamnons certainement ceux qui prétendent être des parents et qui ne sont en fait que des gardiens de prison déguisés, des dictateurs en puissance, des arbitres de la vie de leurs enfants jusque dans ses aspects les plus intimes et les plus secrets. Il est vrai qu'il n'est guère facile d'être parents de nos jours, mais il existe une tendance à rejeter sur ses enfants les frustrations subies pendant l'enfance. « J'ai été élevé ainsi, pense l'homme qui croit être un excellent père et c'est ainsi que j'élèverai mes enfants », sans prendre conscience des souffrances qu'il a endurées à cause précisément de cette éducation qu'il s'obstine maintenant à appliquer à son tour. En fait, et malgré l'amour qu'il ressent pour son enfant, il se sert de son autorité paternelle pour se venger sur son fils de toutes les injustices infligées par son père.

Est-ce là un cercle vicieux ? Ne soyons pas trop pessimistes. Il faut veiller à ne pas s'abriter derrière les expériences d'une éducation sévère, et renoncer à vivre en harmonie avec soi-même. Une fois le problème détecté, il faut le résoudre ; et reconnaître l'existence d'un tel conflit, c'est déjà en partie le résoudre.

Si vous ne l'avez encore jamais fait, essayez de considérer vos parents comme deux parfaits étrangers, comme si vous n'étiez pas unis à eux par des liens d'affection. Soyez des juges impartiaux, même si vous vous sentez un peu cruel envers eux et ne cédez pas à la tentation de les défendre a priori, c'est-à-dire sans considérer leurs raisons et leurs mérites. Répondez, par exemple, à ces questions (et à toutes celles que vous pourriez aussi vous poser).

- Si j'avais une femme ressemblant en tout à ma mère, serais-je un homme heureux (ou vice versa : si mon mari ressemblait en tous points à mon père) serais-je une femme heureuse ?
- Mes parents s'aiment-ils ?
- Y-a-t-il quelqu'un de très nerveux dans notre famille ?
- Ai-je assisté, étant jeune, à des disputes entre mes parents ?
- Ai-je gardé le souvenir d'une dispute particulièrement désagréable qui, pour diverses raisons, est demeurée gravée dans ma mémoire ? Laquelle ?
- Est-ce que je considère que mes parents (ou l'un d'eux seulement) ont toujours préféré mon frère ou

ma sœur à moi, ou au contraire, ai-je été l'objet de leur préférence ?

- Est-ce qu'à mon avis, ma naissance a amélioré leurs relations conjugales, ou au contraire les a perturbées ?
- Est-ce que je donne (ou donnerai) à mes enfants la même éducation que celle que j'ai reçue ?
- Ai-je une préférence pour mon père ou ma mère ?
- Ai-je été jaloux de mon père (si je suis un garçon) ou de ma mère (si je suis une fille) ?
- Ai-je haï quelquefois l'un des mes parents, même pour peu de temps, et peut-être à cause d'un châtiment que je considérais comme injuste ?
- Est-ce que je pense être un bon fils (ou une bonne fille) ?
- Est-ce que je me suis senti opprimé et frustré dans mes ambitions ?
- Est-ce que je considère que ma mère n'est pas suffisamment coquette ?
- Si j'avais pu choisir, aurais-je préféré des parents différents ?
- Pendant les moments de tristesse, est-ce que je pense intensément à ma mère et est-ce que je souhaite qu'elle soit près de moi pour me consoler ?
- Ai-je renoncé à un amour parce que l'un de mes parents s'y opposait (ou tous les deux) ?
- Me réprimandent-ils dès que je fais quelque chose de ma propre initiative ?
- M'est-il arrivé, dans certaines circonstances, d'avoir honte de mes parents (ou de l'un d'eux) ?
- Est-ce que je me souviens avoir reçu plus d'une claque pendant ma jeunesse ?
- Étais-je soumis à mon père ou à ma mère ?

– Très sincèrement, m'est-il arrivé de penser que ma mère était une femme contrariante et agaçante ?
– Est-ce que je refuse de juger mes parents parce que j'entends une voix intérieure qui me l'interdit (péché) ?

Les questions pourraient se multiplier à l'infini et vous pourrez vous poser toute autre question qui vous semblera opportune. Il n'y a pas de bonnes ou de mauvaises réponses. Il ne s'agit pas d'un test de mémoire, mais tout simplement d'un questionnaire qui servira exclusivement de base à votre réflexion sur vos relations au sein de la famille.

Vous avez peut-être eu des parents névrosés et votre enfance a été fortement influencée par ce facteur. Il est rare qu'un enfant puisse se développer sereinement dans un climat tendu, en dépit des efforts déployés par les parents pour paraître ce qu'ils ne sont pas, à savoir, des personnes équilibrées. Citons le cas de deux époux qui s'étaient imposés de ne pas laisser leur enfant soupçonner leur profond désaccord, tout autant physique qu'intellectuel. La femme, névrosée, se comportait très calmement dès que l'enfant apparaissait. Elle ne criait ni se fâchait jamais et s'efforçait de se conduire de façon courtoise avec son mari. C'était, en apparence, une famille parfaite. Mais l'enfant pressentait, devinait la vérité et, en dépit des apparences et de la bonne volonté des parents qui luttaient contre leurs impulsions et leurs sentiments, finit par devenir lui-même névrosé. Si, comme nous l'avons déjà signalé, la névrose n'est pas héréditaire mais peut être contagieuse, c'est bien ce danger de transmission qu'il faut éviter. À cet égard, la famille n'est pas plus néfaste qu'un milieu tel qu'un bureau où travaillent plusieurs personnes névrosées. De nombreuses névroses attribuées au stress qu'implique le travail sont dues à l'influence d'un proche collègue névrosé. Comment se défendre par conséquent de l'influence de personnes névrosées ? Avec bon sens et grâce à quelques conseils faciles à suivre.

1. Observez les défauts des autres ainsi que les défauts des personnes auxquelles vous êtes affectivement lié ; ne cédez pas aux pressions sentimentales de caractère névrotique, ce qui ne signifie pas que vous devez abandonner certaines personnes de votre famille à leur sort, mais que vous devez essayer de les traiter comme des malades. Vous adopterez ainsi une attitude qui, dans un certain sens, vous aidera à vous protéger contre certains dangers. Aidez les personnes tourmentées par l'angoisse mais ne vous laissez pas entraîner dans le sillon de leur névrose.
2. N'essayez jamais d'imiter qui que ce soit, mais soyez vous-même. Parfois, l'admiration excessive que l'on voue à quelqu'un conduit à étouffer sa propre personnalité. Le névrosé parvient quelquefois à impressionner une personne psychiquement saine et équilibrée, car il peut se montrer intelligent, sensible, perspicace, réceptif, réfléchi, subtil et original. Mais tout cela n'est en grande partie qu'illusoire.
3. Choisissez chaque jour une pensée qui vous rende heureux et qui vous aide dans les moments les plus difficiles. Il faut voir la vie du bon côté, et bien que ce conseil n'ait rien à voir avec la psychanalyse, il sera utile de le suivre.
4. Veillez à préserver votre indépendance. N'enchaînez pas votre âme par amour ou affection. Affrontez seuls les déceptions et les peines et résolvez vos problèmes vous-même. Les personnes les moins indiquées pour nous aider dans les moments de

tourments et d'angoisse sont précisément celles que le destin a placées auprès de nous.

5. Si vous êtes marié, ne confondez jamais l'image maternelle avec celle de votre épouse (ou de même, celle du père avec votre mari). Chacun est différent, fort heureusement, et vouloir à tout prix une ressemblance est non seulement un acte de violence mais aussi conduit à bien des désillusions et des incompréhensions.
6. Restez toujours vous-même, avec vos propres expériences. Pourquoi vouloir superposer à vos propres défaillances psychiques celles des autres ? On commence par se montrer compréhensif et indulgent envers un ami en crise et l'on finit par devenir soi-même angoissé. La névrose est telle une toile d'araignée et vous ne devez pas en devenir prisonnier comme une mouche.
7. Prenez la décision d'éliminer tous les aspects puérils de votre caractère. Pourquoi ne pas les inscrire sur votre cahier ? Et si réellement vous ne vous trouvez aucun défaut puéril à vous reprocher, consultez votre conjoint ou votre compagnon qui vous surprendra peut-être en vous révélant à quel point vous pouvez parfois être agaçant ou capricieux comme un enfant impertinent.
8. Ne rêvez pas de triomphes et d'honneurs mais gardez les yeux ouverts et observez autour de vous. Vivez votre vie avec enthousiasme, car après tout elle n'appartient qu'à vous et vous n'en avez qu'une. Sachez profiter de l'instant présent et ne vous contentez pas de chimères.
9. N'affirmez jamais qu'il est trop tard pour commencer. Tout moment est opportun pour donner un grand coup de balai et repartir de zéro.

10. Ne soyez pas fataliste. Rappelez-vous que dans ce monde tout est possible, même changer le destin qui n'est jamais aussi implacable que l'on croit.
11. Apprenez à sourire. Vous verrez comment automatiquement la plupart des gens vous rendront, tout au moins à demi, votre sourire et s'il n'en était rien, tant pis, ce ne serait pas grave.
12. Ne vous laissez jamais envahir par la tristesse et les déceptions et prenez-les comme une incitation à vous améliorer.

# À bout de nerfs

Il est fréquent de nos jours d'entendre des proches parents ou des amis se répandre en lamentations (que, bien entendu, nous nous empressons de partager), telle : « Nous sommes tous épuisés, tendus ». Quoique les horaires de travail se soient considérablement réduits par rapport à ceux de nos grand-parents qui ne connaissaient pas la semaine de cinq jours, nous nous sentons souvent très fatigués en fin de journée, la tête lourde et les nerfs en pelote.

Pour se plaindre, il n'est pas nécessaire de rentrer d'une dure journée de travail ou d'être mère d'une famille de cinq enfants en bas âge. Les jeunes filles qui reviennent d'une heure de tennis, les femmes au foyer rentrant du marché, les adolescents qui passent leur après-midi à flâner au café, jouant de temps à autre au flipper, se lamentent eux aussi. Point n'est besoin de mettre ses muscles à l'épreuve pour ressentir ce sentiment de frustration physique avec lequel on identifie bien souvent la fatigue.

Cette fatigue courante est en fait essentiellement d'origine psychique ; il s'agit d'une fatigue qui affecte le système nerveux, en l'altérant et en favorisant la production de toxines, déclenchant tout un mécanisme psychique et physique qui conduit rapidement à l'épuisement.

Parfois, la fatigue est telle qu'elle empêche de se détendre et le moindre effort devient pénible.

Prenons comme exemple le cas d'un certain M. Pérez qui rentre chez lui.

S'il était honnête avec lui-même, il admettrait que pendant cette journée il n'a pas fait grand-chose au bureau et qu'il ne s'est pas donné beaucoup de mal : il se serait même plutôt ennuyé. Et pourtant, à peine arrivé chez lui, il se laisse tomber dans un fauteuil et s'exclame : « Je n'en peux plus », « Quelle journée ! », « Je suis mort de fatigue ! ». C'est d'ailleurs tout ce qu'il parvient à dire car même bavarder avec sa femme l'indispose et le fatigue. Après avoir dîné sans grand appétit et presque en silence, il s'assoit devant la télévision et somnole. Le poste est allumé mais le spectacle ne l'intéresse pas.

Son épouse n'est guère dans un meilleur état. Elle est à mille lieues de s'imaginer être la « fée » du logis et son affection pour ses enfants se voit ternie par de fréquentes sautes d'humeur. Enfermée entre quatre murs, elle a l'impression de gâcher son temps et se nourrit de revues qui, avec leur faux prototypes style « femmes-mères-travailleuses-épouses-heureuses » vivant dans de splendides maisons et habillées à la dernière mode, ne font qu'accroître son sentiment de frustration.

Mme Pérez se sent incapable de réagir et enrage secrètement, se demandant à maintes reprises pourquoi elle ne ressemble pas à ces femmes heureuses et actives. Ses obligations ne cessent de s'accumuler pendant la journée et elle n'arrive pas à trouver un seul moment à elle. « Avec trois enfants, un mari et une maison, comment aurais-je le temps de me consacrer à un hobby ou même de prendre un travail à mi-temps » ? se lamente-t-elle.

Conséquence : Mme Pérez remplit ses tâches domestiques de mauvais gré, avec l'air dégoûté d'une victime totalement incomprise.

Elle aime son mari et ses enfants mais il est sous-entendu que ce sont ses « geôliers ». Toute tâche lui est pénible, ennuyeuse, épuisante. Mme Pérez est, tout comme son mari, à bout de nerfs. Et les enfants ? Ils sont eux aussi tendus. Leur mère ne cesse de les gronder pour leur apathie. « À votre âge, récrimine le père en mentant, j'étais un garçon sportif, éveillé, plein d'entrain et d'ardeur au travail... ». Mais les enfants continuent de se laisser aller, sans enthousiasme et courbent le dos sous le poids imaginaire de fatigues insupportables. Ils « rêvassent » à longueur de journée, n'étudient guère tout en se lamentant que leur programme scolaire est très lourd, et pas question de sport : c'est trop fatigant ! Ils préfèrent la compagnie de jeunes comme eux, avec qui converser (de façon lasse et blasée). Si on leur demande « Comment vas-tu » ?, ils répondent inlassablement, avec un sourire pâle et triste : « Je suis K.O. Et toi » ?

Le tableau de cette famille est, certes, bien triste. Et nous n'avons rien exagéré. Il existe ainsi des milliers et des milliers de familles telles que celle-ci.

La fatigue est donc un symptôme à ne pas négliger. Bien souvent les vacances ne suffisent pas à l'enrayer. La preuve en est que beaucoup parmi nous rentrent, au bout de 3 ou 4 semaines de vacances à la mer ou à la montagne, plus fatigués et tendus encore qu'au départ : nous incriminons alors le changement d'air. Parfois c'est dès le lever que se ressentent les premiers signes de fatigue ; nous avons mal partout, avons les yeux rougis, une sensation de malaise dans tout le corps et surtout nous sommes de fort méchante humeur.

On ne peut continuer ainsi, ou plutôt on ne doit continuer ainsi. Il faut savoir dire « cela suffit » à temps, parce que vivre, survivre avec sa fatigue conduit tout droit à des ennuis psychiques de plus en plus graves. La première décision à prendre – de toute évidence – est d'effectuer une visite chez son médecin traitant, et de lui expliquer en toute franchise : « Docteur, je me sens de plus en plus fatigué, les jambes coupées, sans aucun intérêt pour mon travail et même pour ma vie de famille. Je n'ai envie de rien et je me sens tout aussi fatigué après m'être reposé... ». Le médecin effectuera un examen complet. En effet, l'origine de cette fatigue peut être physiologique et il sera utile d'y remédier immédiatement ; mais il se peut – et c'est en moyenne 95 % des cas – que nous soyons en parfaite santé physique et que nos troubles soient purement d'origine psychique.

Ne prenons pas à la légère ce signal d'alarme. Nous pourrions bien vite nous repentir d'avoir gâché des journées entières qui, sans notre mauvaise humeur, auraient été délicieuses, et cela uniquement par notre faute.

## L'asthénie nerveuse

Sous le nom d'asthénie nerveuse, on regroupe les phénomènes qui contractent le corps et l'esprit, en provoquant des malaises de toutes sortes, dont le plus courant est la fatigue générale, et qui sont souvent liés à l'incapacité de se reposer convenablement. Le corps et l'esprit sont constamment sous pression. On ne parvient à rien faire comme il faudrait et l'on se convainc de ne rien pouvoir faire, sans tomber mort de fatigue. Où trouver les causes de cette fatigue ?

Une fois les explications d'origine physique écartées (prenons comme exemple une maladie ou un travail véritablement excessif), les racines de notre mal sont à rechercher dans notre psychisme.

Pourquoi sommes-nous presque tous « nés fatigués » ? Parce que, à notre époque, les individus sont soumis à trop de stimulations externes, créant angoisses et frustrations. En fait, tout semble se lier contre nous, contre notre sérénité, depuis les journaux jusqu'aux films, de la circulation aux relations professionnelles, de la radio à tout autre média.

Il ne se passe pas une seule journée sans que l'on nous annonce une révolution, une crise économique ou gouvernementale, un rapt, etc.

On nous rétorquera que le monde a, de tout temps, souffert de ces maux. Cela est exact, certes, mais jamais on n'en avait fait autant de publicité qu'aujourd'hui. Et notre psychisme réagit parfois mal à certaines images qui suscitent notre angoisse.

Mais cela n'est pas tout. Contre notre tranquillité joue aussi la tendance délirante à détruire toutes les bases sur lesquelles, bien ou mal, les individus s'appuyaient hier encore. Nous nous référons surtout ici aux bases morales telles que la religion, le sens de la famille, la confiance en soi, l'espérance, l'amour du prochain, l'honnêteté. Discuter de tous ces thèmes peut être une preuve de maturité mais encore faut-il être véritablement mûrs et adultes or nous sommes loin de l'être tous. En fait, malheureusement, presque personne ne l'est. N'allons pas croire que devenir un homme ou une femme adulte signifie détruire d'un seul coup tout ce à quoi nous avons cru aveuglément pendant des années. Cette folie destructive ne sert qu'à engendrer la névrose, l'apathie et la folie. De fait, quelle est aujourd'hui la conséquence de cette confusion générale ? Tout simplement une masse de gens gesticulant, mécontents, sceptiques, peu sûrs d'eux, qui sont peu aimés et aiment peu à partir du moment où la sexualité (justement prise en considération par la psychanalyse contre l'excessive pudibonderie et hypocrisie d'autrefois) est devenue un objet de consommation qui remplace et annule la tendresse et le réconfort de certains sentiments.

Et ensuite ? Ensuite, tout le reste ! Les conflits intimes, l'envie, l'hostilité vis-à-vis du prochain et vice versa, la compétitivité continuelle, le besoin de paraître bien plus jeune afin de ne pas se laisser dépasser par les générations montantes, la tendance à simuler l'intelligence et la culture, en répétant à tort et à travers ce que l'on entend, les préjugés, les déceptions inévitables, la hâte, la crainte de la pollution, la peur de vieillir, le besoin de succès, d'argent, de gloire, les besoins créés (fourrures, voyages, télévision, vidéo, etc.), le manque d'aide (domestique mais aussi l'absence des grands-parents, des oncles et des tantes qui contribuaient à rendre la vie de famille plus animée), la crainte de l'avenir, les incertitudes quant à l'éducation des enfants et le manque de respect des plus grands, les remords, les relations superficielles et finalement la profonde solitude où s'enfonce chacun d'entre nous, de différente façon, jusqu'à en devenir prisonnier.

Voilà tout ce qui contribue à notre lassitude, et non point le travail ou les activités sportives. Et la fatigue est d'autant plus grande que nous sous-estimons ces problèmes et les rejetons en pensant ingénument les résoudre ainsi. Ces problèmes sont partagés par la plupart des gens mais cela ne nous console guère. Au contraire, chacun de nous doit affronter ces graves questions et trouver la solution qui s'adapte le mieux à son existence. Fermer les yeux ne sert à rien. Mieux vaut en parler et y réfléchir.

Reprenons le cas de M. Pérez. Ce pourrait être un homme heureux si le sentiment « qu'il n'y arrivera jamais » ne l'habitait pas. Tout succès, tout « petit bonheur » ne suscitent en lui qu'un plaisir éphémère car il se laisse aussitôt à nouveau envahir par des pensées pleines de regret. Par ailleurs, même si M. Pérez ouvrait enfin les yeux et parvenait à profiter des meilleurs moments de la vie, il ne serait pas encore sauvé. Près de lui vivent sa femme et ses enfants, atteints du même mal. Eux aussi devraient prêter attention à ce qu'ils ont, plus qu'à ce qui semble leur manquer.

Mais, en réalité, la satisfaction d'aucun de leurs désirs ne parvient pas à les contenter ; et, parfois, ils n'éprouvent même plus aucun désir. Ils ne savent plus ce qu'ils veulent et sont fatigués de désirer.

## La crainte de l'avenir

La crainte de l'avenir ne doit pas être sous-estimée ; c'est l'une des causes de l'asthénie nerveuse. Il s'agit d'une crainte subtile, insidieuse, que beaucoup ne veulent pas admettre. C'est cette peur qui pousse la mère à dire à son enfant : « Mais oui bien sûr, fais comme tu veux » renonçant à toute tentative d'éducation et cédant à une indulgence totale, parce qu'inconsciemment elle s'inquiète de l'avenir de son enfant, de ce qui pourra lui arriver par les temps qui courent ; qui sait où il sera demain, ce qu'il fera et s'il vivra encore (« Il vaut donc mieux qu'il en profite et fasse ce dont il a envie »). À la fatigue issue de ces multiples facteurs psychologiques, s'ajoute une fatigue physique authentique dont les causes pourraient être éliminées avec un peu de bonne volonté. Ces causes sont liées à une vie désordonnée : l'absence d'horaire pour manger, pour dormir, les repas avalés trop rapidement sans même goûter aux aliments, uniquement pour se remplir l'estomac, le manque d'exercices physiques, l'habitude de considérer comme distrayantes des activités qui sont loin d'être relaxantes, telles qu'un film dramatique ou une fin de semaine passée sur des routes bondées et dans une atmosphère enfumée. En fin de compte, nous nous trouvons en proie aux plus grands doutes et les problèmes de la famille Pérez sont en partie justifiés. Il est, certes, difficile de se défendre face à autant d'agressions.

Que faire pour vaincre la névrose ? Doit-on s'avouer vaincu ? Non, bien entendu, car capituler dès l'apparition des premiers symptômes de la névrose reviendrait à choisir l'angoisse pour toujours en se condamnant à vie. En revanche, ce qu'il faut essayer de faire, c'est de trouver des solutions.

1. Dormez le temps qui vous est nécessaire. Certaines personnes ne se contentent pas des huit heures habituelles et ont besoin d'un temps de sommeil plus long. D'autres, en revanche, se sentent mal au réveil si elles dorment plus que d'habitude. Ce qu'il faut, en fait, c'est dormir suffisamment afin que votre organisme puisse retrouver force et vigueur, et dans de bonnes conditions, c'est-à-dire bien abrité sous les couvertures (trop de couvertures vous feront transpirer et trop peu perturberont votre sommeil), dans une chambre correctement aérée (on peut dormir, la fenêtre entrouverte, même par les nuits les plus fraîches).

   Si quelque chose vous tourmente et vous empêche de dormir, notez-le sur un papier ou discutez-en avec votre compagnon. Même au bout de plusieurs années de mariage, il est préférable pour un couple de dormir dans un grand lit, car la présence de l'autre et son contact pendant le sommeil ont quelque chose de très réconfortant. Il faut d'ailleurs considérer le lit conjugal comme le lieu où disparaissent toutes les rancunes.

2. Reposez-vous lorsque vous en ressentez le besoin et si cela ne vous est pas possible en raison de vos obligations, reposez-vous au moins une demi-heure après le déjeuner, même sans vous endormir. Peu importe. Allongé sur un lit ou dans un fauteuil confortable et, les yeux fermés, les jambes surélevées, essayez de vous détendre. Mieux vaut ne pas gêner la digestion par la lecture d'un journal. Les nouvelles désagréables que vous pourriez y lire ne feraient qu'assombrir votre journée. Il vaut mieux en prendre connaissance en début de matinée. Vous serez ainsi informé de bonne heure de ce qui se passe dans le monde et pourrez tempérer les contrariétés et les inquiétudes suscitées par certaines nouvelles par la satisfaction de vous savoir parmi les premiers au courant des derniers événements.
3. Il convient de réfléchir de temps en temps au fait que vous travaillez pour gagner votre vie et non pour la gâcher. Ne vous laissez donc pas influencer au bureau par les humiliations, les hostilités et les envies entre collègues. Il n'y a aucune raison qui justifie que vous ternissiez vos relations avec votre famille et vos amis pour des questions qui doivent demeurer circonscrites au monde du travail.
4. Rappelons que le nombre d'heures consacrées au travail importe moins que la façon de travailler. Il n'est pas vrai que ceux qui travaillent un plus grand nombre d'heures soient les plus productifs. Certaines personnes savent tirer un meilleur parti

de leurs capacités et disposent ainsi de plus de temps libre.

5. Il est important de bien organiser son temps libre afin qu'il ne soit pas une source d'ennui et de frustration. Essayez de vous remettre à un hobby de jeunesse. Essayez aussi d'alterner la fatigue physique avec la fatigue intellectuelle, Si vous êtes assis presque toute la journée à un bureau, choisissez un passe-temps qui exige une certaine activité physique ; si vous n'êtes pas très sportif, faites de longues promenades ou choisissez une activité manuelle qui puisse vous distraire de la fatigue intellectuelle à laquelle vous êtes soumis pendant votre journée de travail. Si, au contraire, vous menez une activité physique, distrayez-vous par des bonnes lectures ou l'étude d'une langue étrangère ou tout autre chose susceptible de vous passionner, telle qu'une collection de timbres et, dans la mesure du possible, essayez de ressentir une certaine curiosité pour votre hobby. Il peut d'ailleurs être très agréable de partager un passe-temps avec son conjoint, son compagnon ou ses enfants, si, bien entendu, c'est une distraction pour eux aussi. En effet, il n'y a rien de plus désolant que de voir une épouse accompagner de mauvais gré son mari à la pêche et, vice-versa, un mari accompagner sa femme à un concert, lorsque, visiblement, la musique ne lui plaît guère et l'ennuie.
6. Prenez le temps de réfléchir un peu sur ce que vous êtes en train de faire, même s'il s'agit de quelque chose qui vous semble futile ou routinier. Ainsi, vous n'aurez pas à recommencer et, une fois la tâche achevée, n'y penserez plus.

7. Par ailleurs, mieux vaut éviter d'entreprendre trop de choses à la fois. Se réveiller le matin en songeant à toutes les tâches qui nous attendent pendant la journée ne peut créer qu'une impression de lassitude. Ne vous faites donc pas inutilement de souci et affrontez les problèmes un à un, selon leur importance.
8. Rien ne sert de courir... Et si vous êtes en retard, ne commencez pas par vous inquiéter inutilement car ce souci ne vous fera pas avancer plus vite. Il vaut mieux prendre une profonde aspiration et songer à une excuse valable qui, dite avec un sourire, sera bien plus convaincante qu'un visage défait et un regard affolé. Agissez de même en toutes circonstances.
   Supposons, par exemple, que vous deviez prendre la voiture. Si vous vous trouvez dans un embouteillage, ne vous énervez pas. Cherchez plutôt à vous organiser. Branchez la radio ou le magnétophone et essayez de vous distraire pendant ce temps. Si vous voyagez avec une autre personne, ne lui imposez pas vos jurons ou vos soupirs, mais cherchez à converser avec elle sur un sujet intéressant et vous verrez comme le temps passe ainsi très vite.
9. Tâchez de bien organiser vos fins de semaine et vos vacances car il n'y a rien de plus fatigant que partir un samedi matin, sans programme précis. Préparez vos loisirs, vous n'en profiterez que mieux. Si, par exemple, vous avez projeté d'aller passer une quinzaine de jours en été au Danemark, essayez d'en savoir le plus possible avant de partir sur le pays, les habitants et leurs coutumes, consultez cartes et dépliants touristiques,

interrogez vos compagnons de voyage. Il n'est pas nécessaire de paraître pédant pour ce genre d'organisation, mais simplement enthousiaste. Pour celui qui ne part pas et passe ses vacances chez lui, ce peut être là une excellente occasion pour visiter musées, galeries, cinémas, ou bien pour se consacrer enfin à ce qu'il n'a jamais eu le temps de faire pendant le reste de l'année.

10. Sachez vous faire plaisir de temps à autre. En chacun d'entre nous sommeille un enfant ; montrez-vous indulgent envers lui, mais sans trop exagérer, bien entendu. Si vous aimez le whisky, prenez-en un verre avant le dîner une fois de temps à autre. Si vous aimez le théâtre ou les concerts, ne vous sacrifiez pas sous prétexte que c'est trop cher ; vous pouvez prendre des places moins ruineuses ou renoncer à une autre dépense, peut-être plus utile mais bien moins satisfaisante. Si vous avez de jeunes enfants, rappelez-vous qu'il n'est pas bon de tout sacrifier pour eux. Abstenez-vous de leur acheter un jouet et, pour une fois, faites-vous plaisir.
11. Il est bon d'être prudent, mais sans exagérer. Les personnes prodigues et exubérantes sont toujours fort sympathiques, mais il ne faut pas non plus que cette prodigalité puisse devenir source de tourments et de préoccupations. Autrement dit, soyez à la fois la cigale et la fourmi de la fable.
12. Ne vous plaignez pas sans cesse. Les lamentations ne servent à rien, sauf à ennuyer celui qui doit les écouter et à décourager celui qui se plaint. Gardez-vous, par ailleurs de crier sur les toits votre bonne fortune, car, en règle générale, les gens n'aiment pas que l'on se sente mieux qu'eux.

13. Il faut essayer d'affronter les obstacles de la façon la plus simple. Certaines personnes ont tendance à toujours exagérer, quel que soit le problème considéré, alors qu'il serait bien plus sain de minimiser les choses. Le problème restera le même, mais la personne qui l'aborde avec optimisme, aura de plus grandes chances de bien le résoudre.

## Les maladies psychosomatiques

La fatigue n'est que le premier et le plus général des symptômes de la névrose. L'osmose entre le corps et l'esprit était déjà bien connue des Anciens qui dans la formule *Mens sana in corpore sano* avaient exprimé de façon concise la nécessité de soigner les maux physiques sans pour autant négliger les troubles psychiques.

Hélas, nous oublions trop souvent cette très ancienne vérité et, lorsque nous ressentons une douleur, nous n'envisageons jamais l'éventualité d'un malaise psychique. Nous allons consulter notre médecin traitant, ou bien si la douleur est légère, la supportons toute la vie.

C'est l'une des raisons pour lesquelles, dans certains cas, et malgré la tendance de la médecine actuelle à se diviser en diverses spécialités, il est préférable de consulter un médecin généraliste, c'est-à-dire le médecin qui a l'avantage de connaître personnellement ses patients et qui peut, par conséquent, mieux savoir si certains symptômes sont ou non imputables à des facteurs psychologiques.

Tout médecin doit chercher à connaître les conditions psychiques de ses patients. Aucun symptôme ne peut être interprété sans tenir compte du *status mentis*. Par ailleurs, et comme nous le verrons par la suite, lorsqu'une personne se sent réellement et physiquement malade, ses chances de guérison sont proportionnelles à sa volonté de guérir ; c'est pourquoi lorsque le malade souffre d'un traumatisme émotionnel, il y a de grandes chances pour que celui-ci empire.

Lorsqu'un médecin parle de maladies psychiques en opposition aux maladies physiques, on a la sensation de se trouver en présence d'une personne un peu superficielle, sans la moindre once de cette intuition qui fait d'un docteur licencié en médecine, un véritable médecin. En règle générale, toutes les mamans savent bien quand les caprices de leur enfant trahissent un réel malaise physique. Si l'enfant se met à pleurer sans raison, est plus capricieux que de coutume, on s'aperçoit souvent qu'il couve en fait une maladie. L'irritabilité et la mauvaise humeur sont fréquemment en rapport avec un malaise physique.

La sérénité permet non seulement de vivre mieux, mais aussi de se sentir mieux (et d'être en meilleure santé). Les personnes stressées finissent par se rendre chez le médecin parce que quelque chose ne fonctionne plus en elles. Le malaise est souvent accompagné de troubles physiologiques. Il est très difficile de trouver une personne malheureuse qui affirme se trouver en parfaite condition physique.

Maux de tête, sueurs, palpitations cardiaques, dysenteries, manque d'appétit, brûlures d'estomac, troubles hépatiques, douleurs musculaires ou osseuses, asthme, éruptions cutanées peuvent être liés, d'une certaine façon, à des troubles psychiques. Tout symptôme est presque toujours en rapport avec un conflit émotionnel. Voyons quelques exemples.

| | |
|---|---|
| MIGRAINES : | tension nerveuse, soucis, incapacité de prendre une décision difficile, doutes, manque de confiance en soi, sentiment de culpabilité. |
| DYSENTERIE : | irascibilité, manque de sang-froid, instabilité émotionnelle. |
| CONSTIPATION : | avarice (au sens émotionnel et économique) ou bien insécurité financière ainsi que préoccupation pour l'avenir. |
| ANOREXIE : | sentiments (complexes) de culpabilité, désir de s'autopunir, tendances suicidaires. |
| TRANSPIRATION EXCESSIVE : | timidité, complexe d'infériorité, craintes, anxiété. |
| DOULEURS CORPORELLES OU OSSEUSES : | insatisfaction de sa propre condition, affliction et détresse. |
| MENSTRUATIONS DOULOUREUSES : | incapacité d'accepter son propre sexe et désir de relations sexuelles avec un homme. |
| DOULEURS CARDIAQUES ET PALPITATIONS : | complexe de culpabilité, peur de mourir de façon soudaine. |

| | |
|---|---|
| URTICAIRES ET ÉRUPTIONS CUTANÉES : | nervosité, désir de s'évader, insatisfaction. |
| VERTIGES : | excès de travail, désir de fuir ses responsabilités, état d'anxiété. |

De même, les maladies infectieuses peuvent être en rapport étroit avec l'état psychique du malade. Il est scientifiquement démontré que les personnes saines et robustes mais psychiquement perturbées sont plus sujettes aux infections que d'autres, en apparence fragiles, mais psychiquement très fortes. En outre, tout dépend des conditions psychiques du malade, à ce moment-là.

Ceci revient à dire que nous nous exposons parfois volontairement à la contagion, comme si nous souhaitions véritablement tomber malades. Il est difficile d'admettre la réalité de cet apparent paradoxe, mais si nous approfondissons la question et étudions l'état psychique du malade, nous découvrirons complexes de culpabilité, désirs d'être puni, ou vice versa, disgrâce sentimentale et désir d'attirer l'attention et d'être soigné. C'est le cas de nombreux enfants qui tombent plus fréquemment malades que d'autres, bien qu'ils aient l'air très robustes. Ils sont plus souvent malades que les autres parce qu'ils se sentent mal aimés, et si l'on faisait une étude, on s'apercevrait qu'effectivement ils sont plus exposés aux infections et contagions, comme si, en étant malades, ils pouvaient mieux attirer l'attention maternelle qui leur semble injustement éloignée d'eux et reportée sur un frère ou une sœur.

Tout ceci se passe au niveau inconscient. Personne n'admettra d'être assez stupide pour souhaiter être malade, mais parfois la dialectique même dénonce ces tendances trop méconnues. On dit par exemple : « J'ai attrapé une hépatite virale », d'une façon et sur un ton qui trahissent presque une volonté secrète de tomber malade, c'est-à-dire de se punir ou de punir la personne qui se trouve près de nous et qui doit finalement nous soigner.

Il y a des rhumes qui ne guérissent jamais. Et qui nous dit que la résistance à un traitement n'est pas précisément l'effet du désir inconscient de pouvoir dire : « Je me sens mal ; regardez, moi aussi je suis très malade », ou bien : « Je le mérite bien ; est-ce une punition suffisante » ?. Aucun médicament n'en viendra à bout. Le rhume ne passera que lorsque la cause psychique sera éliminée.

## La migraine

Florence T., âgée de trente-huit ans, souffrait constamment de maux de tête « au point de se sentir nauséeuse », disait-elle. Elle passait la plupart de son temps au lit, dans l'obscurité, avec des linges chauds sur le front pour alléger la douleur. Elle avait essayé toutes sortes de cachets, mais rien ne parvenait à atténuer cette persistante migraine.

Elle se sentait découragée et critiquait les médecins car « ils n'avaient jamais su la soigner ». La famille avait fini par accepter cette migraine comme une caractéristique physique, une manie en quelque sorte de Florence et au lieu de prêter attention à ses continuelles lamentations et gémissements, préférait la laisser seule dans sa chambre et vivre comme si elle n'existait pas.

En réalité, la nature de ces maux de tête était uniquement d'origine psychique et aucun médecin n'aurait pu pénétrer dans un domaine aussi intime et secret que celui où bouillonnaient les pulsions et les désirs les plus refoulés de Florence T., à l'exception d'un psychanalyste. Toutefois, la jeune femme trouva un jour, par hasard, un livre sur la psychanalyse et eut la curiosité et l'intelligence de vérifier par elle-même l'origine de ses troubles et de vouloir se guérir. Elle fit une méticuleuse auto-analyse, en s'aidant d'un cahier où elle prenait note de ses perceptions, sensations, souvenirs, et songes et, finalement, parvint à une conclusion si simple et si claire qu'elle en fut elle-même surprise.

Ses maux de tête n'étaient en fait qu'un prétexte inconscient pour éviter tout rapport sexuel avec son mari. Florence T. s'était mariée très jeune, sans être vraiment préparée pour la vie conjugale, et vécut une nuit de noces traumatisante. Ensuite, elle ne sut plus accepter avec plaisir les relations intimes avec son mari, bien qu'elle l'aimât et que personne ne l'eût obligée à l'épouser.

La timidité et ses inhibitions l'avaient empêchée de parler à son mari de « certaines choses » et bien qu'elle ait eu ensuite deux enfants de lui, elle avait acquis un étrange concept de la vie matrimoniale. Elle concevait l'amour de la femme envers son époux comme un devoir et elle aimait son mari, certes, mais sans passion, souffrant en outre d'un complexe de honte qu'elle n'avait jamais pu surmonter, pas même après sa deuxième maternité.

Il est clair que la migraine était la conséquence de cette souffrance psychique. Pouvoir dire à son mari : « Non, ce soir, non, je ne me sens pas très bien », était ainsi devenu une justification continuelle. Les maux de tête qui, au départ, avaient été utilisés comme un bon prétexte étaient alors réellement apparus, empoisonnant tout plaisir de la vie.

C'était une véritable autopunition répondant à un sentiment de culpabilité ressenti dans ses relations intimes avec son mari, pourtant « un homme qu'elle estimait et admirait immensément » (ce sont ses propres termes).

La jeune femme eut enfin le courage d'affronter cette situation qui durait depuis plus de huit ans. Elle en parla ouvertement à son mari, lui révéla son état d'âme et le pria de l'aider. Elle lui avoua sincèrement ce qui intimement l'offensait et comment elle aurait voulu que leurs rapports se déroulent, lui confessa le traumatisme de la première nuit, pleura et demanda pardon.

Son mari sut l'aider ; il était d'ailleurs fort heureux de pouvoir élucider enfin le malentendu qui régnait entre eux et se mit à parler d'un sujet qu'il n'avait jamais pu aborder avec elle. Ils s'adressèrent à un conseiller conjugal et se sentirent tous deux réconfortés. Résultat : Florence T. guérit de ses angoissantes migraines, et son mari eut enfin, le soir venu, une femme sincère et passionnée auprès de lui.

Un autre exemple encore : celui de Henry J. affecté de persistantes migraines en raison de ses scrupules. Il avait reçu une proposition de travail à l'étranger, un travail qui l'intéressait énormément et qu'il avait toujours souhaité. Il avait par ailleurs la responsabilité d'une famille de quatre personnes et un travail bien peu satisfaisant mais bien rétribué, ce qui faisait apparaître comme une folie le fait de vouloir s'expatrier. Ses migraines disparurent du jour au lendemain lorsque sa femme, intelligente et compréhensive, prit par hasard connaissance de cette offre de travail. Au lieu de s'y opposer, elle encouragea vivement son mari à faire ce qu'il souhaitait : « nous ferons quelques sacrifices, admit-elle, mais le jeu en vaut la chandelle. »

Et effectivement cela en valut la peine. Non seulement

Henry fut délivré de ses maux de tête, mais en peu de temps (malgré les toutes premières difficultés), il fit une brillante carrière.

## Les vomissements et les nausées

Les vomissements et les nausées peuvent être en rapport avec des situations que le sujet rejette inconsciemment. À cet égard, les vomissements de la femme enceinte sont caractéristiques. Vomir, pour une femme qui attend un enfant, signifie souvent un rejet inconscient de la maternité. Un rapport psychanalytique relate l'étrange cas d'une femme qui examinait attentivement ses vomissements pour voir si elle y découvrait « des fragments d'embryon ». Si, au cours des trois premiers mois de la grossesse, les vomissements sont un symptôme courant, ceci ne signifie pas pour autant qu'ils ne soient pas d'origine psychique. Mais les nausées, les vomissements et l'anorexie sont interprétés en psychanalyse comme la tendance à éliminer l'être que la femme porte en son sein. Le cas de la constipation, qui est également un symptôme classique des premiers mois de la gestation, a une signification psychanalytique exactement inverse. La constipation indique un grand désir de maternité, c'est-à-dire la peur d'expulser l'embryon. Parfois la constipation alterne avec les vomissements et s'explique par l'indécision de la femme entre le désir et la crainte d'être mère.

La plupart des avortements sont d'origine psychique. Ceci peut aussi horrifier bien des femmes qui croient (à tort) être portées à la maternité. En réalité, les malaises, et cela surtout chez la femme enceinte, s'accentuent d'autant plus qu'on souhaite qu'ils s'aggravent. Souvent, la fausse couche est le résultat d'une intense lutte contre celui qui doit naître (hostilité *inconsciente*, nous insistons sur ce point).

C'est surtout au cours d'une première grossesse que ces symptômes se manifestent parce que la femme, jeune, même lorsqu'elle se réjouit de sa future maternité, craint l'accouchement. Pour elle, il s'agit d'une inconnue terrifiante. Par ailleurs, et tout au moins au cours des premiers mois, l'enfant est inconsciemment considéré comme celui qui interrompt une heureuse vie conjugale et déforme la silhouette. Il implique aussi de nombreux sacrifices et de futures souffrances et la mère se sent, en partie, poussée à rejeter l'enfant, à l'éliminer, à souhaiter sa disparition.

## Troubles et désordres intestinaux

Il apparaît évident qu'entre la vie psychique et les fonctions de l'appareil digestif, il existe des liens étroits. Tous les hommes d'affaires savent combien il est difficile de savourer un repas d'affaires. Il est impossible de bien manger et d'assurer une bonne digestion, tout en traitant à table de sujets qui nous préoccupent.

À table, il faut éviter de parler de ce qui nous tourmente d'une façon ou d'une autre. C'est l'erreur de certains couples qui profitent de ce moment pour « faire le point de la journée ». (« Pierre est tombé et s'est fait mal au genou », « La bonne a cassé deux tasses en porcelaine », « Je suis fatigué, je n'en peux plus »). Ce sont, hélas, des sujets de conversation bien trop fréquents dans toutes les familles qui, au lieu de se retrouver tranquillement autour de la table, profitent de la demi-heure où ils sont ensemble pour ventiler, entre deux plats, toute leur mauvaise humeur.

Les vieilles gens disent bien souvent : « Mieux vaut un morceau de pain sec dans la joie qu'une perdrix dévorée dans la rage ». Voilà une façon très simple d'expliquer une sage et saine règle de vie, qui n'est plus, toutefois, respectée de nos jours. La hâte, le travail réduisent de plus en plus les moments passés en famille et bien souvent les réduisent à d'épuisantes discussions et disputes.

Et voilà que se profile à l'horizon le cortège des ulcères, des douleurs hépatiques, des troubles digestifs, des colites, des brûlures d'estomac, des intoxications. Les émotions affectent, en effet, la production de sucs gastriques et produisent des malaises de toutes sortes, le plus commun étant ce que l'on appelle des « lourdeurs d'estomac ». De nos jours, bien peu de personnes se lèvent de table avec une impression d'agréable satisfaction. On prend ses repas tout comme on fait le plein d'essence de sa voiture.

Pour freiner un mécanisme qui risque de conduire à l'ulcère ou pire encore, il est indispensable de s'imposer une ligne de conduite. Si votre compagnon ou compagne profite des repas pour vous confier des choses désagréables, ou peut-être pour discuter, empêchez-l'en gentiment mais fermement. Dites par exemple : « Nous en reparlerons plus tard, cela ne t'ennuie pas, n'est-ce pas » ? Et s'il persiste, essayez de répondre par monosyllabes ou d'interrompre de temps à autre son monologue pour commenter un plat ou dévier son attention vers un tout autre sujet, moins préoccupant. Plus tard, lorsque l'atmosphère sera plus tranquille, reprenez cette même conversation pour que l'on ne puisse pas ensuite vous taxer d'indifférence. Il se peut qu'au début, ce comportement irrite votre compagnon, mais avec le temps votre partenaire comprendra bien vite qu'un peu de sérénité à l'heure des repas convient aussi à son appareil digestif.

Toutefois, beaucoup d'hommes doivent leur ulcère d'estomac à des causes plus profondes. Ce sont presque toujours des individus qui, dans leur jeunesse, étaient très attachés à leur mère, et qui, une fois adultes, ont compris la nécessité de se défaire de ce lien affectif qui les rendait trop dépendants de la volonté maternelle. Le contraste entre ces deux sentiments opposés (amour filial et désir d'indépendance) provoque souvent une véhémence qui soûle de soucis et de fatigue. Dans neuf de ces cas sur dix, on peut alors observer un ulcère ou un trouble d'origine cardiaque. Si vous appartenez à cette catégorie d'individus, faites un examen de conscience et essayez d'analyser votre enfance. Il est probable que vous retrouviez des causes analogues à celles que nous venons de décrire.

## Troubles cardiaques, complexe de culpabilité et autopunition

L'estomac est sensible aux émotions et aux préoccupations que l'on ressent. Il n'est donc pas surprenant qu'il soit le premier à accuser les coups d'une vie émotivement intense et compliquée et qu'il réagisse négativement. Mais le cœur a également des réactions violentes et insoupçonnées.

Prenons le cas d'Hector P., un résident grec qui vit depuis très longtemps à Marseille, et de façon très luxueuse. En apparence, il ne lui manque rien. Il a une splendide maison, une jolie femme, de magnifiques enfants... Mais Hector P. est terrorisé car il craint de mourir à tout instant. Il consulte des médecins continuellement ; il s'est même rendu plusieurs fois à l'étranger afin de consulter différents spécialistes de renommée mondiale. Or ses troubles cardiaques demeurent inexplicables à partir du moment où la réponse est toujours la même : « Vous avez un cœur jeune et tout à fait sain ».

Il n'y a rien à faire. Hector P. ne se donne pas pour satisfait et affirme que les médecins ne comprennent rien à ses troubles. C'est un de ses amis qui finit par trouver la réponse, tout à fait involontairement et lui dit qu'il s'agissait d'un besoin d'autopunition issu d'un complexe de culpabilité. À ces mots, H.P. sembla frappé de stupeur et demeura perplexe un long moment comme si la foudre l'avait atteint. Puis il réagit et affirma : « Je n'en crois rien ! Ce ne sont que des sottises » !

Il est à ce point obstiné qu'il ne veut même pas admettre son sentiment de culpabilité (que de nombreux Marseillais seraient disposés à justifier, sachant que sa fortune s'est faite selon des moyens plutôt suspects quoique permis par la loi). De nombreuses personnes ont, par sa faute, été ruinées, mais Hector P. n'est pas disposé à l'admettre : « Les affaires sont les affaires », se répète-t-il inlassablement comme s'il recherchait l'indulgence et la compréhension. Mais cette tentative ingénue de se justifier vis-à-vis de lui-même et des autres ne sert pas à grand-chose puisque le sentiment de culpabilité continue de s'aggraver dans les profondeurs de son inconscient et ne pourra disparaître que lorsqu'Hector P. sera en mesure de l'accepter. Entre-temps, il continue de souffrir de ces fausses douleurs cardiaques et de craindre une mort soudaine. Sa conscience morale se venge ainsi du mal fait à diverses personnes qui ont placé leur confiance en lui et qu'il a finalement trahies.

## Mal au dos et complexe érotique

De nombreuses femmes souffrent du dos. Lorsque leur médecin leur demande d'expliquer plus concrètement leurs symptômes, elles n'arrivent pas à donner plus de précisions. Elles se contredisent, hésitent, disent vaguement qu'elles ne se sentent pas bien, mais ne savent pas définir leurs malaises.

Il s'agit souvent de femmes célibataires d'âge moyen ou de femmes mal mariées. Les unes et les autres sont généralement des femmes au tempérament passionné mais frustrées dans leurs tendances naturelles. Elles souffrent, par ailleurs, d'une sorte de timidité ou de honte qui les pousse à cacher et déguiser leurs pulsions, comme s'il s'agissait de quelque chose de vil et de coupable.

Mais la nature se venge de cette injuste répression et provoque des douleurs psychosomatiques dans diverses parties du corps. Il ne s'agit pas de douleurs rhumastismales ou musculaires, comme on essaie parfois de l'expliquer. Ce sont des douleurs qui naissent d'un complexe érotique et de l'insatisfaction de la libido. Il n'est pas honteux d'avoir des désirs d'amour. C'est le droit et l'aspiration de tous.

Rappelons le cas d'une jeune femme, mariée depuis peu et prostrée dans son lit pour un soi-disant mal au dos « si douloureux qu'il m'était impossible de me lever », expliquait-elle. On découvrit la signification de ces symptômes, bien plus tard. Mariée par amour à un jeune homme qui, du temps des fiançailles, « l'avait toujours respectée », elle s'était très vite rendu compte ensuite que son mari était, en fait, impuissant. Cette découverte l'avait énormément traumatisée. Élevée de façon prude, elle était incapable d'expliquer ses problèmes et n'osait se confier à qui que ce soit, pas même à sa mère. Elle avait accepté avec une apparente résignation le fait et avait décidé d'aimer également mais platoniquement son mari, tout en lui reprochant de n'avoir pas été sincère avec elle.

Les douleurs avaient commencé peu de temps après au niveau du dos. La jeune femme était au lit et perdait progressivement vigueur et santé. Les médecins parlaient vaguement d'épuisement nerveux et l'encourageaient à se lever et à se distraire, à ne pas rester au lit toute la journée. Mais elle ne voulait rien entendre et répétait qu'elle se sentait mal, très mal. Le cas fut finalement résolu grâce à toute une série de circonstances, longues à expliquer. Le mariage, non consommé, fut annulé. Aujourd'hui la jeune femme est mariée à un architecte et est très heureuse, avec trois enfants splendides. Ses étranges douleurs ont disparu comme par miracle. Son histoire est exemplaire et montre combien une maladie psychosomatique ne peut être résolue que lorsqu'apparaît le motif inconscient qui l'a provoquée.

## Le bégaiement

Le bégaiement ne provoque aucune douleur physique ; toutefois, nous considérons comme opportun de l'inclure parmi les troubles dérivant de conflits psychiques. Il consiste en la constriction de certains muscles de la langue, du larynx et des lèvres, produite par une crampe, et empêche la prononciation correcte de certains mots ou de certaines syllabes.

Le mot est expulsé d'un coup, après diverses tentatives infructueuses. Il n'est pas nécessaire de donner de plus amples explications, nous savons tous les difficultés qu'implique le bégaiement. Malheureusement, par stupidité et méchanceté, le bégaiement est fréquemment l'objet de cruelles moqueries. En raison des terribles efforts que fait celui qui bégaie pour essayer de s'exprimer, certains avalent leur salive, d'autres serrent les poings avec rage ou tapent du pied comme en proie à un soudain accès de colère, ou encore retiennent leur respiration.

Le bégaiement s'identifie à la névrose compulsive, bien que dans de nombreux cas, il dépende d'une petite inhibition qui peut facilement être maîtrisée. On observe que le bégue peut parler correctement et sans difficulté lorsqu'il se sent tranquille et à l'aise, entouré d'amis qui l'apprécient et ne le critiquent pas. Le problème se pose surtout lorsqu'il est en présence d'un supérieur (professeur, père, chef ou directeur particulièrement redouté). Le défaut s'accentue et les mots ont alors beaucoup de mal à sortir. Ceci signifie que le bégaiement provient d'un trouble émotionnel, lié à la condition de soumission où se trouve le bègue dans tout affrontement avec une personne pour laquelle il ressent crainte ou respect.

Certains bègues, sachant combien il leur en coûte de prononcer d'un seul trait certaines syllabes et certaines consonnes (par exemple, le « p », le « d », le « n »), recourent à d'autres mots afin de les éviter. Apparemment, ils ne balbutient pas, mais, en marge de l'effort psychique qu'ils doivent fournir et la tension nerveuse que suppose la crainte de se tromper, ils deviennent des individus étranges et ennuyeux avec un mode d'expression de plus en plus insolite et compliqué.

Leur personnalité est complexe. Ils sont méticuleux, souvent sujets à une conduite impulsive et à des actes obsessionnels (par exemple se laver continuellement les mains ou vérifier que les robinets du gaz et de l'eau sont bien fermés). Dans leurs rapports avec les autres, ils sont presque trop gentils, un peu niais et serviles. Habituellement, leurs intérêts portent sur des questions à la fois philosophiques, politiques ou religieuses, comme si l'incitation à raisonner et réfléchir longuement pouvait les consoler au moins en partie de leur échec verbal.

Pour de nombreux bègues, l'ironie des autres est quasi insupportable et beaucoup cherchent à s'isoler le plus possible, ce qui n'arrange rien à leur situation car il leur est de plus en plus difficile de minimiser le poids de l'autorité qu'ils attribuent (et souvent à tort) à leurs interlocuteurs. Ils tendent à la dépression, à l'angoisse. Ils s'irritent de se sentir ainsi exposés aux plaisanteries de mauvais goût et lorsqu'ils ont la possibilité – pour une raison ou une autre – d'occuper un poste à responsabilité, ou de devenir célèbres, ils sont les premiers à se moquer gentiment de leur défaut de prononciation. Mais ne nous y méprenons pas : le bègue continue de souffrir même lorsqu'il semble parfaitement indifférent. L'origine du bégaiement est presque toujours une inhibition sexuelle ou un complexe de culpabilité dérivé de l'autosatisfaction des sens. De nombreux bègues, soumis à une psychotérapie, finissent au bout de plusieurs séances, par trouver à l'origine de leur mal, une cause qu'ils osent à peine avouer mais qui ne devient inactive que lorsqu'elle est ramenée à la conscience. Typique est le cas de ce jeune homme (et comme lui de milliers d'autres) qui reconnut souffrir d'un profond complexe de culpabilité parce qu'étant adolescent il se masturbait. Ceci découvert, il fut ensuite relativement facile pour le psychanalyste de le guérir de son bégaiement. Comme s'il s'était déchargé d'un poids, le jeune homme se mit à parler correctement et à partager la vie de ses concitoyens dont il se sentait auparavant rejeté.

L'exemple est courant. Nous l'avons choisi afin d'expliquer pourquoi certaines écoles de rééducation vers lesquelles se dirigent les bègues, n'ont que rarement l'effet souhaité. Le patient s'efforce de toute sa volonté à vaincre son mal mais, dans la mesure où l'origine n'en est pas décelée, ce mal se manifeste à nouveau sous d'autres aspects, peut-être moins spectaculaires mais tout aussi pénibles pour le sujet.

Les causes inconscientes du bégaiement sont souvent liées à des désirs érotiques et sadiques. De nombreux bègues ne parviennent pas à prononcer certaines consonnes, c'est-à-dire certains sons. Or, il est clair que la plupart de ces sons rappellent des bruits analogues d'origine anale ou urétrale (par exemple le « s » et le « p »). D'autres consonnes comme le « d » évoquent l'action de mordre. Il arrive fréquemment qu'en raison des origines de certaines difficultés de prononciation, le bègue essaie de les dissimuler et il admet rarement – après une confession à l'analyste – que son trouble ait une cause inconsciente aussi vulgaire. Mais si vous cherchez à vous analyser sans l'aide d'un psychanalyste, vous devrez éviter ce type de pudeur. Il faut avoir le courage de se dire la vérité en face et de l'affronter, en dépit de son étrangeté ou de sa trivialité. C'est pourquoi, afin d'éviter la tentation du doute, il est préférable de tout écrire : une fois de plus, votre cahier sera un précieux allié.

Une autre cause du bégaiement est parfois une éducation trop sévère. Un enfant très sensible peut très mal réagir aux exigences et aux punitions de son père ou de sa mère. Certains risquent même d'être profondément traumatisés s'ils sont sévèrement punis après avoir dit un juron ou avoir montré une curiosité inopportune quant à certaines parties de leur corps. Cette conduite répressive des parents envers l'enfant qui parle (même dans le cas de jurons) peut être une cause d'inhibition qui ressort ensuite par des difficultés d'expression. Les parents devraient éviter de donner trop d'importance à certains mots que l'enfant répète, probablement sans trop bien savoir ce qu'il dit, ou avec la plus grande innocence et candeur.

En résumé, si vous bégayez, délivrez-vous de vos préjugés et de vos fausses pudeurs : réfléchissez sur les causes inconscientes de votre trouble. S'agit-il d'une éducation trop rigoureuse, ou bien d'un sentiment de culpabilité dû à des plaisirs sadiques, masochistes ou autoérotiques que votre *Surmoi* critique sévèrement à tout moment ?

## La dépression nerveuse

Voyons comment se manifeste la dépression nerveuse avec un exemple : le cas de Mme D.B. qui, brusquement abandonnée par son mari parti avec une autre femme, commence une dépression physique et mentale. Après une semaine de congé, Mme D.B. ne se présenta pas à son travail et fut donc renvoyée peu de temps après. Une fois sans travail, elle ne se soucia pas de chercher autre chose ; elle rejeta toute aide de ses parents et de ses sœurs et ferma sa porte à ses amis, injustement accusés de « venir la tourmenter ».

Des crises de larmes et de désespoir lui faisaient passer des nuits blanches et le matin elle apparaissait blême, les yeux cernés. Bien que refusant toute compagnie, elle se sentait horriblement seule et en était même arrivée au point de téléphoner continuellement au service des informations pour demander n'importe quoi et entendre une voix à l'autre bout du fil. Lorsqu'elle n'était pas allongée sur son lit les yeux fixés au plafond, elle cherchait à se distraire en branchant la télévision ou en lisant mais, quoi qu'elle fît, son angoisse ne cessait de l'opprimer. Parfois, la préoccupation de ce qui pourrait lui arriver lui faisait oublier, pour quelques instants, la trahison de son mari, mais en fin de compte, ces pensées contribuaient aussi à accroître son angoisse.

Elle ressentait souvent des envies suicidaires. Elle avait même essayer d'ouvrir le robinet du gaz, de prendre un tube de somnifères, comme si l'idée de faire souffrir de remords son mari la satisfaisait ; mais l'instinct de conservation l'avait finalement poussée à refermer le robinet et à ne pas avaler les cachets. Inéluctablement, la crise se terminait par des pleurs hystériques.

En même temps, Mme D.B. s'inquiétait de sa santé, bien qu'elle ne fît rien pour se soigner. « Je dois sûrement être malade », se répétait-elle continuellement, sans préciser de quelle maladie elle était atteinte. Mais qu'importe, elle se découvrait tous les jours de nouveaux symptômes et la moindre douleur dorsale lui faisait craindre un infarctus. Ce fut précisément cette crainte d'être malade qui la poussa à mettre un terme à son isolement et à consulter son médecin traitant.

Ce dernier, qui la connaissait bien, la rassura pleinement sur son état de santé physique. Ce qui en revanche n'allait pas du tout, c'était son état psychique et il lui indiqua un médecin psychiatre qu'il connaissait et qui, en peu de temps, sut lui redonner goût à la vie.

L'histoire de Mme D.B. est le cas type d'une dépression nerveuse. Les causes de celle-ci ne sont pas toujours d'ordre sentimental. Toute désillusion, toute frustration peut provoquer ce grave abattement (par exemple, un renvoi, le manque d'argent, la maladie d'un être cher, le changement d'environnement...) et le sujet affecté se voit soudain totalement incapable de soutenir le rythme habituel de la vie. Le malade s'enferme dans un isolement inquiétant dont il ne veut plus sortir. Rien ne lui importe plus et les liens avec sa famille se distendent. Le désir de s'annuler prédomine.

Les causes d'une dépression nerveuse ne sont pas toujours aussi claires que dans le cas de Mme D.B. Il peut arriver qu'une personne s'enfonce dans un état de prostration physique et mentale sans savoir pourquoi, et la seule solution est alors de consulter un psychanalyste. Il est difficile de sortir seul du labyrinthe où l'on se trouve perdu. Tandis que, dans le cas de la névrose, le malade manifeste la volonté de guérir, dans le cas d'une grave dépression nerveuse, non seulement il n'existe aucun désir de cette sorte, mais de plus on note une propension à se laisser aller de plus en plus, en renonçant à toutes les valeurs de la vie et à l'affection des êtres les plus chers.

## Le chagrin

Le chagrin – dit-on – est un mal qui guérit. Nous ne sommes pas d'accord avec cette affirmation (pensons, par exemple, à la douleur des mères qui ont perdu leur enfant), mais nous pouvons dire que le chagrin tend à s'atténuer et à se cicatriser avec le temps, et si, par pur masochisme, nous enlevons continuellement la croûte qui se forme sur la plaie pour la faire saigner, il est bien évident que nous ne souhaitons pas alléger notre affliction. On pleure pour un chagrin. C'est là la réaction la plus naturelle et aussi la plus saine. « Sois courageuse », dit-on à la veuve, aux funérailles de son époux. Pourtant, ces larmes sont utiles, car elles permettent d'alléger le fardeau d'une douleur qui serait autrement insupportable.

Parfois, certains individus accablés par un grand chagrin bloquent complètement leurs propres émotions. Il ne s'agit pas d'indifférence mais d'une incapacité à se défouler, à donner libre cours à leurs émotions. Ils voudraient exprimer leur désespoir mais n'y parviennent d'aucune manière ; ils sont apparemment impassibles, gardent les yeux secs et les gens pensent qu'« ils n'ont pas de cœur », qu'ils sont « égoïstes », « insensibles ». C'est un peu comme s'ils s'étaient endormis, sans réaction aucune. Certaines douleurs sont si profondes qu'elles ne trouvent aucun chemin libérateur.

Or, il arrive qu'au bout de nombreuses années, lorsque la douleur s'est atténuée dans le souvenir, celui ou celle qui l'a gardée dans son cœur si longtemps sans rien dire, s'effondre soudain. Il s'écroule physiquement et psychiquement. Ses larmes, qu'il avait contenues, coulent maintenant à flots et, en apparence, sans raison.

En revanche, d'autres personnes, bien que présentant tous les symptômes d'une dépression nerveuse (fatigue, désir de mourir, anorexie, insomnie, peur de la solitude, de devenir fou, etc.) ne parviennent pas encore à laisser couler leurs larmes et ce n'est que lorsqu'elles ont vaincu leur lutte contre la douleur et qu'elles sont alors en voie de guérison, qu'elles peuvent donner libre cours à leurs pleurs, en souvenir des souffrances passées.

On observe également le cas contraire où la douleur est portée telle une bannière. Qui ne sait retenir ses larmes a besoin d'être constamment plaint, consolé, soutenu et fait de ses malheurs une raison de vivre. Même après avoir abandonné le deuil, ces personnes font de leur veuvage une sorte de profession. Incapables de réagir et d'affronter l'immense chagrin qui les a frappées, elles préfèrent se plonger dans un état de continuelle affliction qui, tout au moins, leur apporte la réconfortante sympathie des autres.

Toute souffrance doit être affrontée et surmontée. C'est une épreuve très dure, parfois effroyable, mais nous ne devons pas permettre que la douleur nous conduise à la folie. Le raisonnement est peut-être très sévère mais celui qui vit a le devoir de vivre, même lorsque les êtres les plus chers ne sont plus auprès de lui. Il n'est pas de notre propos de parler ici du sentiment religieux de tout bon croyant, mais il est indiscutable que la foi en Dieu aide à surmonter l'épreuve, réconforte et permet de franchir des abîmes de désespoir ; mais qui n'a pas cette grâce, qui refuse le réconfort de la religion, doit trouver en lui-même la force de réagir et d'exalter sa douleur en la transformant en un acte de courage. Réagir ne signifie pas oublier mais considérer son chagrin comme ce qu'il est réellement, c'est-à-dire comme une réaction à un terrible événement, sans lui permettre de devenir un traumatisme aux conséquences pernicieuses et peut-être fatales.

## Comment prévenir la dépression nerveuse

De ce que nous venons de dire, il ressort que la dépression nerveuse ne peut être uniquement guérie par le biais de l'auto-analyse. La parfaite connaissance du fait qui a provoqué cette dépression ne produit pas la guérison, dans la mesure où notre corps est également perturbé et affecté par cet effondrement nerveux. Il est nécessaire de recourir à un spécialiste qui nous aidera à franchir cette étape difficile. On peut, toutefois, éviter de tomber dans un état de prostration et de faiblesse extrême. Tout nanti doit prendre garde à un éventuel revers de fortune alors qu'il a encore les moyens de prendre les précautions nécessaires en adoptant une politique prudente de répartition des risques.

Si, aujourd'hui, vous gaspillez toute votre énergie en préoccupations inutiles, en pensées funestes qui, au fond, vous importent peu si ce n'est pour leur hypothétique possibilité de réalisation, vous vous prédisposez fatalement à l'épuisement nerveux. Il ne s'agit pas de s'imposer un frein mais de bien réfléchir sur la sagesse de certains sportifs qui savent comment doser leurs forces afin de pouvoir les utiliser au moment de l'effort physique maximal qu'exige la compétition. C'est, en d'autres termes, un conseil d'économie : même dans les périodes de faiblesse, rien ne s'oppose à l'opportunité d'une économie de l'énergie spirituelle et psychique afin d'affronter avec une vigueur toute neuve les mauvais moments de la vie.

Il est rare, de nos jours, de rencontrer une personne qui à la question : « Comment ça va ? », réponde joyeusement : « Très bien, merci ». On obtient tout au plus un : « On fait aller ». Et il en est ainsi parce que nous nous sentons tous indistinctement touchés par le sort, ou en tout cas, susceptibles d'être touchés à partir du moment où nous-mêmes hésitons à croire aux moments de chance et de bonheur authentique.

Lorsqu'il arrive quelque chose de désagréable, il y a plusieurs façons de l'accepter. Certains réagissent en amplifiant le problème, en dramatisant la situation ; d'autres réagissent avec dignité et pudeur et ne laissent pas apparaître l'état d'anxiété dans lequel ils se trouvent ; d'autres encore essayent toujours de chercher le « côté positif » des choses. Imaginons que M. Durand et M. Lesage aient été renvoyés. M. Durand s'enferme dans une sorte d'isolement ; pendant les premiers jours, il ne veut voir personne, il parle par monosyllabes, est de fort méchante humeur et se sent voué à l'échec. Il répète qu'il ne trouvera jamais un autre emploi à la hauteur du premier et, de deux choses l'une, ou bien il se sent incompris et victime du destin (c'est-à-dire qu'il considère que ce qui lui est arrivé est injuste), ou bien il finit par se convaincre qu'il est stupide, qu'il ne vaut rien et ne pourra jamais faire carrière. M. Lesage, en revanche, est, certes, contrarié, mais sans excès. Bien vite il pense que le renvoi peut être une opportunité, que cet emploi ne lui convenait peut-être pas, ni du point de vue de son tempérament, ni du point de vue de son intelligence ou de sa capacité. Il se dit que le travail qui lui était confié était trop monotone ou bien que son faible rendement découlait d'un programme quotidien trop routinier « métro-boulot-dodo » qui avait fini par lui ôter toute envie de travailler. En résumé, il cherche une explication valable et, quoi qu'il en soit, n'en fait pas un drame. Le côté positif pour M. Lesage sera précisément l'effet de douche froide du renvoi qui, une fois passé le premier moment de contrariété bien naturel, lui servira de révulsif et lui rendra toute son énergie et sa combativité.

Des deux, ce sera probablement M. Lesage qui, le premier, résoudra son problème, car, au lieu de perdre son temps à se plaindre de l'injustice subie, il aura mieux utilisé ce temps libre. À la longue, il se peut que ce soit le pessimiste qui ait raison mais entre-temps l'optimiste ne se tourmente et ne se limite pas autant. Dès qu'une sombre pensée traverse votre esprit, chassez-la mais non sans l'avoir auparavant soupesée et pris les mesures opportunes. Par exemple, vous lisez que dans la ville où vous résidez, une bande de cambrioleurs a déjà dévalisé plusieurs maisons et appartements. Vous craignez aussitôt que ce soit votre tour demain. Deux attitudes peuvent être adoptées : se laisser gagner par la peur jusqu'à en arriver à s'auto-suggestionner et à se réveiller au moindre bruit, ou bien penser que votre ville abrite des milliers d'appartements comme le vôtre et qu'il n'y a statistiquement aucune raison pour que les cambrioleurs choisissent précisément le vôtre.

De nombreuses personnes s'inquiètent et paniquent dès qu'elles lisent dans la presse un article sur des épidémies, des maladies, accidents de voiture ou d'avion ; et lorsque des êtres qui leur sont chers doivent faire un voyage, en voiture ou en avion, elles s'énervent et s'angoissent à tel point qu'elles ne peuvent se détendre et réfléchir un instant. D'autres, dès qu'elles apprennent qu'un personnage célèbre vient de mourir à un certain âge, comptent aussitôt les années qui leur restent à vivre (comme si elles devaient forcément mourir elles aussi au même âge).

« Quelle sottise ! » pensez-vous peut-être lorsqu'une de ces idées vous traverse l'esprit. « Je ne permettrai jamais qu'une pensée de la sorte vienne gâcher ma journée » ! Mais attention, considérer cette crainte hypothétique comme s'il s'agissait de quelque chose de trop complexe pour s'y arrêter est un mauvais calcul. Cela ne sert qu'à accumuler au niveau du *Ça*, c'est-à-dire de l'inconscient, des forces secrètes vouées à se manifester ultérieurement de façon désagréable.

Les pensées négatives, si on n'essaie pas de s'y soustraire, peuvent devenir une habitude morbide. Supposons que Mme Durand ait donné le jour à un magnifique bébé, en pleine santé et que tout le monde vient admirer. Que répond Mme Durand à tous ceux qui viennent la féliciter ? « Pauvre enfant ! Quelle triste vie l'attend dans ce monde perturbé ! ». Ou bien : « Oui, certes, maintenant il est tout mignon, tout sage, mais ensuite, ça change vite ! Les enfants deviennent vite vos pires ennemis ! Ils n'ont pas une once de gratitude » !

Bref, pour les pessimistes, rien ne va jamais comme il faut. Et encore ! si cela se limitait à une suite de lamentations, mais non : le mécontentement est contagieux et il suffit d'une seule personne pour propager la mauvaise humeur et la tristesse parmi un groupe de gens normalement joyeux et contents. Si un problème nous préoccupe, si nous sommes soucieux ou avons des remords, il est bon d'en parler à une autre personne ; c'est un soulagement utile. Il ne faut cependant pas laisser ces pensées se transformer en un complexe de culpabilité. Il faut vider son sac avec un ami. Partager sa peine avec quelqu'un d'autre est d'un grand réconfort ; d'ailleurs, une confidence en provoque souvent une autre et l'on finit souvent par découvrir que l'ami auquel nous nous confions a bien plus de raisons que nous de se plaindre. Savoir que d'autres sont dans de pires situations que soi-même force à se poser des questions sur sa propre faiblesse et à résoudre ses problèmes dès que possible.

Si vous suivez les conseils ci-après il est peu probable que vous souffriez un jour d'une dépression nerveuse car vous vous assurez ainsi la possibilité, le moment venu, de rassembler toutes vos forces morales et physiques avec lesquelles vous pourrez traverser les épreuves, aussi cruelles soient-elles.

1. Cherchez à découvrir de nouveaux attraits dans la vie, changer d'ambiance, d'environnement. Le plaisir de la nouveauté et de l'aventure rajeunit, redonne force et vigueur et fait oublier les idées noires.
2. Il est vivement conseillé de faire de l'exercice, pour se sentir en forme. Faites de la gymnastique ou tout autre sport qui permet de concentrer votre attention

sur l'effort physique ; un effort sain, noble et qui ne fait aucun mal.

3. Si tout ne marche pas tout à fait comme l'on voudrait, il est bon de souffler un peu et de prendre quelques vacances, ne serait-ce que deux jours, et si possible seul, parce que c'est dans la solitude que l'on parvient à valoriser les êtres chers.
4. Pendant un temps, mieux vaut préférer la lecture de livres agréables qui vous égayeront tout en vous instruisant.
   Pour se distraire, nous conseillons d'éviter les livres ennuyeux et de préférer une lecture intéressante mais non angoissante ou qui poserait de nouveaux problèmes, sans les résoudre. Un bon système pour détendre une situation qui devient de plus en plus complexe et difficile, est de suivre un cours de langue, de dessin, de poterie, de couture ou tous autres travaux manuels. L'intérêt porté à ce nouveau passe-temps peut aider à dissipper certains nuages menaçants et annonciateurs de tempête.
5. Il faut venir en aide aux autres, savoir que l'on peut aider son prochain ; alléger la souffrance est très satisfaisant, et c'est aussi une façon de minimiser ses propres problèmes (en les comparant à ceux des autres).
6. On doit rejeter l'idée que l'alcool, les drogues et autres vices peuvent alléger peines et difficultés. Bien au contraire, cela risque d'accentuer vos problèmes et de vous conduire tôt ou tard à l'hôpital. Il faut supporter les préoccupations et les chagrins sans se laisser abattre.
7. Il est stupide de gaspiller ses émotions. Évitez donc les spectacles d'horreur, ou bien apprenez à vous

comporter en spectateur placide, capable de regarder l'écran ou la scène d'un œil toujours critique, sans une participation directe qui, nous insistons, serait mal employée.

# Les complexes d'infériorité et leurs causes

La personnalité de l'être humain n'est pas monolithique. Nous savons qu'en marge des actes conscients, il existe tout un ensemble d'instincts, de pulsions et désirs inconscients qui constituent ce que Freud a appelé le *Ça*. L'activité psychique de chacun de nous est divisée, en principe, en phénomènes conscients et inconscients.

Nous savons aussi qu'en opposition au *Ça*, zone obscure de la personnalité, se trouve le *Surmoi*, c'est-à-dire la conscience morale.

De la combinaison du *Moi*, du *Surmoi* et du *Ça* découlent les quatre caractères types en lesquels toute personne peut plus ou moins se reconnaître.

Le premier caractère type est appelé type « criminel ». Entrent dans cette catégorie tous les individus privés de sens moral qui cèdent, sans réfléchir, aux tendances du *Ça*. On trouve dans cette catégorie les délinquants, dont la conduite découle d'une mauvaise éducation et chez qui le précieux équilibre entre le *Ça* et le *Surmoi* conduit le *Moi* conscient à obéir aveuglément aux désirs du premier et à ignorer la censure du second.

Le second caractère type est nommé type « névrosé-impulsif ». À cette catégorie appartiennent tous les individus dits « faibles ». Soumis à des pulsions inconscientes, ils y obéissent, sans ignorer les remords de leur conscience qui, désavouant leur conduite, développent en eux un fort sentiment de culpabilité.

Ils oscillent constamment entre le *Ça* et le *Surmoi*, sans jamais parvenir à un équilibre satisfaisant, ce qui entraîne chez eux des tendances suicidaires pour se punir d'actions effectuées sous l'impulsion de désirs inconscients très forts.

Le troisième caractère est appelé type « retenu » ; chez les individus, appartenant à cette catégorie, la conscience morale est si forte qu'elle empêche tout acte ou toute pensée qu'elle n'approuve pas. Ce *Surmoi* sévère et autoritaire réduit la personnalité de l'individu à un état d'auto-contrôle continu et épuisant. Les personnes qui appartiennent à ce groupe sont généralement timides et inhibées ; elles souffrent d'un grand complexe d'infériorité et adoptent souvent vis-à-vis de leurs proches une attitude intransigeante.

Le quatrième caractère est nommé type « sain » ; il symbolise le parfait équilibre des trois éléments de la personnalité. Chez l'homme psychiquement sain, le *Ça* et le *Surmoi* vivent en bonne harmonie, se surveillant l'un l'autre, empêchant que l'un ne l'emporte sur l'autre.

Les personnes appartenant à cette catégorie sont sereines, tranquilles, tolérantes et raisonnables. Bien qu'elles soient exposées aux difficultés de la vie comme tout un chacun, elles savent les surmonter avec courage. Leur *Surmoi* agit en tant que modérateur plus que comme juge, et ne leur fait jamais ressentir de complexe de culpabilité ou des désirs d'autopunition.

## Les défauts de la personnalité

Tous les individus, même ceux qui appartiennent à la quatrième catégorie, ont des défauts et des faiblesses.

Nous n'allons pas effectuer ici un examen critique de tous les défauts humains, mais examinez ceux qui peuvent déformer la personnalité, en conditionnant les pensées et les actions de l'individu.

### L'HYPERSENSIBILITÉ

L'hypersensibilité est trop souvent considérée, à tort, comme un don spirituel exquis. Afin de bien comprendre la différence entre une personne sensible et un individu hypersensible, prenons un exemple : est sensible la personne qui, trouvant dans la rue un chien écrasé par une voiture mais encore vivant, le conduit aussitôt chez un vétérinaire ou à la S.P.A. En revanche fait preuve d'hypersensibilité la personne qui, voyant du sang, ferme les yeux et, bien qu'affirmant ressentir une immense pitié pour la pauvre bête, se limite à critiquer la négligence de certains automobilistes et fuit, effrayée.

Une personne hypersensible se préoccupe surtout de ses propres sentiments et souhaite que rien ni personne ne la blesse. Peu lui importe ce que ressentent les autres, considérés comme une masse informe et sans sensibilité propre. Habituellement, l'hypersensible est fort gentil, voire cérémonieux ; il s'abrite derrière cette délicatesse, attendant des autres un traitement encore plus obligeant que le sien, désir totalement utopique puisque les autres ne réagissent pas de la même manière. Certains individus peuvent avoir un caractère plus brutal et autoritaire, sans pour autant être moins bons ou moins loyaux. Mais l'hypersensible ne recherche pas forcément à côtoyer des êtres bons, honnêtes, sincères et loyaux ; ce qui lui importe réellement c'est que ses relations avec les autres se déroulent dans une atmosphère de gentille et superficielle politesse.

L'hypersensibilité est une attitude antisociale qui conduit à la solitude, ou bien à l'affrontement. C'est pourquoi, les mères de famille hypersensibles sont à l'origine de discussions continuelles et d'une atmosphère de plus en plus tendue. Il est d'ailleurs curieux que toutes les personnes hypersensibles sachent qu'elles se comportent ainsi ; mais au lieu de s'efforcer de lutter contre ce défaut de la personnalité, elles s'en vantent comme s'il s'agissait d'une vertu !

Quant aux enfants d'une mère hypersensible, ils courent de grands risques ! On peut pratiquement être certain qu'une fois adultes ils seront aussi névrosés ou pire encore. L'hypersensibilité finit pas aboutir à une sorte (ou sous-sorte) d'éducation d'urbanité mais très éloignée de cette gentillesse bien plus louable qui naît d'une prédisposition naturelle de l'esprit. C'est pourquoi l'enfant d'une mère hypersensible se tiendra parfaitement à table, saura choisir des fleurs pour les offrir à une dame, se montrer discret, prudent tel un homme du monde. Mais non seulement, il gardera en lui une sorte de rancune envers son prochain auquel il se sentira lié par des rapports formels et superficiels, mais il finira aussi par ressentir une grande rancune envers sa mère à laquelle, et non sans raison, il attribuera la responsabilité de sa timidité.

## LA COLÈRE

Voici un autre défaut antisocial. Le coléreux éclate en de violentes crises de rage, sans raison plausible.

Ses sautes d'humeur sont aussi soudaines et intenses qu'imprévisibles.

Bien qu'il n'ait aucune raison de se mettre en colère, le coléreux trouvera toujours un motif qui pourra avoir une justification apparente. Dans les moments d'accalmie, il peut se montrer sympathique, cordial ; en règle générale, il a beaucoup d'amis mais qui trop souvent lui servent de victimes. Il parvient à se faire pardonner, une fois la crise passée, parce qu'il connaît mille et une manières de conquérir et reconquérir la sympathie des autres. Mais c'est un jeu qui ne dure pas toujours et, inéluctablement, il finit par se retrouver seul. Même ses proches, tôt ou tard, se lassent de son caractère et cessent de croire à ses promesses de paix.

Il existe aussi des individus coléreux obstinés qui s'enferment dans leur irascibilité et sont incapables de demander pardon. Ce sont des personnes difficiles à vivre car elles sont toujours convaincues d'avoir raison et n'acceptent jamais de compromis. Ce type se différencie du coléreux conciliateur dans la mesure où il ne recherche pas la compréhension des autres car il est persuadé de la mauvaise foi de ceux-ci.

Il n'aime pas et ne veut pas être aimé. Mécontent et fâché avec tous, il ne sollicite ni gentillesse ni amitié.

Vous êtes-vous reconnu dans l'une de ces deux descriptions ? Il ne vous sera pas difficile de trouver les causes qui vous poussent à agir ainsi, conduite d'ailleurs aussi exténuante pour vous que pour les autres. La colère est toujours le résultat d'un profond désaccord avec ce que l'on est. Celui qui hait les autres se déteste, en fait, lui-même, mais ne s'en rend pas compte car il s'agit d'une haine refoulée dans l'inconscient. C'est pourquoi le coléreux est toujours sur la défensive et craint toute attaque. Mais contrairement à l'hypersensible, toujours prêt à réagir selon une attitude de majesté blessée dans son orgueil, le coléreux réagit « en explosant », c'est-à-dire en déchargeant sur les autres toute sa bile (humeur considérée comme étant liée aux manifestations de la colère) qui devrait retomber sur lui. Le « bilieux » ne s'offense pas comme l'hypersensible, mais passe aussitôt à l'attaque, avec une énergie démesurée, à la moindre suspicion.

Il ne faut pas non plus généraliser, car nous avons tous nos moments de colère, de rage et aussi des accès d'hypersensibilité. Mais les exceptions ne constituent jamais la règle. Le coléreux a besoin d'exploser à la moindre provocation. Il n'est jamais calme, détendu et se méfie de tous, même de ses plus grands amis. Il est toujours disposé à relever tout ce qui d'une façon ou d'une autre peut atteindre sa turbulente personnalité.

De nombreux coléreux n'admettent jamais leur défaut. À l'opposé des hypersensibles qui font de leur défaut une vertu, ils se considèrent comme justes et objectifs.

Ils voient la vie de façon erronée et confuse et ne se rendent pas compte à quel point ils sont susceptibles, irascibles et imprévisibles.

Et vous, êtes-vous coléreux ? Pour le savoir, répondez avec sincérité aux questions qui suivent.

Plus vous aurez de réponses affirmatives, plus vous vous rapprocherez de l'image-type du parfait coléreux.

– Dans la rue, une personne que vous connaissez ne vous salue pas ou ne répond pas à votre salut, vous ne pensez pas un seul instant qu'elle ne vous a pas vu ou reconnu, mais jurez aussitôt qu'elle mérite une leçon.

- Ne cessez-vous de proférer des insultes ?
- Avez-vous remarqué qu'un membre de votre famille n'osait se confier à vous ? Vous êtes-vous demandé pourquoi ?
- Avez-vous parfois frappé une personne plus faible que vous (tout en vous en repentant ensuite) ?
- Vous levez-vous avec la sensation de devoir affronter une bataille avec le monde et la vie, comme si votre existence n'était qu'une suite de combats ?
- Ne pouvez-vous supporter que l'on se moque de vous ou que l'on ne croit pas ce que vous affirmez ?
- Vous êtes-vous déjà fâché avec l'un de vos amis ?
- Avez-vous déjà eu l'idée d'envoyer un coup de poing à l'un de vos supérieurs ?
- Le sang vous monte-t-il parfois à la tête ?
- L'alcool vous excite-t-il ?

Si toutes les réponses sont affirmatives, l'unique conseil que l'on puisse vous donner est de réfléchir sur les motifs qui vous poussent à toujours lutter avec les autres et vous-même. Pourquoi n'avez-vous pas confiance en vos proches ? Pourquoi ne vous aimez-vous pas ? Souriez le matin, lorsque vous vous regardez dans la glace.

Essayez de devenir votre propre ami. C'est le premier pas à faire pour franchir l'écueil de l'hostilité qui vous sépare des autres et qui vous empêche de vivre les heures heureuses que la vie pourrait aussi vous offrir.

Se lamenter n'est pas une prérogative des dames âgées vivant seules. Les hommes peuvent aussi être des maîtres dans l'art de se plaindre. Il n'y a qu'à tendre l'oreille lorsque trois ou quatre collègues de travail discutent ensemble de leurs tâches. Sauf hypocrisie, ils seront tous mécontents et chacun donnera clairement à entendre qu'il vaut bien plus que les autres. Dans ce cas, il ne s'agit pas de revendications syndicales, mais de véritables lamentations, car chacun ne pense qu'à lui-même et trouve très normal d'être promu avant les autres.

L'homme qui se plaint sans cesse a peu de chances de faire carrière.

Il est impossible de courir assis. Celui qui se lamente est si occupé à découvrir et expliquer les motifs de son mécontentement qu'il n'a plus guère le temps de songer sérieusement à son travail.

Et si on prête l'oreille à ses gémissements, il enchaîne avec ses problèmes familiaux et finit bientôt par condamner tout le monde. C'est précisément celui qui ne cesse de geindre qui, plus tard, répétera : « De mon temps,... », points de suspension, pour que celui qui l'écoute ait le privilège de deviner ce qu'il se passait de son temps !

Certaines femmes passent aussi leur temps à se lamenter. C'est souvent leur mari qui est l'objet de leurs perpétuelles récriminations mais parfois aussi les parents ou les enfants ; ce sont normalement les proches qui sont tout d'abord durement critiqués, elles s'en prennent ensuite à leurs relations, se plaignent de leurs difficultés financières, de la mauvaise éducation de la jeunesse actuelle, etc. Lorsque l'on cherche à en savoir plus sur la vie privée de ces femmes, on découvre presque toujours une vie sexuelle frustrée : un mari distrait ou exigeant qui considère sa femme comme un objet à sa disposition pour son propre plaisir, sans se soucier de ce qu'elle désire ou ressent ; une série d'enfants non souhaités, bien que très aimés ; le souvenir d'un amour qui apparaît comme unique et véritable ; une journée épuisante qui fait considérer les rapports sexuels comme une corvée... Les causes sont diverses et nombreuses, mais le résultat est toujours le même : une forte tendance à se lamenter de tout et de rien, sauf de leurs problèmes intimes, car la pudeur interdit de parler de ce genre de déceptions.

Un caractère plaintif, toujours mécontent, est aussi un caractère antisocial. De même que le coléreux a besoin des autres pour décharger sa colère, le mécontent a aussi besoin des autres pour qu'ils lui servent de public. À se plaindre seul, on n'éprouve aucun plaisir. Et ainsi ce malheureux être frustré devient un danger public que les autres évitent volontiers. Nous savons par expérience combien peut être odieuse une personne qui, d'une voix monocorde, explique à tous ses problèmes qui sont généralement peu importants et c'est cette constatation qui nous donne un sentiment de lassitude très semblable à la frustration qu'éprouve notre pauvre ami bougon.

## LE SCEPTICISME

Le sceptique est celui qui doute de tout et est enclin à tout nier. Sa vie entière est une attitude. Il ne prend rien au sérieux, pas même l'amour. C'est aussi un épouvantable trouble-fête. C'est lui qui ne parvient pas à partager l'enthousiasme de qui que ce soit, et qui voit toujours le côté noir des choses. Supposons que le sceptique M. Durand et l'optimiste M. Lesage rencontrent une jolie fille. M. Lesage aussitôt en admirera la beauté tandis que M. Durand, d'un ton méprisant, s'exclamera : « Ah ça ! j'aimerais bien la voir sans un brin de maquillage » ! ou bien « Oui, elle n'est pas mal, mais elle a vraiment l'air stupide » ou encore, s'il est cruel : « Un beau brin de fille, mais on dirait qu'elle sent mauvais » !

Le sceptique ne fait jamais de projets à long terme, dans la mesure où il craint toujours l'imprévu de dernière minute. Il ne croit ni aux sentiments, ni au travail, ni à la politique, ni en Dieu, et ce rejet de toutes les valeurs finit par l'isoler. Ni rien ni personne n'arrive à briser l'écorce de méfiance sous laquelle il se réfugie.

Qu'y a-t-il derrière ce scepticisme ? Un manque de confiance en soi. Si l'on étudie son enfance ou son adolescence, on finit toujours par trouver un personnage involontairement responsable de cette forme de caractère : un père qui au dernier moment a refusé ce qu'il avait promis ; une mère qui l'a déçu parce qu'elle a fui loin de lui avec un autre homme ; une sœur qui lui a ôté l'affection de ses parents (ou du moins le croit-il) ; un professeur qui l'a mal jugé et l'a pris pour un sot. À la base, il y a toujours un fait traumatisant qui, bien qu'insignifiant pour un adulte, demeure indélébile dans l'inconscient avec toute la puissance qu'il peut avoir pour un enfant. Le fait peut avoir été totalement oublié mais cette obscure sensation d'insécurité, qui se transforme peu à peu en un scepticisme obsédant, demeure dans le *Ça*.

L'adulte ne croit plus en rien parce que l'enfant a trop cru (en quelqu'un ou quelque chose) et s'est senti trahi...

## L'ÉGOÏSME

Certains considèrent l'égoïsme comme un grave défaut.

Cela n'est vrai seulement qu'en partie. Un égoïste est antisocial, car il ne pense qu'à lui et à toutes ses décisions. Mais songeons un peu à ce que deviendrait la société si nous étions tous égoïstes, si nous pensions tous uniquement à nous-même, sans dépendre des autres et sans accepter de dépendances. Il s'agit, certes, d'une hypothèse paradoxale, dans la mesure où, dans un monde d'égoïstes, tout en principe fonctionnerait mieux, puisque tous les individus seraient libres de tout lien affectif, de haine sociale, de l'esprit de groupe qui, très souvent conduit à la lutte entre groupes adverses ; mais il faudrait que personne n'ait de moyens ou de recours permettant d'imposer son propre égoïsme par-dessus les autres.

Ceci dit, l'égoïste est certainement un personnage peu sympathique. Son premier souci, avant de prendre toute décision, est de savoir ce qui lui convient à lui, personnellement. L'égoïste ne songe pas un seul instant que les autres ont aussi le droit de vivre selon une volonté ou un critère différents des siens lorsque, pour sauvegarder ses intérêts, il n'hésite pas à imposer aux autres une certaine conduite.

Sa personnalité demeure fermée à toute expérience issue d'une relation stimulante avec les autres. L'égoïste vit dans son petit univers clos, au centre duquel il se situe ; il considère que le reste du monde doit tourner autour de lui.

Freud établit une distinction entre le narcissisme et

l'égoïsme ; selon lui, le premier est le complément libidinal du second. Ainsi écrit-il : « Lorsque l'on parle d'égoïsme, on ne considère que l'avantage de l'individu, tandis que dans le narcissisme, on considère également sa satisfaction libidinale » On peut être égoïste et non narcissique, mais on peut aussi être les deux à la fois ; dans les deux cas on retrouve l'égoïsme en toile de fond.

## L'INTOLÉRANCE

Nombreuses sont les personnes intolérantes, c'est-à-dire incapables de supporter chez les autres une conduite qu'elles n'approuvent pas. Il n'est d'ailleurs pas nécessaire que la conduite des autres leur porte tort pour qu'elles se sentent obligées de les condamner sévèrement. Une différence de points de vue suffit.

Est intolérant celui qui ne supporte pas que l'on fume la pipe près de lui ou qui critique l'ami dont les idées politiques ou religieuses sont différentes des siennes. Le champ d'action est très ample, car l'intolérant ne connaît aucune limite. L'intolérance ne naît pas d'une grande confiance en soi, mais au contraire d'un profond sentiment d'insécurité. Lorsque quelque chose menace ce qui lui appartient, ou ce qu'il croit lui appartenir, l'intolérant réagit et se fâche mais éprouve surtout le besoin de se rassurer : c'est lui qui a raison, ce qu'il pense est juste. Une personne sûre d'elle-même n'a pas à être intolérante. Et il est bien connu que les gouvernements qui font preuve d'intolérance sont ceux qui se fondent sur la force, pour assurer leur maintien au pouvoir.

## La valeur de l'introspection

De même que l'on entreprend, au moins une fois par an, le nettoyage de printemps de toutes les pièces de la maison, de même l'homme doit se soumettre régulièrement à une sorte de « blanchissage » intérieur.

Avant de nettoyer une pièce, il faut y mettre de l'ordre, ôter les toiles d'araignée qui s'y sont installées, la poussière, balayer sous les meubles, etc. Sinon, quelle sorte de nettoyage serait-ce ? De la même manière, l'individu, afin de pouvoir toujours pleinement se réaliser, doit de temps à autre mettre de l'ordre dans ses pensées.

L'instrospection est la meilleure façon d'ôter la poussière et les toiles d'araignée de notre *Moi* le plus secret ; elle nous permet de nous faire réfléchir à ce que nous sommes, de nous faire comprendre pourquoi nous sommes ainsi et non comme nous souhaiterions ou croyons être.

Lorsque les circonstances vous invitent à une introspection, il est bon de tenir compte de l'opinion des autres. Analysez vos défauts et demandez-vous si vous avez toujours été aussi coléreux, égoïste ou prétentieux comme le prétend votre entourage. Essayez de vous souvenir de votre enfance et demandez-vous, par exemple : « Pourquoi étant jeune, étais-je docile et aimable et, une fois adulte, suis-je devenu nerveux et irascible » ? On ne change jamais sans raison. Recherchez cette raison dans vos souvenirs de jeunesse, parmi les premiers traumatismes inévitables que suscite le contact avec le monde extérieur (différent de celui où vous viviez jusque-là, entouré de vos parents, de vos frères et sœurs). Avancez plus encore dans vos recherches, pensez à vos premières amitiés et à la raison pour laquelle vous les avez perdues, souvenez-vous des punitions endurées, des premières déceptions. Pensez à vos premières curiosités et découvertes sur la sexualité et ne rougissez pas à propos de pensées que tous les enfants et adolescents du monde ont eues.

Si l'on vous accuse souvent d'un défaut que, toute réflexion faite, vous n'acceptez pas, essayez d'en trouver l'explication. Pourquoi donnez-vous l'impression d'être égoïste ? Ou d'être toujours mécontent ? Ou encore particulièrement intransigeant ?

Essayez, ensuite de percevoir l'image que les autres ont de vous. Vous n'êtes pas forcément ainsi, mais pourquoi paraissez-vous différent ?

Pourquoi vous camouflez-vous ? Pourquoi craignez-vous de vous montrer tel que vous êtes réellement ? Pourquoi vous cachez-vous derrière certains défauts qui font croire que vous êtes bien plus fort que vous ne l'êtes en réalité ?

Avez-vous besoin d'un déguisement pour dissimuler votre manque de confiance en vous ? L'éducation que vous ont donnée vos parents ne vous a-t-elle pas permis de vivre votre vie selon vos prédispositions naturelles ? Vivez-vous une vie différente de celle pour laquelle vous êtes né ? Est-ce vraiment cela ?

Ne finissez-vous pas par être totalement conditionné par l'interprétation que les autres ont de votre caractère et par devenir tel que les autres vous voient ? C'est un cercle vicieux qui mène à la déformation de la personnalité. Cela vaut la peine de changer de route et de revenir au point de départ.

L'introspection est précieuse car elle peut aider à élucider de nombreux problèmes et peut apporter des réponses à nos nombreuses questions. Il est utile de devenir son propre interlocuteur ; nous pouvons de cette façon nous permettre d'être très sincères et de ne rien nous cacher.

## D'autres façons de retrouver son équilibre

Une personne équilibrée est une personne heureuse. Non pas qu'elle ne connaisse ni souffrances ni préoccupations, mais cette personne sait de quelle manière y pallier.

Une personne équilibrée donne aux choses leur juste valeur. Elle ne minimise ni ne dramatise ses émotions. Ses relations avec les autres sont sereines ; elle rayonne, donne et reçoit sympathie et amitié. Elle n'est pas parfaite car c'est un être humain comme les autres avec ses qualités et ses défauts, mais elle n'a pas de traits de caractère pouvant la rendre antipathique aux yeux de son entourage.

Une personne équilibrée est toujours disposée à venir en aide aux autres, qu'on le lui demande ou non (mais sans jamais insister car elle n'est pas indiscrète). La personne équilibrée a les nerfs solides et peut faire face à une offense sans perdre son sang-froid et dramatiser. Elle sait aussi que toutes les attaques ne méritent pas qu'on s'y arrête car elles sont parfois le fruit d'un malentendu, de l'envie ou d'une mauvaise éducation.

Du point de vue psychanalytique, l'individu équilibré appartient au quatrième groupe des personnalités appelé « type sain » ; chez ces personnes, l'équilibre entre le *Moi*, le *Surmoi* et le *Ça* est assuré. Elles ne se laissent pas influencer à tort par la sévère tyrannie de la conscience morale mais n'acceptent pas non plus que les pulsions de leur inconscient les poussent vers de mauvais chemins : en d'autres termes, ce sont des personnes qui savent se contrôler et en tirer parti. Tel est le portrait de la personne équilibrée, celle à qui nous voudrions tous ressembler.

Mais comment faire, lorsque nous sommes la proie de l'angoisse, de l'anxiété, de tous ces symptômes qui indiquent une névrose galopante ?

Il faut, avant tout, soigner sa névrose ; nous avons déjà expliqué comment procéder : en effectuant sa propre analyse, en évoquant le passé, en étudiant ses rêves et en les comparant selon le système des libres associations, enfin en décelant la cause qui est à l'origine de nos troubles psychiques. Une fois la cause détectée, il est relativement facile de la priver de son agressivité.

En étant ramené à la conscience, le fait traumatisant perd de son poids (et nous insistons sur le fait que nous traitons ici des névroses qui ne relèvent pas de causes graves pour lesquelles l'intervention du psychanalyste est indispensable). C'est uniquement à partir de ce moment-là que l'on peut commencer à lutter pour ne pas commettre à nouveau les mêmes erreurs.

De toute façon, les conseils qui suivent sont utiles pour tous :

1. Prêtez aux autres une plus grande attention. Ne les craignez pas s'ils sont plus forts que vous. Ne les méprisez pas s'ils occupent une position inférieure. Ne les critiquez pas s'ils sont vos égaux. Nous sommes tous des êtres humains ; seule l'appartenance à un des deux sexes nous distingue les uns les autres, ce qui n'implique en aucun cas une discrimination sociale ou professionnelle. Aussi, dès demain ou plutôt dès maintenant, ayons plus de considération envers les autres, qu'il s'agisse de notre concierge, de notre petite sœur, de la

vendeuse du supermarché ou de notre avocat, car tous sont égaux, tous sont fragiles face aux difficultés du monde moderne, tous sont également exposés aux problèmes et aux souffrances.

2. Montrez-vous plus aimable avec tous, même si vous n'êtes pas payé en retour. Pourquoi vouloir juger les autres ? Ce n'est pas votre affaire. Votre devoir est de vous comporter envers les autres comme vous voudriez qu'ils se conduisent envers vous.
3. C'est un excellent exercice que d'essayer de découvrir parmi les visages inconnus (dans le métro, la rue, l'autobus) les plus sympathiques. Ils constitueront notre petite galerie de visages amis et cela nous habituera à mieux observer les autres, à les considérer avec une plus grande tolérance.
4. Ayez plus de tact. De nombreuses personnes se vantent d'être sincères mais elles se trompent lorsqu'au nom de la sincérité, elles n'hésitent pas à dire des choses désagréables. Respectez la sensibilité de chacun.
5. Soyez plus ambitieux, votre vie sera ainsi moins monotone, grise et triste. L'ambition ne doit pas forcément concerner le travail. Certaines personnes mènent une activité modeste et tranquille, tout en nourrissant de grandes ambitions, dans les domaines affectif, culturel ou politique. Ce sont des personnes qui ont, comme on disait autrefois, un « idéal ».
6. Soignez votre aspect physique. Une personne négligée, mal coiffée, a rarement le cœur serein. Et ne souriez pas si l'on vous dit qu'une bonne douche – psychanalyse mise à part – possède un effet réparateur et rassérénant.

7. Lorsque vous discutez avec quelqu'un, sachez accepter son point de vue. Une personne qui expose ses idées avec trop d'ardeur, et s'écoute parler, transforme rapidement une conversation amicale en un dialogue de sourds. Écoutez aussi votre interlocuteur. Il se peut que vous deviez reconnaître qu'il a raison ou que vos deux avis sont finalement très semblables.
8. Soyez conscient de vos propres mérites, sans devenir cependant prétentieux. Il est réconfortant, par exemple, de savoir que l'on est tolérant, sympathique ou généreux. Cela nous aide à renforcer nos qualités et nous fait plaisir, ce qui encourage à lutter contre nos défauts.
9. N'abandonnez jamais un projet. On ne doit jamais se déclarer vaincu ; on ne devient un « raté » que lorsqu'on le proclame, jamais avant.
   Persévérez. Les mauvais moments ne durent pas toujours et la roue de la fortune tourne pour tout le monde.
10. Évitez de vous montrer fanatique. Il est logique d'avoir un idéal ; c'est quelque chose de fort noble qui rend, en outre, l'individu plus sûr de lui. Mais lorsque la passion touche au fanatisme, le spectre de la destruction se profile à l'horizon.
11. Évitez de parler mal de vous-même, ne prononcez pas des phrases comme : « Je suis timide, c'est pourquoi je n'ai jamais fait mon chemin », ou bien : « je comprends que les autres me trouvent antipathique » Si vous-même parlez de vous ainsi, que devront dire les autres ?
12. Vous ne devez pas vous laisser gagner par les craintes des autres.
   La peur, comme le courage, est un état d'excita-

tion. N'acceptez pas que les idées noires ou le pessimisme de votre entourage vous gâchent l'existence.

13. Ne négligez pas votre vie sexuelle. Ne vous montrez pas dépourvu de passions ou d'initiatives vis-à-vis de votre compagnon (ou compagne), ou trop limitatif envers celui-ci.
    Faire l'amour implique d'être deux et cela ne doit jamais être considéré comme un devoir. N'utilisez pas votre compagnon comme si c'était un objet. Un comportement sexuel erroné peut provoquer des symptômes névrotiques ou un état de perpétuelle insatisfaction.
14. Tâchez dans la mesure du possible de maîtriser vos antipathies. Bien souvent, une personne ne nous plaît pas, uniquement parce que l'une de ses caractéristiques physiques ou sa manière d'être réveille en notre inconscient une aversion secrète envers des personnes que nous avons connues dans notre enfance et dont notre conscience ne se souvient plus.
15. Ne vous laissez pas influencer par les trépidations de la vie moderne. Dans la mesure où, bon gré mal gré, vous êtes obligé d'endurer certains horaires de travail, assurez-vous, au moins, que vos loisirs soient une détente. Ne vous sentez pas obligé de passer toutes vos soirées devant le téléviseur quel que soit le programme. Organisez-vous, prévoyez dans la journée ce que vous ferez le soir venu : vous pouvez commencer ou terminer un livre, sortir avec des amis, aller au cinéma, écouter un peu de musique. Vous pouvez aussi songer à passer une soirée romantique avec votre conjoint ou votre compagnon, en la préparant

avec un certain soin comme s'il s'agissait d'un rendez-vous amoureux.

## Le complexe d'infériorité : une maladie embarrassante

De nombreuses personnes pensent être vouées toute leur vie à une situation inférieure, tant du point de vue social que physique ou même spirituel. Elles ne font rien pour réagir contre cette curieuse sensation qui influe sur toutes leurs décisions et actions.

Il y a en elles une sorte de résignation fataliste à laquelle elles n'opposent aucune résistance.

Ce complexe n'est pas toujours accompagné d'un sentiment d'envie.

S'il est vrai que certaines personnes perdent un temps précieux à se soucier du sort d'autrui, alors qu'elles pourraient être tout aussi chanceuses, il existe aussi des personnes abouliques pour qui l'acceptation de leur propre infériorité est telle qu'elles finissent par considérer comme juste et normal le succès des autres, tout comme est juste et naturel leur propre échec.

Celui qui se sent inférieur, ne le *dit* jamais, bien au contraire ; le choix de ce verbe n'est pas un pur hasard, car il représente une possible échappatoire.

C'est comme s'il disait : « Ce n'est qu'un complexe, une sensation qui n'a rien de réel ; une maladie qui me fait interpréter le monde et les autres à mon désavantage. C'est en fait une mauvaise façon de voir les choses et la sensation que je perçois ne reflète pas du tout la réalité ; car je pourrais être et je suis peut-être le meilleur de tous ».

Les extrêmes s'attirent. Celui qui fait un complexe d'infériorité, se croit supérieur, tout au moins différent des autres. Seule son apparence est trompeuse. Le « complexe » les rend timides, peu enthousiastes et plus ou moins agressifs.

Mais qui se sent affecté d'un complexe d'infériorité serait très surpris d'apprendre que son complexe est en fait un artifice qui lui permet de dissimuler tout un tas de choses. En d'autres termes, le complexe d'infériorité n'est autre qu'un complexe de supériorité c'est-à-dire un refus de combattre et vaincre ; le complexé s'imagine que le destin ne lui est pas favorable, en dépit de sa nette supériorité sur ceux qu'il feint de juger meilleurs que lui.

Le complexe d'infériorité peut être le prix que nous payons pour nous « punir » de quelque chose dont nous nous sentons inconsciemment coupables. C'est en coupant les ailes à l'ambition que l'on expie la faute ignorée toute notre vie, laissant échapper volontairement les bonnes occasions et cela avec une résignation véritablement masochiste. Il faut alors remonter jusqu'à l'origine de ce sentiment de culpabilité, enfoui dans les profondeurs ténébreuses du *Ça*, et si fort qu'il influe de façon négative sur notre manière d'être et de vivre. Le véritable problème ne consiste pas à supprimer ledit complexe d'infériorité, en se convainquant que personne n'est en réalité inférieur aux autres et en s'efforçant avec une grande constance de surmonter certains obstacles que nous plaçons entre nous-mêmes et le but que nous nous sommes fixé. Le problème consiste, en fait, à découvrir pourquoi nous avons décidé de nous sentir inférieurs aux autres et de nous imposer une mutilation psychique qui annule les initiatives et les plaisirs. Ce n'est qu'après avoir découvert le motif de ce sentiment de culpabilité que le sujet pourra commencer à vivre de façon saine et normale.

Le complexe d'infériorité peut découler d'un défaut physique.

M. Dante R., par exemple, affirmait souffrir d'un terrible complexe d'infériorité à cause de son bégaiement. Une fois la cause du bégaiement éliminée, le complexe d'infériorité disparut aussi, sans laisser de trace.

Parfois il peut s'agir d'une véritable déformation physique. Par exemple, un sourd risque de se sentir inférieur aux autres précisément parce que son monde de silence l'isole dans un environnement tout à fait à part. Un mutilé, un invalide, un bossu peuvent faire un complexe d'infériorité non seulement physique mais aussi spirituel, comme si leur malheur parvenait à attaquer l'essence de leur personnalité. Il s'agit dans ce cas d'un état d'âme compréhensible, mais injuste et néfaste dans la mesure où ces disgrâces de la vie ne font pas des êtres meilleurs ou pires que les autres.

S'apitoyer sur son sort est toujours négatif. Si l'on se laisse dominer par l'autocompassion, il est difficile de redevenir ce que l'on était, car l'on passe facilement d'une récrimination à une autre, de sorte que toutes les occasions sont bonnes pour confirmer que nous sommes malchanceux et malheureux, poursuivis par le destin et les hommes. De nombreux individus en arrivent même au suicide, à force de tout critiquer. Le monde finit par leur apparaître à tel point hostile et agressif, ou bien superficiel et inutile, qu'ils ne souhaitent plus que disparaître. L'autocompassion peut facilement conduire à des actes désespérés.

Le complexe d'infériorité dérive quelquefois d'un fait traumatisant vécu pendant l'enfance. Prenons le cas d'Annabelle, la fille aînée de M. et Mme de R. En dépit des apparences (elle n'a manqué de rien), elle n'a pas eu une enfance heureuse. Ce qui perturbait la vie de l'enfant, c'était les remontrances et les critiques continuelles auxquelles la soumettait sa mère, en la comparant constamment à ses sœurs. N'étant pas aussi jolie que ses deux sœurs, Annabelle s'entendait souvent dire par exemple que « ses yeux n'avaient aucune expression, alors que ceux de Roselyne semblaient deux étoiles », qu'« elle était pâle, fragile, comme malade », qu'elle n'était pas aussi intelligente que ses sœurs », lesquelles, bien que plus jeunes, semblaient plus brillantes, qu'« elle était désordonnée et manquait de volonté » qu'« elle devait prendre exemple sur Roselyne et Camille », et bien d'autres choses du même style...

Avec le temps, Annabelle est devenue une fort jolie jeune fille, en dépit des prédictions de sa mère, et s'il fallait maintenant la comparer à ses sœurs, ce serait à son avantage. Pourtant, devant un miroir, Annabelle semble aveugle et sourde à tout compliment.

Elle se voit laide, se sent stupide. Son complexe d'infériorité, remontant à l'enfance, ne l'a jamais abandonnée. Les critiques de sa mère l'ont marquée à jamais. Les relations d'Annabelle avec les hommes ont toujours été très complexes, et aucune n'a pu résister à son syndrome.

Ses échecs sentimentaux l'ont de plus en plus poussée à croire qu'elle avait quelque chose qui « clochait, qui n'allait pas » « Pourquoi, se demande-t-elle, les autres filles de mon âge aiment-elles et sont-elles aimées sans drames, alors que moi je ne parviens jamais à trouver l'homme qui m'accepte telle que je suis » ?

Question difficile, mais réponse facile. Pourquoi Annabelle, avec sa façon d'être, ses crises de dépression, avec son attitude obstinée de victime, finit-elle par convaincre ses compagnons de ce qu'elle n'est pas en réalité ? Elle les force à la voir telle qu'elle s'imagine être : terne, sotte, insignifiante. Comment cela s'est-il terminé ? Annabelle, au énième échec sentimental, s'est enfermée dans sa salle de bains, a plongé ses poignets dans de l'eau bouillante et s'est coupé les veines. Fort heureusement, une amie avec laquelle elle partageait son appartement a pu la sauver à temps. Elle est actuellement entre les mains d'un psychanalyste.

Le complexe d'infériorité peut aussi naître du désir de captiver l'attention, de se rendre sympathique. En d'autres termes, le complexe d'infériorité peut venir d'un caractère plutôt ambigu qui se sert de divers trucs pour inspirer indulgence et bienveillance.

Le cas est facilement reconnaissable, parce que le complexe d'infériorité va de pair avec une tendance équivoque à l'adulation, à l'exaltation des mérites d'autrui. Tout en s'autodétruisant, le sujet met son interlocuteur sur un piédestal, lui fait croire qu'il est le meilleur, le plus intelligent...

Il est rare que de tels individus suscitent la sympathie à laquelle ils aspirent tant. En effet, la personne objet d'une telle admiration finit par se lasser de la présence de l'adulateur et l'abandonne, préférant d'autres amis moins cérémonieux, mais plus sincères. Qu'à cela ne tienne, notre chasseur d'idoles ne s'avoue pas vaincu et part à la recherche de nouvelles victimes. C'est précisément cette obstination qui fait douter qu'il souffre d'un complexe : certains pensent qu'il recherche une meilleure position sociale et se sert d'amis bien placés pour parvenir à ses fins.

Il existe enfin un complexe d'infériorité qui, comme une maladie de jeunesse, apparaît au moment du passage de l'enfance à l'adolescence. Sorti de sa coquille d'enfant, l'adolescent a soudain l'impression que le plancher flanche sous ses pieds. Il a souvent des camarades plus âgés que lui qui le dépassent en taille et en maturité, ce qui contribue à le faire sentir inférieur, bien qu'il ne le montre pas.

C'est l'âge des rougissements, des manifestations de timidité, des réponses impertinentes et violentes. Heureusement, ce sont des troubles passagers qui ne deviennent bien vite qu'un mauvais souvenir.

Avec leur manière brusque de résoudre les choses, les jeunes n'acceptent pas un camarade timide et complexé et finissent par lui imposer un inflexible ultimatum : « Ou tu arrêtes de faire l'idiot ou tu nous fiches la paix ». Presque toujours (sauf lorsqu'intervient une mère poule trop compréhensive et dominante), l'adolescent cesse de se montrer timide et entre triomphalement dans la bande de copains.

Dans une plus ou moins grande mesure, nous avons tous traversé des époques de démoralisation entrecoupées de symptômes d'un authentique sentiment d'infériorité.

Ce sont des moments de doute que l'on finit par surmonter. Il faut veiller à ne pas se résigner comme si notre vie dépendait des autres et de leur discrétion. Il faut réagir et, de fait, l'homme équilibré réagit, surmonte ses déceptions, évitant qu'elles ne deviennent des frustrations génératrices de névrose, et reconsidère les obstacles qui l'ont conduit à cette situation. Il ne s'arrête pas et poursuit son chemin, c'est cela qui est essentiel.

Parfois, il nous arrive de traverser des périodes de doutes n'ayant rien à voir avec notre vie privée mais qui nous rendent tristes et nous font réfléchir sur les raisons de notre existence. Ce sont des étapes de la vie où l'on a la sensation de n'être utile à personne, de vivre en vain, de n'être qu'une pièce d'un jeu immense et inflexible.

C'est alors que naît en nous la conviction que tous nos efforts sont peine perdue et, riches ou pauvres, nous devenons tous des feuilles qu'emporte le vent. Ce sont des moments pénibles que tout individu traverse, à un moment ou à un autre de sa vie et il n'y a aucune raison de parler alors de complexe d'infériorité ou de consulter un psychanalyste. Il s'agit de la prise de conscience de notre insignifiance face à l'immensité de l'univers et de l'implacabilité du temps.

C'est un sentiment d'infériorité qui affecte tous les êtres humains, même les plus grands, et qui ne doit humilier personne.

## Les avantages du complexe d'infériorité

Le complexe d'infériorité peut aussi avoir quelque avantage ; par exemple, celui d'inciter le sujet affecté à se juger continuellement. Si cet aspect agnostique du complexe s'accentue, il finira par être automatiquement surmonté. Se sentir inférieur aux autres peut éveiller de très fortes ambitions, la volonté de triompher, d'atteindre et de dépasser ceux que nous admirons.

Considérons, par exemple, le complexe d'infériorité d'un jeune écrivain de talent. Pour celui-ci ce complexe, qu'il serait préférable d'appeler « sensation d'infériorité » (à l'instar de Freud), est bien plus bénéfique que toute vaine satisfaction que donnent les résultats déjà atteints. Pour le jeune écrivain, la conscience d'être encore loin de son but n'est pas en soi une sensation frustrante et mutilante, mais l'incite, au contraire, à se perfectionner. C'est un stimulant et non une invitation à tout abandonner.

De même, les graves défauts physiques peuvent être l'aiguillon de la réussite, et précisément à l'endroit où l'on éprouve des difficultés, tel Démosthène, bègue, puis brillant orateur, ou Beethoven, sourd mais capable de composer une fort belle musique, comme Napoléon ou Jules César, hommes de petite taille qui surent conquérir leur place dans l'Histoire. L'ardeur et le zèle de ces personnages à conquérir des objectifs aussi élevés, leur auraient probablement fait défaut s'ils n'avaient eu conscience d'être, d'une certaine manière, inférieurs aux autres.

## Comment surmonter le complexe d'infériorité

Il n'existe pas de remèdes miraculeux pour transformer un individu indécis en un homme audacieux, fort et autoritaire. On ne peut surmonter un complexe d'infériorité qu'après en avoir décelé les causes : en psychanalyse, la règle est toujours la même. Mais un conseil est toujours utile. Il faut essayer, avant tout, de répondre aux questions posées ci-après. Selon le nombre de réponses positives, vous pourrez déduire si le complexe d'infériorité que vous vous attribuez est réel, ou bien s'il coïncide uniquement avec une crise morale momentanée.

- Croyez-vous que l'individu n'a aucune chance de forger lui-même sa propre existence et qu'il doit inéluctablement se soumettre au destin, oublier ses tentatives d'indépendance et de volonté ? En d'autres termes, croyez-vous que l'homme est prédestiné ?
- Ressentez-vous une certaine apathie vis-à-vis de vous-même, à tel point que vous ne vous étonnez plus si les autres vous évitent ?
- Pleurez-vous souvent sur vos problèmes ?
- Êtes-vous convaincu de ne posséder aucune vertu

qui puisse vous imposer aux autres et d'être voué à la médiocrité ?

– Enviez-vous les personnes sociables et cordiales ? Changez-vous de ville et de pays, comme si vous cherchiez à fuir votre vie quotidienne ?
– Aimeriez-vous être l'ami d'un personnage célèbre mais croyez-vous que cela ne vous arrivera jamais parce que votre compagnie est ennuyeuse ?
– Êtes-vous jaloux ?
– Avez-vous déjà renoncé à une soirée avec des amis, à une réception importante « parce que vous n'aviez rien à vous mettre » et que « vous n'étiez pas en forme » ?
– Vous sentez-vous humilié de n'avoir pas été reconnu comme si cela confirmait l'idée que vous faites partie de ces individus tout à fait insignifiants ?
– Évitez-vous de saluer une personne que l'on vous a présentée il y a peu de temps, parce que vous êtes convaincu qu'elle ne vous reconnaîtra pas ?
– Pensez-vous qu'un cours de diction vous aurait aidé à vaincre votre difficulté de prononciation et votre crainte de rester sans voix ou de ne pas savoir achever une phrase ?
– Avez-vous parfois pensé que votre timidité était due à la mauvaise éducation que vous avaient donné vos parents ?
– Êtes-vous envieux mais incapable de dire du mal de quelqu'un en présence d'étrangers ? Et, au contraire, exagérez-vous vos louanges sur une personne absente dont vous pensez, en fait, beaucoup de mal ?
– Rêvez-vous parfois tout éveillé à ce que vous pourriez être, et imaginez-vous être le protagoniste de

fabuleuses aventures qui se terminent toujours par votre triomphe et l'humiliation de vos amis-ennemis ?

- Enfant, auriez-vous voulu participer aux jeux de vos camarades, mais pour une raison ou une autre, ne parveniez-vous jamais à ce qu'ils vous acceptent ?
- Vous est-il arrivé d'acheter quelque chose dont vous n'aviez pas besoin, uniquement parce que la personnalité du vendeur vous a poussé à le faire ?
- Répondez sincèrement : vous sentez-vous parfois servile devant des personnes que vous n'appréciez guère mais que vous considérez utiles à votre profession et à une éventuelle ascension sociale ?
- Fumez-vous uniquement pour passer le temps ou paraître ?
- Pensez-vous parfois qu'un verre de whisky ou de cognac peut vous aider à surmonter votre timidité qui vous empêche de vous montrer cordial avec autrui ?
- Avez-vous la sensation de n'avoir, dans le fond, aucun ami véritable ?
- Vous confiez-vous plus facilement à un inconnu qu'à une personne que vous connaissez depuis des années ?
- A-t-on déjà dit de vous que vous étiez cérémonieux ou trop prétentieux ?
- Vous flatte-t-il de savoir que vous êtes plus instruit et mieux éduqué que les autres, tout en ayant la désagréable sensation de manquer de cette désinvolture qui rend une personne véritablement gentille et affable ?
- Vous êtes-vous déjà demandé pourquoi les gens ont tendance à bâiller ou à chercher une excuse pour partir, au bout d'un moment en votre compagnie ?
- Négligez-vous votre façon de vous habiller ?

- Vous douchez-vous moins d'une fois par semaine ?
- Préférez-vous la télévision à un bon livre ?
- Avez-vous souvent consulté cartomanciennes et devins afin de savoir si quelque chose allait changer dans votre vie ?
- L'opinion que se font de vous les personnes importantes dans l'échelle sociale vous intéresse-t-elle plus que celle de tout autre ?

Plus vous réunirez de réponses affirmatives, plus vous vous rapprocherez du type parfait du complexé. Nous n'insisterons pas de nouveau sur les faits traumatisants qui, dès l'enfance, peuvent vous avoir conduit à une telle situation. Si votre sentiment d'infériorité est authentique et vous fait souffrir, quelques suggestions vont vous permettre de maîtriser l'état d'anxiété qui vous assaille chaque fois que vous devez faire quelque chose qui vous engage.

De nombreux timides se lamentent de ne pouvoir soutenir une conversation. En marge de notre recommandation de lire le journal et de vous tenir au courant de ce qui se passe dans le monde (ce qui permet amplement de pouvoir participer à de nombreuses discussions), nous vous suggérons d'essayer de vous spécialiser dans un certain domaine, plus particulièrement d'actualité. L'écologie par exemple ou encore le spiritisme ou la poésie des Noirs d'Amérique. Essayez de vous documenter en la matière jusqu'à ce que vous acquériez le sentiment d'être, tout au moins sur le sujet, plus informé et compétent que la plupart des autres.

Il ne s'agit pas, bien entendu, de se lancer dans de longues études et recherches, sauf si le sujet finit par vous passionner véritablement ; il suffira, en fait, de consulter une documentation succincte qui vous permettra de briller devant les autres lorsque l'on abordera le sujet (ce à quoi bien entendu vous vous emploierez). Personne ne sera au courant de vos anecdotes, noms, statistiques ; vous vous donnerez ainsi le plaisir de répondre à une objection, à une question, sans courir le risque d'offenser qui que ce soit avec un monologue susceptible, à la longue, d'être ennuyeux et de paraître pédant.

- Lorsque votre interlocuteur vous semble supérieur de par sa culture, sa beauté, sa condition sociale, ne vous laissez pas subjuguer et ne vous comparez pas à lui. Essayez plutôt de l'imaginer dans l'intimité, en sous-vêtements, par exemple, ou en train de se quereller avec son épouse. Forcez un peu votre imagination, ce qui pourra peut-être paraître un peu choquant, mais fort utile pour se défaire de certains mythes. Vous vous apercevrez ainsi que tous les êtres humains sont parfaitement égaux dans certaines circonstances quotidiennes.
- Si quelqu'un vous toise du regard, ne baissez surtout pas les yeux.

Utilisez ce vieux truc consistant à regarder l'interlocuteur au milieu du front, c'est-à-dire un peu au-dessus des yeux. Vous donnerez ainsi l'impression d'être une personne fière qui ne se laisse pas facilement abattre moralement.

- Essayez de tenir quelque chose à la main lorsque vous entrez dans une pièce remplie de gens : une cigarette, un verre, le bras d'une autre personne, quelque chose qui vous évite de vous demander où placer vos mains. Cela vous permettra aussi de cesser de croire que tous les regards convergent vers vous et vous jugent.
- Lorsque tout semble aller de travers et que vos projets tombent à l'eau, renoncez à l'idée de plier bagages et commencez plutôt par semer, c'est-à-dire

faites quelque chose dont vous pourrez cueillir les fruits dans un proche avenir. Étudier par exemple.

- Cessez de trop penser à vous-même. Au lieu de prendre la mouche en imaginant tout le mal que l'on dit peut-être sur vous, essayez de penser aux mauvais côtés des autres. Tout individu a ses défauts ; efforcez-vous de les découvrir, un à un, comme s'il s'agissait d'un jeu. Les gens vous sembleront ainsi plus fragiles, plus humains, en un mot, plus accessibles, plus sympathiques.
- Essayez de tomber amoureux, de votre conjoint peut-être...
- Cessez de penser que l'on peut vous comparer aux autres. Vous n'êtes pas comme les autres. Fort heureusement nous sommes tous différents. Si vous prenez pour modèle un ami ou une célébrité que vous admirez tout particulièrement, la comparaison risque de ne jamais tourner à votre avantage. Et cela ne vous convient guère. Exaltez vos qualités « les plus intéressantes » afin d'accentuer votre personnalité, de la rendre attachante ou captivante.
- Essayez de définir ce que vous attendez de la vie. En d'autres termes, essayez de préciser ce que la vie semble vous avoir toujours refusé jusqu'à présent. Avoir un point de départ et identifier ses objectifs est un grand pas en avant vers la guérison et la « douceur de vivre ».
- Ne vous démoralisez pas si les gens ne vous montrent pas beaucoup de sympathie. Ce peut être une fausse impression qu'explique le complexe dont vous êtes victime. Et si, réellement, vous étiez très antipathique à certaines personnes que vous continuez d'appeler vos amis ? Tout simplement, ne les traitez plus comme des amis et considérez-les tels

qu'ils sont, c'est-à-dire des personnes de votre connaissance dont la compagnie ne vous est pas indispensable et auxquelles vous pouvez renoncer, sans remords.

- Choisissez d'autres amitiés, regardez autour de vous, n'ayez pas peur de recommencer et de vous sentir jeune. La pensée d'être pour toute nouvelle connaissance, une personne sans problèmes, sans vertus, sans défauts doit vous stimuler. C'est comme si nous renaissions à la vie chaque fois que nous nous lions d'amitié avec de nouvelles personnes. Ce que nous voulons être ou paraître dépend alors de nous.
- Concédez-vous de temps à autre une petite fantaisie, un petit travers, en marge de la bienséance, même à l'encontre de votre stricte conscience morale (du *Surmoi* qui suscite ce sentiment d'infériorité, vous obligeant à vous comparer aux autres). Vous octroyer un petit plaisir vous fera oublier d'autres choses pouvant avoir un impact traumatisant.
- Cherchez à vous convaincre que vous avez, vous aussi, d'excellentes qualités. Ce ne sont peut-être pas celles que vous appréciez chez les autres, mais elles n'en sont pas pour autant insignifiantes.

D'autres l'ont probablement aussi remarqué. D'ailleurs, n'avez-vous jamais songé que certains individus se sentent inférieurs à vous ? Absorbé par vos problèmes, vous ne vous êtes jamais aperçu que vous inspiriez une certaine soumission à de grands timides, plus complexés que vous et que, pour eux, vous étiez peut-être un modèle.

## La discipline

Faites un effort pour vous en sortir. Un peu de bonne volonté suffit. Commencez par être votre propre élève et suivez un programme que vous établirez sur la base des suggestions faites dans ce chapitre, en fonction de votre cas et des causes de votre complexe d'infériorité.

Une excellente règle pour mettre au point un programme consiste à ne pas accumuler trop de projets, mais à répartir les efforts peu à peu, de façon que tous ceux qui décident de prendre leur situation en main puissent assimiler tout ce que nous avons proposé avec la constance nécessaire.

## Les surcompensations

Il faut éviter les solutions faciles qui ne pourraient que vous nuire. N'essayez pas de recourir à des moyens extrêmes. Si vous avez un tempérament faible, cherchez les causes de cette faiblesse au lieu de la masquer sous une agressivité et une violence qui vous desservent. Ce n'est précisément pas l'agressivité de monsieur F.O. vis-à-vis de son supérieur, qui va le libérer d'une vie humble et modeste, ou de sa timidité et du sentiment de ne jamais être à la hauteur de ses collègues. Cela ne peut servir qu'à accentuer un état d'angoisse, sans parler des risques d'un éventuel licenciement que cela comporte. Et une fois le moment de colère passé, vous vous retrouverez convaincu que vous ne valez rien à côté de ceux qui savent faire carrière et se comporter intelligemment.

Ces surcompensations ne sont que des façons erronées

de neutraliser les frustrations produites par le complexe d'infériorité. On parle aussi de « surcompensations négatives » pour souligner précisément le danger qu'elles comportent. Un exemple intéressant est celui d'une fille de Warwick, Kay V., affligée par son nez crochu et trop long. Au lieu de consulter un spécialiste de chirurgie esthétique qui aurait résolu son problème bien mieux qu'un psychanalyste, elle se laissa conditionner au point de ne plus sortir de crainte qu'on ne se moquât d'elle.

Brusquement, Kay décida de réagir. Elle voulut se convaincre qu'elle pouvait surmonter ce complexe et modifier son style de vie. Sage décision mais qu'elle appliqua de façon ambiguë, se lançant comme un kamikaze vers le danger et toutes sortes d'expériences. Elle se mit à boire, à se droguer et à s'abandonner à quiconque souhaitait passer une joyeuse nuit auprès d'elle. Elle était presque toujours saoule et son sourire n'illuminait pas son visage. Au bout de quelque temps, elle dut être internée dans un hôpital à la suite d'un accident d'automobile. Au volant de la voiture d'un ami, en état d'euphorie dû à l'alcool et aux excitants, elle heurta un arbre de plein fouet. Son ami mourut des suites de l'accident alors qu'elle ne souffrit que de quelques lésions légères. Mais dans quel état psychique sortit-elle de l'hôpital !

Le complexe d'infériorité pourrait être facilement surmonté si le sujet parvenait à s'assurer qu'il est aimé des personnes qui l'aiment. Un individu, qui se sent sûr de l'amour de ses proches, est aussi très sûr de lui-même dans ses relations avec autrui. Et là nous abordons un problème clef : l'exigence d'amour.

Un amour ne peut être uniquement spirituel, il doit aussi être physique, tangible. De nombreux couples se défont dès que l'affectueuse habitude de certains gestes disparaît – une caresse, un baiser, se tenir par la main –

et si, dans certaines familles, on note une certaine tension nerveuse, cela tient souvent à ce manque d'attitudes et de gestes d'affection.

Dans une famille où tous les membres s'aiment bien, il y a peu de chances pour qu'une crise éclate. Le complexe d'infériorité est un mal qui n'entre pas dans les foyers où les parents conservent les gestes et les attentions qu'ils ont toujours eus et où les enfants apprennent le sens d'un amour qui n'opprime pas et qui redonne force et vigueur.

Certains maris admettent bien aimer leur femme mais se sentiraient ridicules si, tout à coup, ils la complimentaient ou l'embrassaient.

« Fadaises que tout cela ! Ce qui compte, c'est ce qu'on sent au fond du cœur » disent-ils en se frappant la poitrine de façon dramatique. Mais ils ont tort. L'amour doit se dire, s'exprimer ; sinon, il devient froid, stérile et végète.

Regardons les animaux domestiques. Eux aussi ont besoin d'une caresse, d'une tape ou d'une parole affectueuse, sans quoi ils deviennent tristes et perdent leur entrain. Les plantes soignées avec amour poussent et fleurissent mieux. Si la nature a besoin de tendresse, pourquoi l'être humain n'en éprouvera-t-il pas aussi le besoin, à plus forte raison ? L'excuse de l'âge ne vaut rien. Notre compagne a probablement autant besoin d'une caresse que le bébé dans son berceau dont tout le monde chante les louanges.

Lorsqu'il est aimé, le névrosé trouve plus facilement le chemin de la guérison. Aimer signifie avoir confiance en quelqu'un, c'est-à-dire qu'une partie de notre esprit inquiet peut goûter le plaisir intime que seule une relation affectueuse sait apporter.

De nombreux complexes d'infériorité se forment précisément entre conjoints qui, après un amour sexuel, finissent par se sentir réunis par hasard plus que par amour véritable. Lui se demande : « Mais pourquoi donc me suis-je marié avec cette femme ?

Qu'est-ce qu'elle attend de moi ? Que je la courtise toujours ? Ne se rend-elle pas compte qu'elle a vieilli ? Elle se prend encore pour une jeune fille ? Pourquoi m'embrasse-t-elle toujours sur les lèvres » ?

Elle songe : « Pourquoi me suis-je mariée avec cet homme si bizarre ?

Quand il rentre, il me dit à peine bonsoir et va s'asseoir à table. Tout est prêt ? Oui monsieur, à vos ordres ! Il prend sa maison pour une auberge... Ah ! ma mère avait bien raison... je n'aurais jamais dû l'épouser » !

Voilà, à grands traits, les tristes pensées d'un homme et d'une femme mal unis, un soir quelconque de leur vie conjugale monotone. Ce sont, en fait, les pensées de deux étrangers qui vivent sous le même toit mais qui ne ressentent pas l'un pour l'autre la moindre sympathie.

Leurs relations deviennent de plus en plus froides et agressives. Chacun semble attendre quelque chose de l'autre. Apparemment, elle aimerait bien un plus grand confort, une aide domestique, de nouveaux vêtements, des bijoux peut-être, c'est-à-dire des biens matériels. Lui aimerait une femme sourde et muette afin de pouvoir dire et faire ce que bon lui semble, sans entendre de critiques. Mais ce sont là des revendications superficielles dans la mesure où elle tout comme lui se contenteraient de quelque chose de bien plus simple et de guère onéreux : la tendresse.

Nous connaissons un couple de personnes âgées qui conservent encore les affectueuses attentions qui caractérisent normalement deux jeunes amants ou fiancés. Lui la regarde d'un air empli de bonté et de gratitude. Elle, lorsqu'elle s'appuie sur le bras de son compagnon, se sent belle et jeune, en dépit de ses quatre-vingts ans. Ils se sourient, ils se caressent. Ils se donnent d'affectueuses petites tapes dans le dos ou sur le bras lorsque l'un d'eux semble contrarié. Et ils se parlent avec plaisir. Ils vivent ensemble depuis des années et ne se sont pas encore dit tout ce qu'ils avaient à se dire. Voilà un exemple de couple heureux. Leur secret ? Ne jamais perdre la tendresse réciproque. Ils se conduisent comme des amoureux et sont heureux.

Pourtant, si l'on se penchait sur leur vie, on s'apercevrait qu'elle n'a guère été facile, ni pour l'un ni pour l'autre. Elle nous expliquerait, peut-être, tristement consolée par lui, comment ils perdirent leur fille pendant un bombardement ; et lui, sans frustrations, reconnaîtrait n'avoir jamais fait carrière (« Parce qu'ils n'ont pas su t'apprécier, comme tu méritais », dirait-elle peut-être) ou avoir été au chômage pendant plusieurs mois et ils évoqueraient peut-être tous deux les jours de faim et de misère. Mais ils sont heureux, c'est évident. On pourrait les placer près de princes, de stars de cinéma, de millionnaires et ils ne se sentiraient pas gênés ou mal à l'aise. Ils ne connaissent ni frustrations ni complexes et ne changeraient leur vie pour aucune autre, si le prix de ce changement devait être le choix d'un autre compagnon ou compagne. La force d'aimer peut faire des miracles. L'amour peut rendre merveilleuse une vie que d'autres jugeraient monotone et grise. L'amour fait ouvrir les yeux et contempler les merveilles de la nature silencieuse ; il sait faire apprécier un mot gentil, une rencontre inattendue, un bon gâteau, une lettre lointaine, un verre d'eau fraîche lorsqu'on a soif, un fauteuil confortable et une paire de pantoufles après une longue promenade, une soirée au coin du feu ou devant le poste de télévision, une cigarette, une tasse de thé ou de café. Autant de petites choses qui deviennent trop souvent machinales, instinctives et qu'on ne sait plus goûter. Seul l'amour éveille en nous ces douces et paisibles émotions.

Bien sûr, « qui ne voudrait être aimé ? » objectera-t-on. Mais que faisons-nous pour être aimés ? Bien rare est le cas de la femme fatale qui a tous les hommes à ses pieds (et de toute façon, quel intérêt ?). Et Don Juan est un personnage fort heureusement démodé. L'amour qui permet de surmonter peines et déceptions, d'éviter les complexes d'infériorité, est tel une plante verte ayant deux solides racines dont on prend soin affectueusement.

# Le mariage et la sexualité

La suspicion et le dégoût que le terme « sexualité » provoque parfois chez certaines personnes sont en partie justifiés. Utilisé à tort et à travers (sur les affiches publicitaires, au cinéma, dans la littérature, les revues, etc.), le sexe est trop souvent associé à la pornographie la plus vulgaire et à l'obscénité. « Héros » d'histoires triviales, il ne semble plus susciter que des images libertines et déplacées.

Cela est injuste. Car la sexualité est avant tout synonyme de vie, d'amour, ainsi que de santé physique et morale. Ne vous laissez pas influencer par un cinéma et des médias douteux qui pourraient vous faire croire que votre vie sexuelle est bien fade. Le sexe ne s'épanouit pas forcément dans l'orgie, l'adultère ou l'homosexualité, tant s'en faut ! Un homme et une femme peuvent pleinement goûter toute la vie leur union sexuelle sans sortir de la normalité. Les histoires érotiques insipides, les films semi-pornographiques relèvent du genre trivial et inepte.

La vie sexuelle est aussi bonheur. Se trompent fort les moralistes qui la considèrent comme un moyen servant à la reproduction et font aussi erreur ceux qui considèrent celle-ci comme un acte de plaisir pur, une pulsion charnelle. Le sexe ne se prête guère à ces interprétations unilatérales, parce que la volonté d'engendrer ne s'oppose pas au plaisir charnel, mais en est le complément. Et se trompent plus encore ceux qui, en marge de l'interprétation qui lui est donnée, considèrent le sexe comme un acte honteux mais plaisant, et dont il ne faut surtout pas parler.

## Les premières manifestations sexuelles chez l'enfant

Se trompent aussi ceux qui considèrent que la vie sexuelle apparaît soudain, avec toute sa force, au moment de la puberté. Le nouveau-né connaît les pulsions de la sexualité, même si cette affirmation peut sembler abusive à ceux qui croient à une enfance innocente de plaisir et asexuée.

Afin de mieux nous comprendre, observons le nourrisson lorsqu'il tète le sein maternel. On peut déjà voir dans cette fonction essentielle pour la survie, en plus du plaisir d'apaiser la faim et la soif, la satisfaction d'un plaisir que l'enfant, une fois rassasié, exprime par une attitude statique fort semblable à celle de l'adulte après l'acte d'amour. Il ne fait aucun doute que ce plaisir a pour origine une excitation physique : excitation des lèvres et de la bouche (que Freud définit comme des « zones érogènes »).

On pourra objecter que cette attitude découle de la satisfaction de l'appétit. Certes, mais pour bien montrer que le plaisir éprouvé par le bébé consiste bien à téter, indépendamment du liquide tiède et sucré qui le rassasie, observons comment l'enfant repu cherche encore à sucer après les repas. Il suce son pouce, sa langue, ou une tétine en caoutchouc qu'on lui propose afin d'éviter toute déformation buccale. Ensuite, il sucera tout ce qui passe entre ses mains. Il éprouve tant de plaisir à sucer, activité trop souvent désapprouvée par les adultes, qu'il arbore cette même expression de plaisir intense qui le caractérisait lorsqu'il tétait le sein maternel.

Laisser les enfants sucer leur pouce ou une tétine a toujours suscité l'opposition de ceux qui, étrangers à la psychanalyse, en pressentent la finalité. On gronde le tout jeune enfant pour cette « mauvaise » habitude et on le dissuade d'éprouver son plus grand plaisir, comme si c'était un péché. « Tu deviendras sot », disent les grands-mères à leurs petits-enfants qui s'obstinent à mettre leur pouce ou leur index dans la bouche. « Débarrasse-toi de cette mauvaise habitude », disent les autres sévèrement, sans bien savoir pourquoi. Si nous procédons à une étude plus poussée, nous découvrirons que la plupart de ces grands-mères ou mères qui s'opposent si fort à ce « vice » (la définition est symptomatique) sont souvent peu cultivées et ignorent presque toujours que l'enfant risque, par cette action, de se déformer le palais. Leur opposition est, en fait, instinctive.

Sucer et téter sont donc les premières manifestations de la vie sexuelle de l'être humain. N'ayant pas encore de fonction reproductive, l'enfant exerce sa sexualité sur l'une des parties du corps, à savoir la bouche, en recherchant un plaisir maximal avec une excitation maximale. Ce n'est que plus tard qu'il dirigera son attention vers d'autres parties de son corps, lorsque vider sa vessie ou ses intestins deviendra pour lui une nouvelle occasion de jouissance physique.

Observons le nourrisson, qui vient d'éliminer ses selles ; il arbore un air satisfait et content, il sourit, manifeste son bien-être et se montre plus gai et sociable. En plus du plaisir de sucer, son corps a découvert un nouveau moyen d'excitation. On peut aisément imaginer les réactions scandalisées de tous ceux à qui Freud exposa ces observations. Toutefois, Freud ne cessa de souligner l'importance de ces découvertes et les effets que ces premières manifestations de la sexualité produisent sur le monde psychique de l'adulte. Il fit en effet remarquer les affinités qui existent entre la vie sexuelle de l'enfant et les perversions. « Dans la mesure où il manque à l'enfant ce qui donne à la sexualité une fonction reproductive, sa vie sexuelle est forcément perverse », disait Freud. Et, de fait, la caractéristique de toutes les perversions sexuelles est précisément l'abandon de la fonction reproductive. Cette interprétation psychanalytique de la vie sexuelle du nourrisson ne doit pas vous effrayer. La maman qui, perturbée par une telle révélation, s'opposerait à ce que son enfant suce béatement son pouce, aurait tort.

Certes, en marge des interprétations de type freudien, il existe aussi des considérations d'ordre esthétique et si l'on ne tient pas à ce que l'enfant ait les dents de travers, il sera bon de lui ôter l'habitude de sucer son doigt, mais sans cris, sans pleurs, sans drames, et surtout en s'abstenant de lui taper sur la main considérée comme « coupable ». Les prohibitions brusques sont plus néfastes et dangereuses que ce que l'on cherche à interdire. Au contraire, il faut convaincre le jeune enfant, peu à peu, avec patience et constance. Lentement, il devra parvenir à maîtriser ses gestes, sans avoir la sensation qu'on le lui impose de l'extérieur.

Une relation sereine avec la sexualité peut être détruite dès les premiers mois de la vie. Le sevrage, c'est-à-dire le passage du sein maternel à un autre type d'alimentation, doit être progressif et non imposé. Pour l'enfant, tous les contacts avec le corps maternel sont essentiels. Lorsque la mère ne peut le nourrir, c'est elle qui doit donner le biberon, dans une atmosphère détendue, offrant à l'enfant son contact serein et apaisant. Les liens qui unissent l'enfant à la mère ne sauraient être détruits sans provoquer de graves traumatismes. Ces brèves considérations sur la sexualité de l'enfant sont nécessaires pour bien comprendre le monde sexuel de l'adulte. Lorsque les souvenirs de la toute première enfance s'effacent de notre esprit conscient, il reste au fond de notre inconscient certaines pulsions violentes et conditionnantes. Dans l'apparition de certaines névroses, ces conditions ambiantes, ces premiers contacts avec la vie par les sens peuvent jouer un rôle important. Si la première année de l'existence de l'enfant a été difficile et perturbée, la vie sexuelle de l'adulte sera difficile et perturbée aussi.

## Vie sexuelle et bonheur

On ne peut vivre en paix ni avec soi-même ni avec le monde si l'on n'a pas une vie sexuelle heureuse. L'abstinence ne satisfait personne. Les ascètes ne le sont pas toujours de leur plein gré et ne deviennent pas des saints par le simple fait de sacrifier leur chair. En règle générale, ils deviennent des individus non sociables.

L'intuition géniale de Sigmund Freud fut d'avoir reconnu à la vie sexuelle son importance et son influence sur la vie de l'homme. Aussi fort que la faim, l'instinct sexuel ne saurait être annulé. Il peut parfois être occulté, mais à quel prix ! Mortifié, le sexe se venge en se manifestant par toutes sortes de névroses, de troubles et d'angoisses. La personnalité ne peut pas être le fait de la volonté ; elle est plutôt la conséquence des expériences (ainsi que des frustrations) sexuelles. Selon les cas, la vie sexuelle devient la chose la plus belle ou la plus laide ;

tout dépend de notre attitude. Pour la civilisation occidentale, la vague de répression du XIXe siècle fut pernicieuse, engendrant vices cachés et disgrâces humaines. L'homme et la femme ne peuvent pas se soustraire aux pulsions de leur corps sans provoquer de graves lésions psychiques qui affecteront également leurs enfants. L'affection que se portent un homme et une femme n'a aucun sens si elle ne s'accompagne d'une relation charnelle. L'amour platonique est dangereux pour la paix de l'esprit. Si un être humain n'a jamais été aimé sexuellement, il s'enfonce progressivement dans la timidité et le désespoir, ou bien dans la méchanceté et la rancœur envers autrui. Souvent, ces personnes ne sont pas responsables de leurs inhibitions, car elles sont devenues les esclaves d'une éducation qui identifie le sexe avec ce qu'il y a de plus laid et sale au monde. En dépit des instincts, la rébellion est maîtrisée, vaincue et modifiée. Le corps humilié se venge en humiliant l'esprit.

En revanche, la sérénité sexuelle donne une sécurité qui se reflète en toute chose, dans la vie privée, dans le travail, en famille, dans les rapports avec les autres. Les mouvements du corps sont posés et détendus, l'esprit est clair et serein, disposé à évaluer les problèmes qui se présentent. La santé corporelle est également directement proportionnelle à la paix de nos sens.

Le sexe est aussi art et création. Un ascète pourra difficilement laisser aux générations suivantes autre chose que les méditations et le souvenir de ses extravagants sacrifices. En mortifiant ses émotions, l'être humain va contre lui-même et ne peut en tirer rien de bon. En outre, sa vision de la vie est rigide, intolérante, unilatérale. En effet, l'ascète ne se contente pas de vivre en humiliant la chair, ce qui après tout ne concerne que la sphère très personnelle de sa propre volonté, mais il prétend entraîner les autres à suivre son exemple. Parmi les ascètes, on trouve bien souvent des chefs militaires, des chefs de sectes, des idéalistes. Leur abnégation a besoin de disciples, de partisans. Le sacrifice ne sait pas être solitaire et ne se suffit pas à lui-même s'il manque l'admiration.

La vie sexuelle est aussi synonyme de bonheur car elle s'identifie à la vie même qui est précisément création. Pour les moralistes et les moralisateurs, le fait que d'un acte sexuel puisse naître un être humain ennoblit cet acte. Ceci ne signifie pas pour autant que le sexe doive être uniquement lié à la fonction reproductive ; dans ce cas, l'homme serait dépourvu de tous instincts et désirs propres. Si la nécessité de se reproduire suffisait à la sexualité de l'être humain, les couples seraient certains de leur avenir dès la naissance de leur premier enfant et leur continuité dépendrait du nombre d'enfants. Mais nous savons bien qu'il n'en est rien. Bien au contraire, l'expérience montre que de nombreux couples se séparent précisément peu après la naissance d'un enfant, tandis que d'autres restent parfaitement unis, sans avoir d'enfants. Ceci signifie que la vie sexuelle n'est bonheur et plaisir que lorsque deux facteurs sont présents, c'est-à-dire lorsque la fonction reproductrice est liée à un authentique désir d'aimer et d'être aimé. S'il faut choisir, le second élément est, sans aucun doute, préférable. Le premier est un devoir et rien d'autre, le devoir dit conjugal qui, comme tout ce qui est imposé, peut être extrêmement désagréable.

C'est par ailleurs un devoir qui n'est guère simple. L'acte d'amour est un art difficile et les hommes qui se croient maîtres en la matière sont souvent aussi inexperts qu'une jeune fille, ou violents qu'un bourreau. Les frustrations infantiles, les névroses, les angoisses influent négativement sur la vie sexuelle qui, à son tour, engendre d'autres frustrations ou complique les névroses. C'est un cercle vicieux.

## L'éducation sexuelle

L'ignorance de tout ce qui concerne le sexe peut être désastreuse. L'homme qui sous-estime l'importance de l'éducation sexuelle (et nous ne nous référons pas ici à la plus élémentaire éducation que l'on donne aux enfants lorsqu'ils manifestent leurs premières curiosités) est un individu qui vit mal. Il y a des couples mariés depuis des années qui ont des enfants, et qui, malgré tout, ne supportent pas de parler entre eux de ces « sujets tabous ». L'amour se fait dans l'obscurité, comme s'il s'agissait d'un acte furtif. Bien entendu, le mari serait extrêmement surpris d'entendre un jour sa femme parler soudain de « ces choses » à table. Il lui ferait des remontrances pour avoir osé aborder un sujet qui ne convient pas à une honnête femme ! C'est aussi bien souvent le genre de mari qui trouverait normal de tromper sa femme et de partager des conversations obscènes avec ses amis. Pour ce mari, le scandale n'existe que sur les lèvres de sa femme.

Les conseillers conjugaux connaissent bien ces secrètes contradictions matrimoniales. Ils savent qu'il y a des silences qui divisent les couples, des doutes qui les tourmentent, des tortures qui les détruisent, maux dont la vie sexuelle peut être responsable lorsqu'elle n'est pas vécue en toute liberté et dans la joie.

Si vous êtes marié, essayez de répondre en toute sincérité aux questions suivantes :

– Seriez-vous capable d'avouer à votre conjoint vos désirs intimes ? Ou bien en avez-vous honte et préférez-vous n'en rien dire, en espérant que la prochaine fois tout aille mieux ?

- Croyez-vous que la femme ait l'obligation d'arriver vierge au mariage, ou pensez-vous qu'elle doive avoir une expérience avant le mariage ?
- Lorsque vous vous couchez, vous déshabillez-vous en présence de votre femme (ou de votre mari) ou bien préférez-vous la salle de bains dans laquelle vous vous enfermez ?
- Faites-vous l'amour dans l'obscurité ou à la lumière ?
- Pensez-vous que la femme doive de temps à autre prendre l'initiative ou croyez-vous que cela est indigne d'elle ?
- Considérez-vous que le sexe ne puisse être séparé des sentiments et de l'amour ?
- Considérez-vous que le mariage puisse être heureux lorsqu'une vie sexuelle harmonieuse fait défaut ?
- Avez-vous essayé d'expliquer à vos enfants ce que l'on entend par mariage ?
- Les histoires libidineuses vous agacent-elles, tout comme les revues pornographiques, les films érotiques, ou considérez-vous qu'ils peuvent parfois permettre de réveiller des émotions refoulées ?
- Vous intéressez-vous aux livres scientifiques sur la sexualité ou croyez-vous tout savoir ? Au contraire, les considérez-vous comme des livres pornographiques et les condamnez-vous en bloc ?
- Pensez-vous que l'on puisse être une personne sereine et posée sans une vie intime satisfaisante ? En d'autres termes, considérez-vous que la tranquillité d'esprit est un état indépendant des exigences du corps ?
- Croyez-vous sincèrement être un bon compagnon (ou compagne) sur le plan sexuel ? Vous êtes-vous

déjà demandé ce que votre partenaire pense de vous après avoir fait l'amour ?

- Avez-vous déjà envisagé l'acte sexuel comme un devoir conjugal ?
- Pensez-vous que certains problèmes doivent être résolus par vous seul et vous sentiriez-vous gêné de consulter un médecin, un psychologue ou un conseiller conjugal pour demander de l'aide ?
- Croyez-vous que pour un enfant, l'éducation sexuelle est un fait positif ou que, au contraire, elle peut nuire à son futur développement psychique ?

Cet interrogatoire, tout comme les précédents, vise uniquement à vous faire réfléchir sur vous-même et sur votre vie sexuelle.

Mieux se connaître permet déjà d'envisager une guérison. Comprendre notre propre sexualité, sans fausse honte, signifie libérer notre vie d'éventuelles névroses.

N'hésitez pas à en parler avec votre partenaire à la suite d'une lecture conjointe de livres traitant du sujet, par exemple. Que l'on ne dise pas que certains textes scientifiques sont trop difficiles à comprendre. Il existe à l'heure actuelle des livres conçus pour tous, parfaitement compréhensibles et en aucune façon écrits pour exciter nos sens. Si l'on a un doute sur son propre comportement, ou celui de son partenaire, mieux vaut le résoudre. Autrefois, des milliers de femmes auraient pu être heureuses si elles avaient vécu auprès de maris compréhensifs sur le plan sexuel. Il n'en était, hélas, pas ainsi. La sévérité de l'époque imposait aux femmes un austère silence et une totale résignation : la participation, qui ne peut qu'améliorer la relation amoureuse, était interdite.

Sur les chemises de nuit des jeunes filles qui se mariaient avec des hommes dont elles ne savaient rien, les mères souvent brodaient des phrases, telle : « Je ne le fais pas par plaisir, mais parce que Dieu le veut ainsi ». C'était en quelque sorte comme si elles voulaient justifier leurs filles et les exclure de tout désir de plaisir qui, pour la mentalité de l'époque, aurait pu les faire passer pour prostituées.

Le premier pas à franchir pour mieux nous comprendre consiste à connaître tout d'abord l'origine et le développement de notre vie sexuelle. C'est pourquoi nous insistons tant sur ce point. La façon de se comporter sexuellement (ou lorsque l'on doit résoudre un problème d'ordre sexuel) reflète mieux que toute autre chose la vie, le passé et le caractère d'une personne. C'est un véritable révélateur.

## L'homosexualité

L'homosexualité n'est pas une maladie physiologique mais une direction psychique « anormale » des instincts sexuels. Un individu, bien que constitué normalement, peut se trouver dans une disposition mentale qui lui fait désirer non pas une personne du sexe opposé mais appartenant à son propre sexe. Là réside l'anormalité. L'homosexuel est un névrosé. En règle générale, sa névrose a des origines lointaines, presque toujours liées aux rapports affectifs qu'il entretenait avec ses parents lorsqu'il était enfant. On a tort de croire parfois que l'homosexualité est un mal héréditaire ; rien ne peut démontrer scientifiquement cette hypothèse hasardeuse car, même s'il arrive que le fils d'un homosexuel, c'est-à-dire d'un névrosé, le devienne aussi c'est parce que la névrose tend à être contagieuse ; par conséquent le fils finit par accuser les symptômes paternels.

De nombreux homosexuels se marient avec l'illusion

de pouvoir ainsi guérir. La proximité d'une personne de l'autre sexe et la naissance éventuelle d'enfants sont considérées comme des moyens quasi infaillibles permettant d'oublier le désir qui bout dans les veines et que la conscience morale désapprouve. Souvent, ce sont les parents eux-mêmes, qui, paniqués à l'idée d'avoir un fils homosexuel, arrangent aussitôt un mariage, dernier espoir de guérison. C'est bien entendu la pauvre et ignorante épouse à qui l'on cache la vérité, vérité toujours pénible qui ne tarde pas à apparaître au grand jour, qui en paie les conséquences.

L'homosexualité peut se manifester de différentes façons ; elle peut être latente ou manifeste.

### HOMOSEXUALITÉ LATENTE

Pour Freud, les symptômes névrotiques sont des substitutions des plaisirs sexuels. Par conséquent, et sachant que ces plaisirs incluent aussi ceux de nature perverse, il apparaît que de nombreux névrosés ont en eux une tendance psychique à l'homosexualité. Bien souvent, l'homosexuel latent ignore ses tendances. Sa conscience morale, son *Surmoi* est si sévère qu'il lui fait exclure ce doute. Mais le désir demeure et se manifeste sous forme de symptômes névrotiques et d'angoisses. Il est alors difficile d'arriver à être conscient du désir homosexuel. L'homosexualité latente demeure enfermée dans l'inconscient et se venge sous différentes formes, non « honteuses » mais qui font intensément souffrir l'individu. Anxiété, sentiment de culpabilité, hystérisme..., la vie psychique engendre des monstres.

En général, l'homosexualité latente se caractérise par une propension platonique vers la personne « que l'on ne doit pas aimer » ; propension qui ne s'exprime pas toujours par des manifestations affectueuses et qui, au contraire, peut se manifester par la haine et l'antipathie. De fait, l'homosexuel latent est souvent un être agressif, mécontent, irascible, exigeant. Il n'est jamais satisfait et critique tout et tous. Il est habituellement marié, résiste à toute tentation ou doute, mais son mariage, de toute évidence, n'est pas heureux. Avec le temps, sa femme devient une épouse résignée, soumise et terne. Elle se saura peut-être jamais la vérité qui se cache derrière le caractère autoritaire et austère de son mari, et se voit soumise à un sort cruel qui l'a unie à un homme étrange qui ne ressent rien pour elle.

« Je ne peux vraiment pas me plaindre de mon mari », disent certaines femmes. « Je ne crois pas qu'il m'ait trahie une seule fois dans sa vie. Il m'est fidèle, mais il y a quelque chose qui, de toute façon, ne fonctionne pas entre nous. Je vois bien qu'avec moi il n'est pas heureux. Et je ne le suis pas non plus. Au début de notre mariage, j'essayais bien de le comprendre, de l'aider à sortir de sa coquille, mais maintenant j'ai renoncé. Toutes mes tentatives sont inutiles. C'est un ours et il ne changera jamais, c'est peine perdue ».

Ces « ours fidèles » sont souvent des « homosexuels latents ». Leur éternel mécontentement découle du fait qu'ils ne savent que faire ni à qui s'adresser. Ils n'imagineraient jamais la vérité. Il serait d'ailleurs risqué et dangereux de la leur révéler. En réalité, ils jugent presque tous l'homosexualité de façon très sévère.

Mais poursuivons notre analyse des caractéristiques de l'homosexuel latent afin d'aider les sujets à se reconnaître.

Nous avons dit qu'en règle générale, ils étaient mariés mais jamais de façon satisfaisante. Ils sont en outre fidèles et, s'ils sont très attachés à leur famille, ce sont cependant de mauvais amants qui choisissent leur femme parmi les vierges les plus ingénues et sans défense, afin qu'elles ne s'étonnent pas, pendant leurs fiançailles, de leur manque de désirs. Ces femmes finissent par se flétrir, sans jamais s'épanouir ni mûrir. L'homosexuel latent est aussi très attaché à sa mère qui représente pour lui la femme idéale. En dépit des années, il souffre de l'influence maternelle. Il pourra prendre une décision sans consulter son épouse mais jamais ne saurait cacher un secret à son adorable mère qui est le juge et l'arbitre de sa vie entière. Ce sont des pères traditionalistes, conservateurs, conformistes, rétrogrades, comme s'ils cherchaient à imposer à leurs enfants le rigoureux autoritarisme de leur conscience morale qui les a toujours opprimés. Ce sont des maniaques des obligations et des devoirs. On dirait qu'ils cherchent à se venger de leurs propres complexes sur leurs enfants. Ils sont extrêmement sévères avec leurs filles et très exigeants avec leurs garçons. Leur code moral est plus fort que leur affection paternelle.

Ils sont habituellement pessimistes. Leur opinion sur autrui et sur ce qui se passe dans le monde est dure et impitoyable. Rien n'échappe à leur jugement critique, à l'exception de leur mère. En règle générale, l'homosexuel latent est un être malheureux qui n'est pas capable de se réaliser, ignore ses tendances, mais est conscient de l'influence de son attitude et décharge sur ceux qui ont le malheur de vivre auprès de lui toute la rancœur d'un homme raté.

## HOMOSEXUALITÉ MANIFESTE

L'homosexualité manifeste correspond généralement à un désir d'auto-punition, à un besoin de se mortifier. Dans les cas extrêmes, cette tendance peut aller jusqu'à la « coprophagie », c'est-à-dire le besoin de dévorer ses propres excréments. Il n'est pas utile ici de préciser les indices permettant de reconnaître un homosexuel manifeste : par définition, cela n'est pas nécessaire. L'homosexuel manifeste aime se faire remarquer et être critiqué, comme l'exige son fond masochiste. Ce que nous voulons définir, en revanche, c'est l'ensemble des causes qui poussent un individu à la satisfaction de son désir pervers, causes dont l'origine est à rechercher dans la petite enfance.

Les causes de l'homosexualité croissante peuvent être :

- une relation névrotique avec l'un des parents (la mère tout autant que le père) ;
- des expériences sexuelles perverses au cours de l'enfance ou de la première adolescence ;
- certaines situations qui ont pu menacer la sécurité de l'enfant ;
- la discorde entre les parents ou leur séparation ;
- une éducation déficiente ;
- des traumatismes ayant affecté l'atmosphère familiale ;
- un sentiment d'infériorité, toujours lié à l'ambiance familiale ;
- l'absence de l'un des parents et, par conséquent, l'influence excessive de l'autre ;
- la crainte du père (ou de la mère).

Toutes ces situations, et bien d'autres encore, empêchent l'enfant d'avoir un développement psychique serein. Sa libido ne parvient pas à s'épanouir. Parfois, le sentiment d'hostilité vécu contre l'un des parents s'associe à une affection excessive pour l'autre parent, ce qui empêche l'enfant de devenir adulte et le condamne à demeurer « enfant » toute sa vie. L'attachement excessif de l'homosexuel pour sa mère est un signe révélateur. Si l'on approfondit un peu, on découvre très souvent que la mère désirait une fille, et non un fils. Dès que le jeune garçon a pris conscience de la déception de sa mère qu'il adore, il se voit inconsciemment tenté de satisfaire ce désir et de contenter sa mère.

Les homosexuels sont souvent des êtres malheureux, exposés à l'ironie des autres. Ce sont des êtres névrosés, frustrés, éprouvant des difficultés à affronter la vie et les personnes du sexe opposé. Cependant, certains parviennent à sublimer leurs déficiences et s'expriment magnifiquement dans l'art ou l'érotisme. De nombreux rois et empereurs des siècles derniers étaient homosexuels ainsi que de nombreux peintres, musiciens, écrivains, danseurs, etc. L'homosexualité peut conférer des dons particulièrement raffinés, une sensibilité extraordinaire et une grande fantaisie ; mais ce n'est pas, non plus, la norme. L'homosexualité engendre aussi des déceptions, des sentiments d'infériorité, un pseudo-intellectualisme, la confusion, la vanité et le narcissisme. L'éducation sexuelle à l'école a un rôle déterminant à jouer dans la prévention de certains désastres provoqués par l'ambiance familiale, surtout par des mères trop fortes, trop soucieuses et soigneuses qui, tout en étant convaincues d'aimer leurs enfants, finissent par les rendre malheureux, en perpétuel conflit avec eux-mêmes en raison d'une profonde incapacité à s'intégrer normalement à la société, sans se sentir rejetés.

En second lieu, il est possible de recourir à la psychanalyse. Mais, dans les stades les plus avancés, mieux vaut renoncer à l'auto-analyse et recourir à un bon psychanalyste, en évitant toute expérience solitaire qui risquerait d'aller à l'encontre du but recherché.

## L'impuissance

La plupart des hommes ignorent leur déficience sexuelle et sont entièrement responsables de leur mariage névrotique et malheureux. Il existe d'innombrables nuances d'inaptitude sexuelle qui diminuent le plaisir et produisent des effets négatifs sur le caractère de l'individu, tout en compromettant la stabilité du couple.

Par conséquent, tout individu a les moyens de conditionner positivement ou négativement sa propre vie psychique et celle de sa compagne.

De nombreux sujets relativement impuissants, c'est-à-dire dont l'impuissance sexuelle est incomplète, parviennent à se convaincre qu'ils sont tout à fait normaux et tendent souvent à attribuer à leur compagne la responsabilité de leur absence de plaisir ou de satisfaction qui fait suite à un acte sexuel défaillant. Cela finit par créer chez la femme un complexe d'infériorité qui aggrave la situation du couple déjà en soi instable.

Les sexologues peuvent citer des dizaines d'exemples de femmes qui se croient coupables de leur incapacité à participer à l'acte sexuel avec plaisir, sans songer un seul instant que toute la responsabilité en incombe à leur compagnon. Généralement, celui-ci refuse de consulter le médecin. Pour la plupart des hommes, se rendre chez un spécialiste est une humiliation qu'ils ne pensent pas mériter. Que l'humiliation soit endurée par leur compagne, soit ! Les hommes vont chez le médecin pour se plaindre d'autres symptômes qui apparaissent de façon isolée et qui sont en réalité étroitement liés à l'inaptitude sexuelle masculine. La symptomatologie peut être très diverse : nervosité, apathie, difficulté de concentration, méticulosité excessive, agoraphobie, timidité ou agressivité, complexe d'infériorité, conduite obsessionnelle, nausées, insécurité, aigreurs, troubles de la miction, troubles cardiaques, brûlures d'estomac, etc. Naturellement, il s'agit de troubles que le médecin ne peut soigner à l'aide de médicaments. À la base de tous ces troubles physiques et nerveux, on trouve l'incapacité de vivre un acte d'amour normalement accompli.

Le refus inconscient d'admettre sa propre impuissance produit une répugnance qui se convertit en malaises de diverses natures.

L'impuissance masculine peut aussi obéir à un désir d'infidélité non satisfait, ou parfois même à une répugnance vis-à-vis de l'épouse. Le changement de partenaire peut modifier radicalement l'attitude sexuelle, mais au lieu de devoir affronter la certitude de sa propre impuissance, l'homme préfère continuer à vivre mal et à faire souffrir, en nourrissant des phénomènes névrotiques (neurasthénie, angoisses, phobies et névroses obsessionnelles). Des siècles de cruelle ironie sur l'impuissance masculine continuent d'engendrer des individus malheureux et malades, mais orgueilleux et réfractaires à tout traitement.

La tradition attribue injustement l'impuissance à des péchés de jeunesse, à des excès, à des facteurs héréditaires, à la masturbation, à des vices de toute sorte. Dans la plupart des cas, l'impuissance masculine (tout comme la frigidité chez la femme) est due à des facteurs psychiques et peut être la conséquence d'un conflit émotionnel non résolu.

Ainsi, parmi les multiples causes d'impuissance, on peut citer par exemple :

- une éducation sexuelle déficiente ;
- la crainte de l'image féminine, à la suite de traumatismes subis pendant l'enfance et l'adolescence ;
- un sentiment d'infériorité dérivé d'un complexe de culpabilité et lié à la nécessité perverse d'une punition ;
- sadisme (désir de punir la femme) ;
- masochisme ;
- peur de faire mal à la femme ;
- peur de procréer ;
- inhibitions de caractère religieux ;
- répression des tendances homosexuelles ;
- inhibitions de caractère familial, c'est-à-dire dépendantes de l'autoritarisme paternel ou maternel ;
- jalousie.

Il faut longuement étudier ce problème avant de pouvoir déceler les causes du mal et, dans la mesure du possible, interrompre les habitudes qui le provoquent. Mais il ne suffit pas de se soumettre seul à un rigoureux travail d'auto-analyse pour identifier les causes qui provoquent l'impuissance (absolue ou relative) ; il faut que la partenaire puisse participer au traitement afin que les conditions idéales à une union sereine et sans nouveaux traumatismes puissent être remplies par le couple.

La manifestation la plus fréquente d'impuissance relative est l'éjaculation précoce. Dans ce cas, l'homme est en proie à deux forces opposées, mais tout aussi puissantes. D'une part le désir sexuel et d'autre part l'inhibition de ce désir. Il s'agit d'un grave problème émotionnel qui doit être résolu sans hésitation afin de ne pas susciter d'effets néfastes dans la vie psychologique et sexuelle du couple.

L'impuissance peut aussi se manifester par une sorte d'indifférence sexuelle vis-à-vis de la compagne. Cet obstacle peut parfois être surmonté grâce à un changement de partenaire, mais cette solution n'est pas toujours facile à appliquer. Bien souvent, le malade doit se soumettre à un véritable traitement psychanalytique lui permettant de franchir les obstacles que son inconscient lui tend, gâchant tous les autres aspects de sa vie, son caractère et ses relations avec les autres. L'humiliation engendrée par la non-satisfaction de la partenaire peut être tout aussi néfaste qu'un sentiment de culpabilité inconscient, à partir du moment où elle peut aussi provoquer dépression, fatigue, nervosité, agitation et tout autre trouble psychique.

La durée du traitement varie selon l'individu. Pour certains sujets, une brève période d'abstinence peut être suffisante.

Pour d'autres, dans des cas plus graves de véritable névrose, il est indispensable de s'adresser à un spécialiste.

## La frigidité

Anne-Marie G., belle et jeune femme mariée depuis quelque temps à un ingénieur, alla consulter un psychanalyste afin de résoudre son problème ; une totale indifférence, selon ses propres termes, aux rapports sexuels : « Je n'arrive pas à comprendre ce qu'il y a d'enthousiasmant dans le sexe », avoua-t-elle au psychanalyste. « Parfois, je me demande même si je suis bien normale ou si ce sont en fait les autres femmes qui feignent de ressentir un plaisir qu'en réalité elles n'éprouvent pas du tout ».

En une phrase, Anne-Marie G. avait mis au jour le

doute qu'ont de nombreuses femmes quant à l'authenticité du plaisir sexuel. Et si nous en croyons les statistiques, ces doutes semblent fondés. En effet, certaines femmes n'éprouvent aucun plaisir au cours des rapports sexuels. Au contraire, elles supportent l'acte avec résignation, le considérant comme un devoir conjugal, une sorte de dette qu'elles doivent à leur mari en échange de leur « pension alimentaire ».

Combien de jeunes filles arrivent au mariage, la tête pleine de notions et d'expériences confuses. De plus en plus souvent, elles ont eu, pendant leurs fiançailles, l'occasion de connaître sexuellement leur futur mari mais ce type de rapport coupable et bref (le *Surmoi* exerce une pression même chez les jeunes filles les plus « libérées ») ne permet guère d'instruire sur la vie conjugale, car il peut souvent être désastreux. Une fois passé le temps des sentiments qui permettent de tout adoucir et d'arrondir même les aspects les plus crus du mariage, la jeune fille ne se sent pas très satisfaite de sa condition de femme. Peu à peu, les contacts nocturnes avec son mari lui semblent désagréables et inopportuns. Ajoutons à cela que peu nombreux sont les maris qui savent combler sexuellement leur compagne. Le résultat est que rares sont les couples qui parviennent à savourer pleinement leurs moments d'intimité.

Cette situation finit par engendrer des mélancolies et des névroses. Nous venons d'étudier ces problèmes chez l'homme. Considérons-les maintenant chez la femme.

En règle générale, il s'agit de problèmes que l'on regroupe sous le terme de « frigidité ». Mais la frigidité de la femme, tout comme l'impuissance chez l'homme, revêt de multiples aspects et s'explique par diverses causes. Par définition, est frigide la femme qui n'éprouve aucun désir et n'a aucune possibilité de jouissance pendant l'acte sexuel.

La frigidité peut avoir des causes physiques et des causes psychologiques. Parmi les premières, citons l'immaturité des organes sexuels structurés de façon relativement infantile et les traumatismes qui suivent l'accouchement. Parmi les secondes, bien plus nombreuses, notons :

- la crainte d'être enceinte ;
- l'ignorance sexuelle ;
- le traumatisme de la première expérience ;
- des inhibitions dues à des attitudes religieuses ou familiales ;
- un faux sentiment de pudeur ;
- la peur d'être épiés dans une chambre contiguë ;
- la crainte de ne pas plaire à son mari (typique est le cas de jeunes filles inhibées parce que convaincues d'être laides ou d'avoir des seins trop petits ou les jambes tordues) ;
- l'amour d'un autre homme ;
- des relations difficiles avec les parents (surtout avec le père, complexe d'Électre) ;
- la peur des hommes ;
- la fatigue physique ;
- des répressions homosexuelles latentes ;
- le complexe de culpabilité qui implique le besoin de souffrir et qui désavoue le plaisir des sens comme de l'esprit.

On pourrait ajouter diverses autres causes comme dans le cas de femmes particulièrement belles (telle Anne-Marie G.) qui s'imaginent que la sexualité peut déparer leur beauté. Ce sont, en effet, des femmes habituées à se regarder constamment dans la glace et à s'admirer depuis leur enfance. Tout contact avec l'homme est interprété comme une agression. D'autre part, elles considèrent la maternité comme une atteinte à leur intégrité physique, à leur silhouette et à leur jeunesse. Sont aussi frigides ces femmes qui se soucient uniquement de leur coiffure et de leur maquillage dès qu'on les embrasse. Ces femmes sont en extase devant leur miroir, éternellement frivoles et inconstantes, aiment les compliments mais évitent toute relation concrète.

L'homme qui épouse ce type de femme est fort surpris par cette indifférence sexuelle et se désespère de voir comment la beauté peut dévier leur penchant amoureux. Mais il en est ainsi. Les plus belles femmes sont parfois si éprises d'elles-mêmes qu'elles se considèrent dignes d'une admiration béate, mais à distance. Ce sont des femmes « anges » qui peuvent inspirer les poètes peut-être, mais certes pas un homme en chair et en os.

Parmi les causes citées précédemment, insistons sur le traumatisme de la nuit de noces. De nombreuses femmes, tout à fait normales sur le plan sexuel, deviennent frigides à la suite d'une initiation douloureuse ou désagréable qui leur inspire une forte hostilité vis-à-vis de leur compagnon. Même si les rapports deviennent par la suite plus plaisants, l'inconscient ne pardonne pas et conserve intacte la violence du traumatisme souffert. Voilà comment l'hostilité finit par se transformer en sadisme : la femme devient désagréable avec son mari et reporte toute sa tendresse sur ses enfants. Le manque de satisfaction sexuelle lui fait perdre toute sa jeunesse. Elle se dispute sans cesse avec son époux, le critique au lieu de le stimuler avec tact, lui fait remarquer tous ses défauts et le compare continuellement à ses collègues (à son désavantage bien sûr), lui rappelle impitoyablement tous les sacrifices qu'elle fait pour lui, pour la maison, pour la famille et s'en veut de s'être mariée.

Cette hostilité se transforme parfois en masochisme et

la femme malheureuse se résigne. Elle pleure. Elle se donne à son mari comme si elle était chaque fois immolée sur l'autel du mariage. La frigidité trouve une issue dans les larmes et les lamentations. La femme redevient vierge à partir du moment où la relation sexuelle n'est plus pour elle qu'une agression à sa vertu. Tout se passe comme si elle se proposait dans son inconscient de se venger de son mari de la terrible déception de la première nuit.

On sait que de nombreuses femmes se comportent ainsi sans savoir la raison qui les rend frigides et assoiffées de vengeance. On pense d'ailleurs qu'elles sont nées ainsi : indifférentes à l'amour, impatientes, dégoûtées par les désirs masculins. Si elles ont reçu une éducation religieuse, elles se réfugient dans la foi, interprétant le rôle de la victime sans défense et se comportant comme si le monde entier était corrompu. Leurs rapports avec leur mari sont froids, distants, formels, quoique en apparence calmes ; il y a, au départ, une insatisfaction réciproque qui en fait des ennemis. L'atmosphère familiale est tendue, source de névroses pour les enfants qui finissent par en payer les conséquences.

Ne craignez pas de vous révéler à vous-même et de vous découvrir. Le monde est plein de cas tels que celui-ci. Il ne faut pas se sentir couvert de honte parce qu'impuissant ou frigide ; il faut, en revanche s'efforcer d'y remédier. Si le mal n'affectait que l'individu névrosé, l'obligation de guérir serait toute relative mais dans la mesure où une personne névrosée par une insatisfaction sexuelle, a une influence très négative sur ceux qui vivent auprès d'elle, semant une atmosphère d'incompréhension et de nervosité qui ronge les autres, elle doit y porter remède.

Quel que soit son âge, dès qu'une femme s'aperçoit

qu'elle ne fait que remplir son devoir conjugal, comme s'il s'agissait réellement d'une obligation, elle devrait réfléchir sur les origines de son indifférence. Il peut s'agir d'une simple crise due à une période de lassitude physique passagère ; le remède est bien simple : un peu de repos et une explication de cette apathie momentanée avec son mari. Mais lorsque la fatigue devient un prétexte, si les maux de tête deviennent le soir un leitmotiv pour éviter toute approche, il est utile de chercher à en déceler rapidement les causes.

## Les inhibitions

Une plus grande ouverture d'esprit vis-à-vis de la sexualité a permis aux jeunes d'aujourd'hui d'être moins inhibés que leurs parents. Autrefois, on ne concevait guère qu'un jeune homme (et à plus forte raison une jeune fille) ait des difficultés de caractère sexuel. C'est aujourd'hui un fait que l'on reconnaît.

Ceci n'est pas cependant toujours la règle, car il existe encore des parents répressifs et des mères faussement pudiques qui préfèrent laisser leurs enfants dans l'ignorance des choses essentielles de la vie. Cette attitude ne sert qu'à assurer aux enfants un avenir peu serein et malsain, aussi bien sur les plans sexuel que psychologique.

Les inhibitions peuvent être de diverses sortes. Dans la pratique, on inflige à l'enfant dès sa naissance une sorte de lavage de cerveau qui se traduit par une série d'interdictions ; « Tu ne dois pas faire ça ». « Ne mets pas ton doigt dans la bouche ». « Arrête de pleurer ». « Ne te touche pas », etc. Ensuite, lorsque l'enfant commence à raisonner et qu'il pose mille et une questions, bien souvent on lui répond : « Parce que non ». Toutes ces interdictions finissent par créer chez l'enfant un état d'appréhension et d'angoisse.

Lorsqu'il commence à manifester ses premières curiosités sexuelles et à poser des questions (s'il en a le courage), l'enfant s'aperçoit très vite que le sujet suscite une certaine désapprobation de la part de ses parents. Il finit par formuler ses questions de façon hypocrite ou excessivement malicieuse.

On observe également une catégorie d'inhibitions que l'on peut définir globalement sous le terme de « pudeur » qui sont intimement liées au développement psychique de l'adolescent et qui influent négativement sur son équilibre, pouvant susciter timidité, indécision, puis provoquer chez l'adulte une tendance à éviter les relations sexuelles, tout en les désirant intensément. Lorsque la pudeur se maintient dans de justes limites sociales, pratiques et morales, il n'y a rien à dire mais si elle se transforme en un sentiment de culpabilité et en un système de défense, la pudeur devient alors obsessionnelle et tortueuse.

À ce type d'inhibitions, il faut en ajouter d'autres, non moins importantes : les inhibitions religieuses. En marge de la foi, il est certain que toute religion tend à pénétrer dans l'intimité de l'individu et à lui imposer certaines normes, c'est-à-dire de nouveaux « tu dois » et « tu ne dois pas ». La vie sexuelle, qui devrait être laissée à l'appréciation de chacun, est déformée par divers tabous et préjugés. Interprétée par des personnes intolérantes et intransigeantes, la religion devient sévère et répressive. À certains moments de l'histoire, la sexualité apparaît précisément comme l'objet principal de la censure religieuse et de la morale.

Le résultat est bien connu : l'amour redevient un instinct sexuel primitif et n'a plus rien à voir avec le sentiment qu'il est censé être. Le mariage unit pour la vie deux êtres attirés l'un vers l'autre de manière intense mais souvent fugitive. De la relation matrimoniale injustement favorable à l'homme naît l'autoritarisme au préjudice de la femme et des enfants. Le sexe, qui devrait dépendre de la volonté de chacun, est soumis à l'opinion d'autrui : à celle du curé de la paroisse, des parents, des amis.

Combien d'erreurs sont commises par refus d'admettre nos inhibitions. Pour ne pas oser dire la vérité à la personne qui nous plaît, combien d'entre nous se retrouvent la bague au doigt ; une bague qui nous unit à une personne que dans le fond nous n'aimons ni n'apprécions vraiment. Mais devant Dieu et les hommes, cette personne devra être notre conjoint. Avant de se marier, hommes et femmes devraient se demander s'ils obéissent à leur propre volonté ou à celle d'autrui. Ils devraient analyser leurs inhibitions et les résoudre avant qu'il ne soit trop tard, car les inhibitions prématrimoniales se transforment bien vite en frustrations sexuelles et en manque de confiance en soi. C'est pourquoi les personnes sexuellement frustrées sont aussi les plus sujettes aux désillusions aussi bien dans leur travail que dans leurs relations sociales. Leur existence est progressivement conditionnée par les difficultés qui caractérisent leurs relations sexuelles.

## La sexualité dans le mariage

Si le sexe n'est pas toujours la raison du mariage (il l'est rarement d'ailleurs), il est certain qu'un couple marié sans sexualité n'a pas grand sens.

Il existe diverses polémiques sur l'opportunité de considérer le mariage comme un événement logique et naturel de la vie ou comme un lien artificiel qui empêche deux individus de vivre librement et de façon saine leur vie sexuelle.

D'un point de vue psychique et en marge de toute considération de type social et moral, le mariage est une excellente chose si les relations entre mari et femme sont satisfaisantes. En d'autres termes, le mariage n'est pas un phénomène contre nature, comme certains le laissent entendre. Par ailleurs, il suffit d'observer les exemples donnés par le monde animal pour se rendre compte que l'union de deux êtres est un phénomène instinctif. C'est en règle générale un avantage pour la santé physique et psychique dans la mesure où il s'ensuit une normalisation des instincts et de leur satisfaction.

Ainsi, le mariage n'est pas simplement un sacrement et la légalisation civile de l'union entre un homme et une femme, mais répond à l'instinct animal de construire un nid, d'avoir des enfants et d'assurer leur protection. Lorsque le mariage est de convenance sociale, d'intérêt ou sert à masquer un scandale ou tout autre raison qui s'éloigne de sa nature véritable, il est entièrement dévié de son essence.

Deux époux, qui ne répondent pas à l'exigence naturelle d'une satisfaction physique complète, sont soumis à une torture psychique continue. Leur manque de relations est non seulement néfaste pour la sérénité de leur vie de couple mais aussi pour leur équilibre mental qui est gravement affecté. Le conflit entre mariage et sexualité est absurde. Un mariage qui ne tient pas compte des besoins psychiques et physiques des deux conjoints est voué à l'échec, et favorisera la procréation d'enfants névrosés et malheureux.

Un homme et une femme séparés par une profonde incompréhension ne sont pas, malgré leurs efforts, en mesure de donner à leurs enfants une parfaite éducation.

Ils passent d'un extrême à l'autre : ou bien ils gâtent trop leurs enfants ou bien ils contribuent à créer un climat maussade, en dépit d'une union apparente, et négligent leurs enfants en en faisant ainsi des candidats à tout type de désastre psychique.

Lorsque nous parlons de sexualité, nous ne nous référons pas uniquement à l'acte sexuel. Par sexualité, nous entendons également l'ensemble des émotions et des sentiments qui enrichissent l'union de deux personnes et les rendent fortes face aux difficultés de la vie. En d'autres termes, dans un couple, on ne peut concevoir l'amour sans vie sexuelle ni la vie sexuelle sans amour. Le rapport entre sentiment et libido est si subtil qu'il est impossible de discerner l'un de l'autre.

L'harmonie d'un couple tient précisément à cette parfaite relation. De nombreux couples s'efforcent de tendre vers cette harmonie mais, avant de parvenir à une parfaite compréhension, ils laissent passer bien trop d'années. Cette harmonie conjugale n'est pas instantanée et peut souvent être engendrée par un traumatisme sinon impossible tout du moins difficile à oublier. Le flirt est néfaste pour la santé psychique et ne contribue pas à la préparation au mariage si certains malentendus ne sont pas résolus ; plus particulièrement chez l'homme qui ne parvient pas à trouver dans ce jeu la paix et acquiert inconsciemment un sentiment d'hostilité vis-à-vis de la femme qui le provoque mais ne cède jamais. C'est précisément ce sentiment d'hostilité envers la femme qui engendrera par la suite, dans le mariage, une série de revanches affectives et de subtiles tortures psychologiques.

Tout aussi néfaste à la préparation au mariage est l'ancienne coutume de laisser l'homme faire ses premières expériences sexuelles auprès de prostituées. Cela contribue à faire émerger, même si ce n'est qu'au niveau inconscient, l'idée que le sexe (et l'amour) est quelque chose de vulgaire et de peu louable. On méprise la prostituée qui se laisse acheter et ce mépris finit par concerner toutes les femmes, y compris la future épouse. Il faut, par ailleurs, tenir compte d'une considération d'un autre ordre : la prostituée est vulgaire parce que la société la rend vulgaire. Méprisée par tous, elle finit par répondre à l'image que tous se font de son métier, tout au moins dans les pays occidentaux. La prostituée, comme éducatrice dans l'art de l'amour, nuit aussi au futur couple pour d'autres raisons. Elle est bien plus experte que « son élève » dans l'*ars amatoria* et dans un certain sens le prive de l'initiative qui caractérise l'homme. Elle lui ôte le plaisir de la lutte et de la conquête, ne cède que moyennant finances et finalement se montre bien plus habile que lui. Ces premières expériences ne peuvent qu'envenimer les futures relations sexuelles de l'homme qui, inconsciemment, se sent dévirilisé et se venge de cette sensation d'impuissance psychique avec sa compagne (ou plutôt avec celle qu'il devrait considérer comme sa compagne).

Les livres et les films érotiques constituent une autre série de difficultés auxquelles est exposé de nos jours tout jeune couple ; pendant l'adolescence, le jeune homme n'a pas toujours la possibilité de satisfaire les stimulations que certaines revues et films suscitent en lui ; ceci provoque en lui un sentiment de frustration qui peut avoir des conséquences à plus long terme. Il est certain que pour un sain équilibre psychique, il serait préférable pour l'adolescent de s'abstenir de tout ce qui peut provoquer un état de surexcitation angoissée risquant d'avoir des répercussions déplorables sur sa vie sexuelle d'adulte. Sous-estimer la force des désirs et des troubles provoqués par une sotte et vaine excitation peut occasionner de graves dérèglements psychiques et perturber par la suite l'équilibre spirituel.

## Le mariage du névropathe

Si telles sont les prémisses, bien des couples fonctionnent mal. Lorsque deux personnes de sexe opposé décident de vivre ensemble et unissent leurs expériences névrotiques, leur équilibre, déjà en soi précaire, risque de s'effondrer.

Il serait donc raisonnable de conseiller aux jeunes de consulter un psychanalyste avant de prendre la décision de se marier, et si cela s'avérait nécessaire, de se soumettre à un traitement. Cela serait utile non seulement au névrosé mais à toute la société, réduisant ainsi le risque d'engendrer de futurs hommes et femmes de constitution mentale fragile et candidats à toutes sortes de frustrations. On éviterait, ou tout au moins on réduirait, ainsi certains phénomènes de névrose collective. L'homme et la femme, incapables d'une véritable relation conjugale, se réfugient dans des distractions qui ne les engagent pas, mais qui, au niveau inconscient, aggravent leur situation déjà peu claire. Tout devient chaotique.

À cet égard, il serait assez utile de se poser quelques questions :

- De quelle façon le monde extérieur influe-t-il sur ma vie ?
- Quels sont les faits qui m'angoissent le plus, indépendamment des guerres, des scandales publics et de tout ce qui suscite un sentiment d'épouvante et de consternation.
- Qu'est-ce qui ne fonctionne pas au niveau de mon couple ? Ou au niveau de ma vie sexuelle ?

- Est-ce que j'aime véritablement mon compagnon (ou compagne ?) ou me suis-je conformé à une conception stéréotypée fausse de l'amour ?
- Puis-je me souvenir d'au moins trois épisodes où je me suis montré (e) injuste, obéissant à l'impulsion de forces intérieures indépendantes de ma volonté ?
- Pourquoi ne prendrais-je pas quelques jours de vacances loin de ma famille afin de réorganiser mes pensées, mais sans offenser la sensibilité de ceux qui vivent auprès de moi et qui pourraient penser qu'il s'agit d'une sorte d'évasion sentimentale ?
- Voir mon mari (ou ma femme) complètement nu (e) me laisse-t-il indifférent (e) ?
- Est-ce que je discute sans raison sous n'importe quel prétexte frivole pour me sentir ensuite plus tranquille et décontracté (e) ?
- Ai-je déjà pensé à l'éventualité que lui (ou elle) puisse me trahir, au point de ressasser cette même idée jour et nuit ?
- Suis-je convaincu (e) de m'être trompé (e) du tout au tout, surtout dans le choix de mon compagnon (ou compagne) ?
- Est-ce que je considère le mariage comme un lien contre nature capable d'avilir et d'annuler tous les bons sentiments que deux jeunes amoureux croient éprouver pendant leurs fiançailles ?
- Est-ce qu'il m'arrive fréquemment de demander conseil à ma mère lorsque quelque chose ne fonctionne pas dans mon couple et est-ce que je lui avoue des faits qui devraient rester dans l'intimité de deux conjoints ?
- Suis-je influencé (e) par mon père ou par ma mère ?
- Est-ce que j'arrive à vivre loin de mes parents ? Pourrais-je aller vivre dans un autre pays avec ma

famille, tout en sachant que les relations avec mes parents se réduiraient à des visites sporadiques ?

Selon votre condition familiale et votre état civil (marié ou célibataire) vous pourrez ajouter bien d'autres questions. Celles que nous venons d'indiquer pourront vous servir d'orientation. Mais surtout n'oubliez pas de vous demander si votre jalousie est basée sur quelque chose de concret ou bien si vous n'éprouvez que de l'amour-propre et un sentiment de possession qui s'adapte si mal aux relations d'affection entre deux personnes. En fait, une pointe de jalousie avec un peu d'humour peut être très flatteuse pour l'être aimé et n'a rien à voir avec la jalousie obsédante et morbide qui perturbe l'équilibre psychique et physique du couple. La jalousie, un signe d'amour ? Certainement pas ! L'individu jaloux est exceptionnellement immature et souffre d'un manque de confiance en lui qui ronge son existence. Mais le névropathe jaloux ne guérit pas avec le mariage, bien au contraire, se sentant « maître » de sa compagne, il devient plus inquiet et plus soucieux encore, par crainte des « voleurs » qui viendraient lui dérober ce qui, désormais, lui appartient. Et c'est souvent ce sentiment de jalousie qui pousse l'homme (plus que la femme) au mariage, comme si des liens légalement (et religieusement) reconnus pouvaient lui assurer une possession totale et définitive de la personne qui suscite cette jalousie. Le névropathe jaloux ne peut connaître la paix. Des craintes le poursuivent jour et nuit. Il ne se sent jamais tranquille. Qu'est-ce que cette inquiétude sinon un état d'angoisse qui ne le quitte jamais ? Et n'y a t-il-pas, à la base de ce tourment, un sentiment de culpabilité qui pousse l'individu à se martyriser et à ne se concéder aucun répit, aucune trêve ? On pourrait penser que l'individu névrosé et jaloux trouve l'apaisement de ses souffrances dans l'acte sexuel, symbole de son besoin désespéré de possession de l'autre. Or, rien n'est plus faux. Très souvent, la jalousie empêche l'individu de jouir de l'acte sexuel et se traduit par une incapacité physique temporaire qui ne fait qu'envenimer les choses.

C'est comme si l'individu jaloux, poursuivant les fantasmes de son imagination, finissait par créer les prémisses propices à l'infidélité de son compagnon (ou compagne). Voilà comment de nombreux jaloux, sans raison, finissent par avoir mille et une raisons de l'être et sont, en plus, convaincus du bien-fondé de leurs soupçons.

## Incompatibilité sexuelle

L'incompatibilité sexuelle est presque toujours à la base de l'échec d'une union conjugale, aboutissant à la séparation ou à une incompréhension réciproque permanente.

On traite peut-être aujourd'hui plus librement certains sujets qui étaient autrefois tabous. Mais si une discussion intelligente entre un homme et une femme sur leurs relations sexuelles peut être très utile dans de nombreux cas, dans bien d'autres elle est vaine. Bien entendu, il est toujours bon d'essayer, pour celui qui veut détecter les causes du malaise, de découvrir jusqu'à quel point l'éducation reçue en matière sexuelle peut avoir influencé la précaire harmonie physique partagée avec le compagnon et de tenter d'en parler à deux sans s'abaisser à des discussions humiliantes et à des reproches réciproques. Et ensuite ? Le mariage n'est pas en soi une solution ; ce n'est pas un remède pour guérir des difficultés sexuelles ; cela peut même, dans certains cas, aggraver la situation pré-existante, le conjoint malade passant sa névrose à l'autre, les responsabilités de l'échec finissant par se confondre. Pire encore si tous deux sont névrosés. Tout raisonnement devient impossible et l'intervention d'une tierce personne devient alors indispensable (à savoir un spécialiste et non la belle-mère ou un ami de la famille) afin de rétablir un peu d'ordre dans une situation de plus en plus confuse. Lorsque l'incompatibilité sexuelle dépend uniquement du manque d'éducation sexuelle, on peut espérer un changement d'attitude. Une jeune fille, qui a jusqu'alors considéré le sexe comme quelque chose de sale à la suite d'un traumatisme refoulé depuis l'enfance, peut en être guérie par un homme compréhensif et habile. En revanche, confiée à un homme grossier et exigeant, qu'adviendra-t-il d'elle ? Et qu'adviendra-t-il aussi de son compagnon qui, se sentant « toléré », « repoussé », « accepté avec résignation », finit, une fois toute ardeur éteinte, par devenir lui aussi un individu malheureux et peu sûr de lui ?

Autrefois, on disait que la femme devait savoir certaines choses, une fois mariée. Aujourd'hui, on est passé à l'autre extrême et les jeunes filles passent en toute liberté d'une expérience à l'autre sans amour ni curiosité. Le résultat est toujours plus ou moins le même : un cumul de déceptions et d'incompréhensions. La femme et l'homme deviennent alors esclaves de leurs instincts.

Certains psychologues américains tendent à conseiller le mariage aux jeunes de moins de vingt ans. D'autres, au contraire, considèrent de telles unions vouées à l'échec. À notre avis, on ne peut établir de règle qui soit valable pour tous, à partir du moment où un individu peut être toujours immature à l'âge de cinquante ans, alors qu'un jeune de vingt ans peut posséder un profond sens de la liberté sexuelle et des droits qu'elle implique. Toutefois, il faut savoir que les jeunes sont, en règle générale, plus sujets à des décisions soudaines et impulsives et ce d'autant plus que l'éducation donnée par les parents a été superficielle.

Un couple est bancal dès le départ si le sujet névrosé ne fait rien pour guérir. Et il n'y a rien de plus désolant que deux conjoints qui décident de faire chambre à part, sous un prétexte quelconque, afin de sauver de part et d'autre leur soi-disant amour : par hygiène, à cause d'horaires différents, parce le chambre est trop exiguë, à cause d'insomnies. Se marier signifie alors devenir martyrs à vie, souffrir avec une passivité qui pour tout autre chose serait inadmissible. Cela signifie aussi engendrer des enfants bien malheureux.

## Les couples condamnés

Orgue et fleurs d'oranger, robe blanche et tapis rouge... Parents et amis félicitent les jeunes époux et personne ne songerait un seul instant (ni même l'invité le plus cynique ou le plus pessimiste) que ce couple a fort peu de chances d'être heureux.

Les couples condamnés dès le départ sont nombreux, bien trop nombreux. Nous allons citer les cas les plus courants :

- les couples entre deux sujets névrosés. Nous avons déjà expliqué pourquoi ;
- les couples formés par deux personnes qui ont reçu une éducation sexuelle différente. Supposons que lui ait une idée fort mauvaise des femmes pour des raisons familiales (par exemple parce que sa mère l'a abandonné tout jeune enfant) ou à la suite de relations antérieures (par exemple avec des prostituées),

et que elle, en revanche, ait été éduquée très strictement par des parents qui considéraient l'éducation sexuelle comme inutile et nuisible. Lui en sait trop et mal, et elle ne sait rien. Seul un miracle (c'est une façon de parler) pourrait sauver ces deux jeunes qui se sentent dangereusement attirés par leurs contrastes mêmes ;

- les mariages arrangés par les parents ;
- les mariages pour oublier. Se marier pour oublier équivaut à boire ou à se droguer pour oublier. Cela est non seulement injuste pour la personne avec qui l'on se marie, mais également néfaste vis-à-vis de soi-même. Et il est souvent trop tard pour revenir en arrière ;
- les mariages entre un homme impuissant et une femme psychiquement et physiquement saine. Dans le mariage, la règle de l'amour platonique n'est pas valable ;
- les mariages entre une femme frigide et un homme sexuellement normal ;
- les mariages où l'un des deux conjoints possède des tendances homosexuelles manifestes ou latentes ;
- les mariages entre personnes qui continuent d'être soumises à leurs parents et sont, par conséquent, émotionnellement immatures. Tout désaccord entre conjoints se prolonge implicitement vers les parents et se transforme en querelle de beaux-parents ;
- les mariages entre personnes trop intransigeantes ou bien dont le *Surmoi* est trop développé.

Il y a bien peu d'espoir pour ces unions. Toutefois, avant de songer à hisser le drapeau blanc et à se rendre, il faut essayer de sauver ce qui peut l'être. La bonne volonté est le meilleur remède pour un couple malade. La bonne volonté, dans ce cas, équivaut à la tentative désespérée d'un moribond pour continuer à vivre malgré tout.

## Que faire ?

Fort heureusement, de nombreux couples, bien qu'ils ne soient pas très heureux ni en parfaite harmonie, finissent par arriver à bon port. Dans ce cas, les conjoints savent s'adapter à des situations imprévues et acceptent les obstacles de type sexuel. Ce pourrait être des couples très heureux mais ils se contentent d'une faible part de bonheur qu'ils concentrent sur le meilleur de leur union, par exemple les enfants ou l'aisance économique et sociale ou encore une activité ou goûts communs.

Si nous cherchons à analyser notre couple – que nous considérons comme réussi – nous finirons peut-être par trouver certains aspects laissant à désirer et qui peuvent miner notre union si nous n'y prenons garde.

Nous découvrirons peut-être aussi que si notre couple fonctionne, ce n'est certes pas grâce à nous mais en raison de situations favorables qui, d'un moment à l'autre, peuvent changer.

Nous ne voulons pas être pessimistes, mais uniquement mettre en garde contre certains dangers que nous allons préciser, en proposant de comparer des situations d'ordre général aux vôtres.

### L'ENNUI

De nombreux couples seraient parfaitement unis et heureux à tout point de vue, s'ils n'étaient menacés par la bête noire de l'ennui. Ce n'est pas un fait sans importance, ni un danger irrémédiable. L'ennui est habituellement le premier pas vers le « dégoût », le « cafard », la « nausée », le « désir de s'évader ». Avant qu'il ne soit trop tard, essayez d'y remédier, en veillant à sortir et à vous distraire. Il est opportun de considérer les soirées comme le meilleur moment pour profiter de la présence de l'autre et non comme la fin d'une pénible journée de labeur. Il ne faut jamais considérer son compagnon (ou sa compagne) comme un accessoire du foyer. Si vous ne tenez pas à vous ennuyer mortellement, efforcez-vous de prendre toute mesure opportune. L'ennui peut être le premier symptôme d'une fatigue de type névrotique.

### LE DOUTE

Une pointe de jalousie, comme nous l'avons déjà précisé, peut être flatteuse voire agréable pour celui ou celle qui l'inspire mais le doute silencieux et hostile est l'un des pires ennemis d'une heureuse union. Il est essentiel que la confiance règne entre les deux conjoints. Si, effectivement il existe quelque chose qui puisse justifier le doute, il faut résoudre le problème ensemble. Préférer que l'insécurité du doute s'installe équivaut à un besoin d'autopunition qui masque un sentiment de culpabilité.

## LES LAMENTATIONS

Certains couples, quoiqu'en apparence très unis, passent un tiers de leurs journées à se lamenter de tout et de rien. S'il est parfois indispensable de se plaindre, il est préférable de le faire sur des choses en marge de la vie conjugale et si possible ensemble car cela crée une complicité entre les époux. Mais demeurez vigilant. Souvent, la tendance à se lamenter révèle une insatisfaction sexuelle. C'est d'ailleurs pourquoi cette tendance est plus fréquente chez des couples d'un certain âge qui ont brûlé toutes leurs énergies sexuelles.

## L'ISOLEMENT

Apprendre à considérer son compagnon ou sa compagne comme un compagnon d'amour et de voyage avec qui l'on doit tout partager, est le premier conseil que l'on doit donner aux jeunes qui se marient. Se draper dans son orgueil ou s'enfermer dans sa timidité est une erreur que l'on peut payer très cher.

## LA PUDEUR

La plupart des hommes aiment habituellement que la femme montre une certaine pudeur. De nombreuses femmes se plaignent que leur mari ne manifeste plus aucune émotion en les voyant nues et lorsqu'elles ne s'en plaignent guère, en leur for intérieur, leur féminité en est profondément affectée. L'acte sexuel devrait, en revanche, être, chaque fois, pour l'un comme pour l'autre, une conquête. Il est vrai que la pudeur excessive est irritante ; il y a des hommes qui n'ont jamais vu leur femme nue et qui doivent se contenter d'une union sans enthousiasme, la lumière éteinte. Mais l'impudence tout comme la timidité sont ennemies du sexe ; une légère rougeur n'a jamais déparé une femme et, de temps à autre, un gentil refus peut susciter plus d'attention et d'intérêt chez son compagnon.

## LA NÉGLIGENCE ET LE MANQUE D'ÉDUCATION

Ceci peut sembler n'être qu'un conseil d'éducation mais il n'en est rien. Se marier ne signifie pas perdre ses bonnes manières. À un homme et à une femme qui décident de vivre ensemble toute leur vie, il est vivement recommandé de n'être ni désordonnés ni grossiers. Mieux vaut éviter les insolences, les blasphèmes et les rouspétances. Il est bon de discuter dans un couple mais sans pour autant tomber dans des excès que l'on risque de regretter ensuite.

## LE SILENCE

Parlez, parlez et parlez. Il y a des hommes qui se plaignent que leur femme parle beaucoup trop et il y a des femmes qui déplorent le mutisme de leur mari. Certes, il s'agit de couples qui, dès le départ, se sont refusés le plaisir de partager ce qu'ils pensent et de considérer la conversation comme une diversion de plus. Les couples qui savent parler et discuter ne se séparent jamais.

## LA CRITIQUE

Personne n'aime être critiqué. S'il est nécessaire de faire une remarque, il est bon de le faire avec tact et délicatesse.

## LA PARESSE

De nombreux couples commencent bien et terminent mal. Ceci signifie qu'ils se sont, au départ, isolés dans leur amour, perdant peu à peu leurs amis et connaissances et finissant par se retrouver seuls. Cette paresse au niveau des relations sociales s'accompagne souvent d'une paresse mentale, doublée d'une sorte de relâchement qui exclut tout intérêt en dehors du cercle familial et professionnel. Sortir de cet isolement est un devoir afin d'éviter de se trouver tôt ou tard prisonniers d'une névrose qui prédispose, fatalement, au malheur.

# La peur

Qui peut affirmer qu'il n'a jamais eu peur de rien ni de personne ?

La peur est une sensation que connaissent même les héros, bien que ceux-ci réagissent avec vaillance et courage. L'audace n'aurait aucun sens si elle n'était une victoire sur la peur. La peur nous guette au coin de la rue ; elle nous assaille la nuit venue, tourmente jeunes et vieux, hommes et femmes. Il n'y a rien de plus sot ni de plus faux que de dire : « Moi, je n'ai jamais peur et je n'ai jamais eu peur de ma vie ».

La peur est une réaction devant quelque chose qui nous effraie ou qui nous surprend désagréablement et que nous craignons. Il s'agit d'une réaction psychiquement saine qui se justifie par l'instinct de conservation que tout être humain manifeste devant le danger. La peur est donc le signe que nous sommes attachés à la vie, malgré tout, et nous désirons nous protéger de tous les risques de toutes les manières possibles.

## Qu'est-ce que l'angoisse ?

L'angoisse est une sorte de peur bien plus profonde et plus subtile. C'est une peur qui, bien souvent, coïncide avec l'état d'anxiété : elle est liée à la névrose et implique à tout moment la recherche d'une justification.

Il existe deux sortes d'angoisse : l'angoisse réelle et l'angoisse névrotique dont nous venons justement de parler. L'angoisse réelle n'est pas liée à la névrose. Un sujet névrosé n'est pas forcément angoissé et une personne angoissée ne présente pas forcément de symptômes névrotiques. L'angoisse réelle est donc toujours rattachée à un motif compréhensible. C'est de fait une réaction logique à un danger tangible et effectif.

Mais nous ne nous sentons pas tous angoissés devant les mêmes choses. Chacun d'entre nous donne à la peur la mesure de ses connaissances et de ses expériences. L'homme sauvage s'effraie à la vue d'un pacifique instrument du monde civilisé tandis que l'homme civilisé s'épouvante devant un animal des bois, tout à fait inoffensif pour l'être primitif. La peur dérive donc, en grande partie, de l'ignorance.

L'angoisse réelle est comparable à cette désagréable sensation qui accompagne l'éloignement de l'enfant du chaud et confortable sein maternel : la peur de l'inconnu, l'anxiété, la crainte de vivre, de respirer, de retenir sa respiration.

Au niveau inconscient, cette désagréable sensation corporelle s'est accentuée et adaptée à l'organisme de l'homme tout au long de milliers de générations. Ceci signifierait, en d'autres termes, que personne ne peut fuir l'angoisse, laquelle sous ce même angle, serait également commune aux animaux. Nous ne pouvons pas savoir quelles sont les sensations d'une bête sauvage face au danger, mais nous savons bien qu'elle ne demeure pas indifférente devant tout ce qui perturbe sa sécurité. Face au danger, tout son être se prépare à la fuite et l'animal fait appel alors à tous ses moyens.

Le mot « angoisse » peut sembler tout à fait inapproprié pour un chevreau, un chat ou un oiseau car il ne semble s'appliquer qu'à l'être civilisé, et implique un type de peur bien plus complexe et abstraite que celle que provoque un danger immédiat.

Mais si nous ôtons à ce terme cette partie de sa signification qui le limite, nous pouvons certainement affirmer que le chevreau, le chat, l'oiseau et d'autres créatures du monde animal connaissent aussi cette même espèce d'angoisse face au danger.

En revanche, l'angoisse névrotique correspond à un état d'anxiété vis-à-vis de dangers de nature vague, indéfinissable mais obsédante et même variable dans le temps, comme si l'individu devait forcément craindre quelque chose. L'objet de la peur varie mais c'est surtout une justification de l'état d'alarme du névrosé.

On peut dire que le névrosé vit dans une continuelle « angoisse d'attente » (ou « attente angoissée ») comme si quelque chose de terrible devait lui arriver d'un moment à l'autre. Ceci l'empêche de vivre tranquillement et de profiter des instants heureux de son existence. Il craint le bonheur car il pense instinctivement que toute satisfaction est provisoire et vouée à disparaître soudainement, c'est pourquoi il se prépare à la douleur et à la souffrance.

Toute occasion est bonne pour le névrosé angoissé : les journaux, les conversations entre amis, les nouvelles à la radio, à la télévision, les malheurs et les difficultés des autres. Il est toujours soucieux et dans la mesure où son attente de l'angoisse se réduit finalement à une véritable angoisse, il perd un temps précieux à se mortifier en vain.

Quelles sensations physiques accompagnent l'angoisse ? Un sentiment d'oppression dans la poitrine, des maux de tête parfois ; une nervosité, une incapacité de se concentrer sur quoi que ce soit, une transpiration des paumes des mains, des palpitations, un manque de confiance en soi, une impression de faiblesse dans les jambes, un manque d'appétit ou bien au contraire, un appétit féroce, la crainte de se retrouver seul, la peur des ombres. Il est évident que l'angoissé névrosé est aussi foncièrement pessimiste et voit toute sa vie en noir. Il n'a jamais aucun espoir et il est convaincu que ses problèmes n'ont pas de solution, ni ses maux de remède. L'angoisse peut avoir une incidence sur l'état de santé du sujet. De nombreux médecins s'étonnent parfois de voir combien d'hommes et de femmes se soucient exagérément de malaises auxquels on n'aurait guère prêté attention à une autre époque. Le nombre de personnes craignant de mourir d'un moment à l'autre n'a cessé d'augmenter. Pour tous ces sujets, la moindre douleur physique est un signe d'alarme ; ils s'empressent de consulter le médecin, quoique très méfiants. Si des statistiques étaient établies, on découvrirait probablement que la plupart des maladies sont d'origine psychique. Aucune méthode ne permet de vaincre ces sensations de façon instantanée. La sérénité est le fruit d'un long apprentissage. La peur est à ce point insidieuse qu'il est très facile de la ressentir même lorsqu'apparemment il n'existe aucun motif d'appréhension.

Nous vivons dans un monde qui génère l'anxiété, la tension et l'hostilité. Non pas que cette époque soit pire que les précédentes, mais l'accès à l'information fait que nous participons de plus en plus près aux événements les plus atroces de l'histoire de l'humanité. Il n'est plus possible de se retrancher derrière le paravent de l'ignorance et de feindre de ne rien pouvoir pour aider les autres.

De nos jours, être constamment heureux est un contresens. Ce serait d'ailleurs presque immoral.

Sachant tout le malheur qui nous entoure, comment pourrions-nous demeurer indifférents et rester enfermés dans notre égoïsme ?

C'est pourquoi il apparaît plus logique d'accepter comme « normale » et « courante » ce type d'angoisse qui est liée de temps à autre à ces dangers. Ce qui est important c'est de ne pas se laisser abattre et de réussir à vivre avec sa propre angoisse.

Ainsi, le premier pas à faire pour vaincre l'angoisse est de l'accepter telle qu'elle est, avec tous les problèmes que cela implique. Le deuxième pas consiste à ne point se lamenter et à compter sur ses propres ressources physiques et psychiques afin d'envisager avec espoir et bonheur chaque jour nouveau qui se présente.

## Les origines de l'angoisse

De nombreuses personnes vivent sans s'accorder un seul moment de tranquillité. Leur occupation préférée semble être de trouver constamment de nouveaux motifs de préoccupation et de tristesse.

Certaines femmes se plaisent à dire : « Je n'ai jamais une minute à moi. J'ai une famille que j'aime, une jolie maison et l'on pourrait penser qu'il ne me manque rien. Pourtant, je suis toujours nerveuse, tendue, parfois j'ai même envie de mettre un terme à tout cela et de me suicider ; heureusement ce n'est qu'une idée qui me traverse l'esprit, mais je ne saurais pas dire pourquoi. Peut-être parce que je crains plus ou moins consciemment que tout ce que je possède maintenant disparaisse du jour au lendemain. Et chose curieuse, c'est dans les moments de plus grande sérénité que je me sens la plus malheureuse. Je vois mes enfants jouer : ils sont beaux, en bonne santé, heureux et je me mets à penser qu'il peut leur arriver quelque chose de terrible. Cette idée ne cesse de me tourmenter ».

La conviction que le bonheur se paie tragiquement fait penser à certaines superstitions des peuples orientaux. Les parents des enfants beaux et charmants affirmaient qu'ils étaient laids et malades afin de ne point susciter ce qu'ils appellaient « la convoitise des dieux ». Mais faut-il empoisonner son existence par de telles croyances ?

Nous avons déjà signalé qu'être heureux aujourd'hui est un contresens.

Mais il est tout aussi insensé de chercher à ne l'être jamais. L'homme a également besoin d'apaisement au niveau de ses émotions. Est-il juste qu'enfermé dans son égoïsme, un individu puisse goûter en paix à sa félicité, feignant d'ignorer qu'il y a des gens qui souffrent et sans rien faire pour leur venir en aide ? Certes non. Mais il est également injuste qu'un individu s'enfonce dans le plus sombre pessimisme et soit incapable de réagir positivement aux difficultés existentielles. Par exemple, craindre la maladie est fort compréhensible, mais cette crainte ne justifie certainement pas que l'on procède à de continuels lavages et désinfections. S'il existe une maladie héréditaire dans la famille, il ne faut pas s'en préoccuper constamment. La crainte favorise les maux ; l'ordre et le calme, en revanche, les préviennent.

Avez-vous déjà observé comment certaines mères, à la moindre baisse de température, couvrent leurs enfants comme de véritables petits Esquimaux de peur qu'ils ne prennent froid ? Ces enfants prendront non seulement froid mais attraperont aussi la grippe, car l'appréhension maternelle les prédispose à tomber malades.

L'anxiété est illimitée. Ce n'est pas un mal qui différencie les classes. Il est vrai que l'être primitif peut se sentir angoissé face à quelque chose qu'il ignore, mais dans ce cas – comme nous l'avons dit – il s'agit d'une crainte réelle. En revanche, avoir peur d'un instrument, sachant qu'il est parfaitement inoffensif, trahit une attitude névrotique où s'infiltre l'angoisse.

Il existe des individus fort habiles dans leur travail, mais incapables de se sentir sûrs de ce qu'ils font. Ils connaissent à chaque fois l'appréhension de l'aventure. Certains trouvent cela passionnant et ne parviennent pas à se détendre tant qu'ils n'ont pas terminé.

La fatigue qu'implique chaque tâche est multipliée par cet effort de contrôle sans répit. Les circonstances psychiques sont défavorables. L'inconnu ! L'aventure ! Chose magnifique et terrible à la fois !

Certains trouvent cela fascinant et l'affrontent avec enthousiasme, d'autres frémissent rien que d'y songer. L'objet de l'espoir et de la crainte est le même, bien qu'il suscite des réactions totalement opposées. Ce qui diffère, c'est l'état psychique du sujet qui, dans le premier cas, a confiance en lui et en ses moyens, tandis que dans le second cas, il se laisse gagner par ses appréhensions et son anxiété.

Or l'éducation reçue pendant l'enfance contribue fort à prédisposer les êtres à l'angoisse. Le monde des enfants est continuellement menacé par les adultes. Leur sécurité est troublée et exposée à toute sorte de représailles : « Si tu ne manges pas ta soupe, l'homme des bois viendra te prendre ! » « Si tu ne m'obéis pas tout de suite, je t'enferme dans la cave ! » « Si tu ne demandes pas pardon, l'ogre viendra et te mangera » ! Le monde des enfants qui devrait être beau et susciter la confiance, est peuplé de personnages irréels et monstrueux, créés par les adultes pour effrayer les petits ; des personnages qui dévorent, qui tuent, qui torturent ou commettent toutes sortes de méchanceté ; des personnages qui bougent dans le noir, dans l'ombre, lorsque les enfants sont sans défense.

Il est inutile d'objecter que le monde des fables perd sa réalité à l'aube de l'adolescence. Il en subsiste des traces dans l'inconscient et l'homme adulte gardera toute sa vie cette angoisse irrationnelle de l'inconnu, c'est-à-dire de forces mystérieuses qu'il ne peut contrôler. En fait, la peur du loup-garou ou de la méchante sorcière nous poursuit toute la vie, jusque dans notre vieillesse, alors que le raisonnement et le bon sens pourraient les vaincre à jamais.

À l'atmosphère terrible et magique des contes d'enfants, s'ajoute le danger dudit « amour maternel » qui dérive également d'une anxiété contagieuse et nocive : « Ne traverse pas la rue, une voiture pourrait te renverser » !. « Ne mange pas trop de fraises, tu auras mal au ventre » ! « N'enlève pas ton écharpe, tu pourrais prendre froid » ! Et ainsi de suite ; un véritable chapelet de recommandations interminables répriment et limitent l'initiative de l'enfant et lui laissent entrevoir un danger à chaque initiative qu'il pourrait prendre. Faut-il en conclure que l'éducation doit être abolie ? Non, bien sûr mais il faut essayer d'éviter les interdictions qui impliquent une douloureuse alternative du style « Ne fais pas cela, sinon... ». Il est souvent préférable que l'enfant se fasse mal, par sa faute, plutôt qu'il ne craigne quelque chose qui ne lui arrivera probablement jamais. La plupart des parents, pensant bien faire en protégeant « physiquement » leurs enfants, leur nuisent spirituellement.

Il est surprenant de constater combien les enfants sont soumis dès leur naissance à la pression de la peur, une peur opposée au sentiment de protection que les parents devraient leur offrir. C'est bien là le paradoxe de l'éducation familiale. À la sérénité que devrait ressentir l'enfant lorsqu'il se trouve auprès de sa mère, s'oppose de façon nette et terrifiante le monde extérieur, c'est-à-dire l'« insécurité ». Au lieu d'enseigner à l'enfant comment maîtriser et vaincre cette insécurité, les parents tendent à l'accroître, soit par égoïsme pour garder leurs enfants près d'eux, soit parce qu'ils n'ont jamais été capables de dominer leurs propres angoisses. Et cela peut se produire sans que les parents en soient réellement conscients. En effet, même s'ils n'appartiennent pas au groupe des parents menaçants (« Si tu ne fais pas ceci, il t'arrivera ceci ou cela »), leurs craintes les plus secrètes atteignent la sensibilité de l'enfant qui les enregistre et les fait bientôt siennes. À cette responsabilité paternelle et maternelle, il faut ajouter celle des autres éducateurs, proches parents, maîtres et amis. L'enfant est considéré comme un être différent à qui l'on peut tout dire ou faire croire, en profitant de son innocence. Aux questions de l'enfant désireux d'apprendre et de savoir, on a tendance à répondre n'importe quoi, afin que l'enfant se taise, ou bien l'on donne une réponse fantaisiste ou vague, ou bien on cache la vérité parce que l'enfant est trop jeune et ne doit pas encore savoir certaines choses. L'on finit ainsi par créer chez l'enfant une anxiété qui ne coïncide plus avec le désir de savoir, mais avec une prise de conscience de son infériorité et une prédisposition à l'ignorance, un peu comme si le monde où il était né le rejetait. Il s'efforce de le conquérir, tout au moins au départ, mais tandis qu'on lui ment d'une part, de l'autre on l'effraie. Il finit par ne plus savoir à qui s'adresser ni qui croire. Il se renferme sur lui-même, sur son monde fantastique et déphasé, créant ainsi la base d'une future névrose.

Si on ôte à l'enfant sa sécurité, on le conduit inévitablement vers la peur. Or crainte et sécurité ne peuvent coexister. Au lieu d'aider l'enfant à effectuer ses premières expériences, on l'éloigne avec une impression d'ennui ou de suspicion, selon le cas, et on limite ses instincts et ses désirs. Il ne faudra guère s'étonner si ensuite l'enfant ne montre aucun intérêt à l'école, est incapable de se concentrer et de s'intéresser à quoi que ce soit, car éternellement distrait.

## Le contrôle de la peur

Les craintifs et les angoissés semblent chercher continuellement une nouvelle motivation à leurs craintes et à leurs angoisses : une recherche inconsciente, mais constante, obsédante. Ils ne peuvent passer une seule journée sans soucis.

Et vous ? Répondez à ces brèves questions.

- Craignez-vous une guerre nucléaire et y pensez-vous souvent ?
- Avant de partir en vacances, parlez-vous à maintes reprises de l'éventualité d'un cambriolage ?
- Avez-vous la sensation que l'on vous épie, même lorsque vous vous trouvez seul dans une pièce ?
- Lorsqu'on vous parle d'un malheur, vous mettez-vous aussitôt à toucher du bois ou à vous croiser les doigts ?
- Êtes-vous superstitieux ?
- Craignez-vous d'être heureux car vous pensez qu'un malheur vous frappera en retour ?
- Craignez-vous l'avenir ?

– Vous réfugiez-vous dans le passé parce qu'ainsi vous ne courez pas le risque de devoir affronter une surprise désagréable ?
– Craignez-vous de tomber malade ou que les êtres qui vous sont chers le soient ?
– Lorsque vous êtes à la campagne, évitez-vous de marcher dans l'herbe haute, de crainte d'être mordu par une vipère ou piqué par un insecte ?
– Faites-vous le signe de la croix avant de partir en voyage ?
– Aimez-vous les films d'horreur ? Y trouvez-vous une sorte de plaisir morbide, en marge d'une sensation encourageante de sécurité dans la mesure où vous savez qu'il s'agit d'un fait imaginaire qui ne vous affecte guère ?
– Lorsque vous étiez enfant, vous a-t-on parfois menacé de la venue du diable, de l'ogre, du grand méchant loup ou de tout autre personnage épouvantable ? Vous endormiez-vous sans penser à vos péchés ou à l'enfer ?
– Toute nouvelle initiative ou conduite supposant un effort de votre part vous donne-t-elle automatiquement une sensation d'aigreur à l'estomac ou d'oppression ?
– Vous tourmentez-vous à l'idée que votre famille puisse ne pas être très heureuse auprès de vous, ou bien qu'en dépit de tout ce que vous faites vous ne parveniez pas à lui donner tout ce que vous aimeriez ?
– Avez-vous besoin que les autres soient d'accord avec vous, pour ne pas tomber dans de profondes crises de démoralisation ?
– Êtes-vous méfiant et vous est-il difficile de faire confiance à un ami ou même à votre famille ?

– Vous réveillez-vous avec une vague sensation d'oppression que vous ne savez comment expliquer et qui n'a aucune justification physique ?
– Manquez-vous de sens de l'humour ?
– Un gain imprévu (un héritage, une augmentation) vous rend-il nerveux, parce que vous craignez de mal l'employer ?

En fait, tout, même le bonheur, peut être source d'appréhension. C'est la loi du névrosé angoissé qui, dans les moments de crise, ne parvient pas à distinguer le bien du mal. C'est comme s'il n'était plus capable de raisonner, d'être logique. Tous ses problèmes ont une seule et même solution, et naturellement la plus pessimiste, celle qui fait souffrir le plus.

C'est d'ailleurs peut-être cela ce que l'angoissé recherche, c'est souffrir. Dans la souffrance, l'angoissé trouve une sublimation, une raison de vivre. Mis en garde contre les dangers de l'existence depuis l'enfance, il se voit dans l'obligation de les affronter mais part perdant. Il a une vocation de Don Quichotte. La souffrance est sa Dulcinée. Or ce n'est pas tout. Le danger demeure, car la souffrance anticipée ne l'élimine pas, comme inconsciemment le souhaiterait l'angoissé. Qu'une personne passe ses journées à craindre la possibilité qu'éclate une guerre nucléaire, n'en éliminera pas pour autant la tragique éventualité qui, par ailleurs, ne dépend pas d'elle. Souffrir est donc un effort vain et stupide. En revanche, si cette personne parvient à maîtriser sa crainte, rien ne changera sur terre mais son état psychique ne s'en trouvera que meilleur. Un conseil pour éviter l'angoisse ? Avant tout, il faut chercher les causes dont elle peut provenir :

*a)* de l'éducation reçue étant jeune ;
*b)* d'un complexe de culpabilité ;
*c)* d'un traumatisme.

Voici quelques autres suggestions qui n'ont pas la prétention d'apporter une solution mais qui peuvent aider à trouver une réponse aux troubles psychiques et à se convaincre que l'angoisse n'est qu'un cauchemar qui s'évanouit à la lumière du jour.

1. Mieux vaut ne pas prétendre ignorer l'idée qui vous tourmente. Affrontez l'objet de vos craintes car la peur naît bien souvent de la confusion et l'ignorance. Parlez de votre problème, discutez-en, ne le laissez pas vous troubler.
2. Il faut essayer de transformer la peur en motivation pour agir. Si quelque chose provoque votre anxiété, n'ayez de cesse de l'éliminer. Ne vous abandonnez pas passivement aux affres de l'anxiété.
3. Il est utile d'analyser ses craintes. La nuit, l'angoisse s'amplifie au point d'acquérir des proportions gigantesques.
   La pensée qui vous inquiète ne cesse de tourner dans votre tête. Si vous ne pouvez vous libérer de ce venin, levez-vous, même au prix de quelques heures de sommeil en moins. Vous ne devez pas laisser l'angoisse s'emparer de vous, surtout pendant les heures de la nuit alors que vous vous sentez faible et vulnérable.
4. Évitez de ressasser vos craintes. Si vous craignez d'être malade, n'essayez pas de convaincre votre meilleur ami que vous l'êtes réellement et que les médecins n'y entendent rien. Ne lui bourrez pas le crâne de statistiques qui pourraient, sans raison, lui faire craindre le pire.
5. À toute crainte aveugle et irrationnelle, essayez d'opposer quelque chose dont vous êtes tout à fait

sûr. N'acceptez pas l'idée d'être une personne craintive.

6. Ne soyez pas envieux. Ne vous angoissez pas parce que vous ne possédez pas ce que les autres semblent avoir obtenu plus facilement. Indépendamment de ce que vous pouvez valoir ou faire, l'envie ne vous apportera que frustrations.
7. Il est bon de ne pas s'entourer de gens sots. Si vous avez les nerfs fragiles, il vous faut des amis francs et sûrs, capables de canaliser votre angoisse.
8. Pensez un peu aux autres. Si les troubles qui déchirent le monde vous font horreur, essayez de faire quelque chose pour les éviter ou lutter contre. Si vous craignez un danger particulier, venez en aide à ceux qui le connaissent.
9. Essayez de vous convaincre que la vie est belle. Considérez vos journées comme des feuilles en blanc et non pas comme des feuilles de papier buvard où restent imprimés des sensations et des faits antérieurs négatifs. Acceptez de renaître tous les matins et de commencer une nouvelle page blanche. Il vous incombe de la remplir le mieux possible. Appliquez-vous à cet exercice mental et le soir, secrètement, relisez la page, en en faisant le commentaire. Et une fois le bilan de la journée établi, n'y pensez plus. Demain – et c'est bien vrai – sera un jour nouveau.

## Les phobies

À l'attente angoissante (liée à tout événement futur) s'ajoutent toutes les craintes psychiquement rattachées à des objets ou à des situations particulières. Nous nous référons ici aux « phobies ».

Les phobies sont des craintes illogiques, maladives, irrationnelles. Il semble que l'on en ait dénombré près de cent mais il est fort probable qu'il y en ait bien plus encore. Ces émotions de substitution sont de diverses sortes. Certaines sont de nature réellement particulière et pourraient faire rire si elles n'étaient la cause de terribles souffrances. Les phobies peuvent être simples ou complexes. Les phobies simples sont généralement la conséquence d'un traumatisme subi pendant l'enfance. Les phobies complexes servent à voiler un conflit émotionnel vécu inconsciemment.

Les phobies peuvent être également divisées en trois catégories. Appartiennent à la première toutes les hantises se référant à des objets ou à des situations en soi effrayantes et que redoutent même des personnes psychiquement saines. Leur particularité ne tient pas à l'objet en soi mais à l'intensité de la souffrance qu'il suscite. C'est par exemple le cas des phobies de maladies, d'animaux féroces, etc.

La seconde catégorie regroupe toutes les phobies qui concernent des situations pouvant devenir dangereuses (bien que cela soit rarement le cas). Par exemple, les voyages en avion ; il est vrai que l'appareil peut s'écraser, mais les accidents sont si peu fréquents que normalement les gens ne s'en inquiètent guère et prennent l'avion sans y penser, contrairement à celui qui souffre de la phobie de voyager en avion et qui ne cesse de craindre un accident.

Il en est de même pour les voyages en train : certaines personnes ne prennent jamais le train car elles ont le sentiment (ou le « présage », comme elles disent) qu'il va y avoir un accident. D'autres personnes ne marchent jamais sur le trottoir mais sur la chaussée, au péril de leur vie, craignant qu'une tuile leur tombe sur la tête. Certes, cette éventualité peut un jour se produire mais n'est-il pas absurde d'y penser avec autant d'obstination ? Il s'agit donc d'une véritable phobie.

Dans la troisième catégorie, on regroupe toutes les hantises qu'un esprit sain ne pourrait comprendre ni partager. Par exemple, la crainte des insectes en plein air ou des souris dans les champs. En général, il est absurde qu'une sensation de dégoût se transforme à la longue en une véritable panique.

Ce type d'angoisse est sans aucun doute en rapport avec l'hystérisme.

Vaincre une phobie n'est pas toujours facile car la maîtrise de la peur ne coïncide pas forcément avec la guérison. Une hantise en remplace une autre ou bien un autre symptôme névrotique non moins grave s'y superpose. Dans ce cas, le premier remède consiste à chercher les causes de la peur, en renonçant à toute solution éphémère et à s'étourdir comme certains le font avec des pilules, de l'alcool ou des stupéfiants.

Le second remède consiste à vivre avec sa propre hantise sans essayer de la changer, en l'acceptant comme une manie bien inoffensive, un petit malaise, un de plus ; c'est-à-dire en ne lui attribuant pas d'importance. L'ignorer permettra de l'éliminer plus facilement, en son temps.

Le troisième remède tend à créer les conditions adéquates pour ôter à l'imagination tout son pouvoir. Supposons que vous craigniez l'obscurité ; donnez-vous un défi et entrez dans une pièce totalement dans le noir, en marchant à tâtons comme le font les aveugles. La peur que vous redoutez ne vous envahira probablement pas. Votre hantise disparaîtra lorsque vous aurez la certitude que l'obscurité ne cache ni mystères ni créatures surnaturelles.

## La superstition

Voici une autre sorte de crainte irrationnelle qui vient s'ajouter à celles que nous avons déjà mentionnées et dont les traditions populaires de tous les pays regorgent. Voir un chat noir, renverser du sel, briser un miroir, etc., sont des présages de malheurs. Certaines personnes en éprouvent une appréhension absurde. Pour des choses aussi insignifiantes, l'homme d'aujourd'hui demeure encore proche de l'homme du Moyen Âge.

De nombreuses superstitions ont d'obscures origines difficiles à retrouver mais d'autres, plus récentes, sont relativement faciles à expliquer. Considérons comme exemple typique, la superstition selon laquelle allumer les cigarettes de trois personnes avec une même allumette porte malheur. Il s'agit d'une croyance récente datant de la Première Guerre mondiale, geste qui sur le front était réellement fatidique car en effet il orientait le tir de l'ennemi.

## La haine, enfant de la peur

La peur de vivre engendre la haine envers ceux qui, au contraire, sont heureux de vivre en ce monde.

Parfois, le bonheur d'autrui peut être une projection de notre esprit fatigué et déçu qui nous pousse à attribuer au prochain que nous ne connaissons pas suffisamment, ce que nous souhaitons et à haïr tous ceux qui, selon nous, ont le privilège de la sérénité.

En réalité, chacun a ses problèmes et doit affronter ses doutes. La haine est un mécanisme de protection et de défense, une réaction à la peur. En fait, qu'est-ce que la peur sinon un manque de sécurité ? Et c'est précisément cette absence de sécurité qui pousse l'individu à réagir de façon hostile vis-à-vis du monde qui « conspire » contre lui, et surtout contre « sa » tranquillité.

L'être humain ne naît pas avec le sentiment de la haine. L'instinct d'hostilité se développe peu à peu, à partir de l'enfance, considérée à tort par les optimistes et certains poètes comme la plus belle époque de la vie de l'homme. L'enfant commence par haïr ses propres parents, tout en les aimant.

Il les hait lorsqu'ils le punissent avec une sévérité injustifiée, lorsqu'ils lui donnent gifles ou fessées.

Haïr son père ou sa mère ? De nombreuses personnes se sentiraient offensées par cette accusation. C'est une accusation injuste et terrible à la fois. Mais ce n'est pas en voilant les sentiments équivoques que l'on parvient à faire de grands progrès en analyse, précisément parce que les instincts interdits seront ensuite les artifices d'éventuels malheurs futurs. L'affirmation devient acceptable si l'on ajoute que cette haine se produit généralement à un niveau inconscient. Mais il existe une série de troubles psychiques et mentaux parmi lesquels la haine n'est pas le pire des maux.

Face à l'adulte, l'enfant est élevé dans un climat de craintes et d'indécisions. On parvient à le convaincre qu'il n'est que la dernière roue du chariot, un petit être inférieur. Qu'il joue, qu'il obéisse et se taise !

Au lieu de l'encourager tout comme les animaux le font avec leurs petits, les parents se croient obligés de le mortifier et de l'humilier, même devant des étrangers, en le faisant taire lorsqu'il ne parle pas à propos, ou en le priant de ne pas déranger.

Plus tard, chaque jour sera pour l'adulte une lutte afin

de satisfaire les voix qui résonnent encore en son for intérieur. « Tais-toi » ! « Ne coupe pas la parole » ! « Fiche-nous la paix » ! « Demande pardon » ! « Viens ici ou tu as une gifle » ! Et le fait le plus curieux est que l'enfant finit par accumuler une telle charge de haine et d'agressivité non exprimée qu'il se venge une fois adulte sur les plus faibles, c'est-à-dire sur ses propres enfants, et déverse cette agressivité sous forme de préceptes, d'ordres et d'interdictions. Bref, il se venge sur des innocents des injustices qui lui furent infligées par ses parents. C'est une chaîne sans fin, une série de traditions malsaines que l'on connaît de façon ambiguë sous le nom de « bonne éducation ». La société, bien entendu, en paie toutes les conséquences.

Cette charge illimitée de haine que chacun d'entre nous nourrit en feignant d'en ignorer la présence, se retourne ensuite contre nous-même. L'homme se déteste au moins tout autant qu'il déteste son prochain. Tension et malheur dérivent en grande partie de sa vocation au châtiment et à l'expiation. L'homme se sent méchant (ne l'en a-t-on pas persuadé lorsqu'il était enfant ?) et cela d'autant plus que son ressentiment contre ceux qui ont ainsi voulu l'éduquer est grand. Ses pulsions inconscientes contrastent avec l'atmosphère hypocrite qui enveloppe les rapports entre mère et enfant. Un homme qui hait sa mère qui lui a donné la vie, qui s'est sacrifiée pour lui ? C'est une plaisanterie, n'est-ce pas ? Non, ce n'est pas possible, dit-on.

Si la crainte engendre la haine, l'insécurité engendre l'agressivité. Une guerre naît de l'hostilité entre deux pays mais cette hostilité n'est autre que la peur réciproque d'une agression. Un homme en hait un autre, mais le hait parce qu'il en a peur. On croit, à tort, que la haine et la peur sont deux sensations distinctes. Elles sont pourtant si liées qu'elles se confondent. L'autorité engendre la peur qui produit aussi la haine.

On pourrait dire que la haine est à l'opposé de l'amour et cela est aussi vrai. Souvent, la haine naît précisément de la nécessité d'être aimé par une autre personne dont on est rejeté. Un individu vivant isolé, non désiré, non aimé, tend à se venger sur la première personne qui se trouve à sa portée. Un homme qui maltraite sa femme (et toute femme ayant des rapports intimes avec lui) se venge d'une frustration ressentie lorsqu'il était enfant à cause de sa mère qui l'a peut-être éloigné d'elle ou lui a donné la sensation de ne pas l'aimer. Assassins, voleurs, criminels, sont des êtres qui ont eu une enfance malheureuse. Et non parce qu'ils ont connu la pauvreté mais parce qu'ils étaient seuls, manquaient de tendresse, craignaient leurs parents, surtout leur père habitué à « éduquer » les enfants avec force gifles et coups de poing. Le futur délinquant grandit sans affection familiale.

La haine est totale. Celui qui hait, se hait soi-même, n'est pas satisfait de sa personne et voudrait être autre. Peu à peu l'opinion qu'il a de lui finit par coïncider parfaitement avec celle qu'enfant il se faisait des adultes : une opinion tout à fait négative.

De cette prémisse, naît un instinct qui lui nuit, un désir inconscient de se punir et de s'annuler qui tend parfois au suicide. Et lorsque cette haine de soi-même est modérée par des conditions sociales et culturelles plus favorables, elle ressurgit sous la forme de maladies psychosomatiques ou pire encore. À cette haine que d'aucuns définissent de façon euphémique par « hostilité », on ne peut opposer comme remède l'amour. Au contraire, l'amour peut irriter plus encore et provoquer de violentes crises de colère et de rage. L'affabilité ne fait qu'empirer la situation, pouvant provoquer délire et folie. Les solutions ? Avant tout, il faut prendre conscience de sa haine. Il est inutile de continuer à feindre et à prétendre que l'on « ne hait personne », bien que l'on craigne les autres. Dans un monde civilisé, la haine ne se manifeste pas par des coups de sabre dans le dos, ni de manière agressive, mais peut, en revanche, se dissimuler sous des sourires et des paroles aimables. L'employé de bureau qui hait son chef peut parfois se montrer fort respectueux et agir en parfait et aimable subalterne. Certaines épouses haïssent leur mari, mais sont considérées comme d'excellentes épouses car leur intérieur est irréprochable et leur mari bien « soigné ». Établir les limites et les origines de cette charge de haine revient à mettre les cartes sur la table. Savoir quelles sont les cibles de sa propre hostilité est déjà une façon d'éviter des actes imprévus, regrettables. Nous sommes des loups qui sommeillent, ne nous déguisons pas en brebis.

Par ailleurs, il est opportun d'améliorer ses relations avec soi-même. Avant d'aimer les autres, apprenez à vous aimer, à bien vous traiter, à vous tenir en grande estime. Prenez la main du pauvre enfant mortifié d'hier pour le tirer de son obscure enfance et aidez-le à découvrir un monde adulte plus indulgent. Ne l'accablez pas de reproches à chaque erreur commise. Et lorsque votre *Moi* d'enfant se conduit bien, récompensez-le, complimentez-le et couvrez-le d'éloges.

S'aimer soi-même permet de mieux tolérer son prochain. Une personne indulgente avec elle-même n'a pas de tendances narcissiques ; en revanche, elle se montre plus indulgente avec les autres, tandis que l'intransigeance personnelle n'engendre que l'intolérance. Essayez d'imaginer un monde meilleur. Un adversaire que vous redoutez a aussi des points faibles ; apprenez à l'observer et essayez de le vaincre honnêtement, loyalement, sans oublier son talon d'Achille. Et ne l'attaquez pas par derrière, dans l'ombre de votre haine secrète.

Ne fomentez pas de vengeance. Ce sont les faibles qui ont besoin de se venger, et non les forts. Les forts tirent tout de leur grandeur d'âme sauf un esprit de revanche.

## La solitude

Pour beaucoup d'entre nous, pris par une vie frénétique et difficile, le plus grand problème – malgré les apparences – est la solitude. Il n'est guère facile d'expliquer pourquoi. La solitude que nous ressentons est un mal absurde qui contraste avec le nombre croissant de personnes que nous voyons et côtoyons tous les jours, à peine sortis de chez nous. Comment peut-on se sentir seul parmi tant de personnes ?

Imaginez une famille qui habite une maison confortable nichée dans une vallée verdoyante et qui a peu de contacts avec le reste du monde. On ne peut guère dire que cette famille souffre de la solitude si l'intimité de leur tranquillité lui suffit. La solitude n'est donc pas une condition qui dépend de la présence des autres, mais de nous-même. Une personne peut parfois se sentir seule non pas parce qu'elle n'a pas d'amis mais parce qu'elle en a trop.

Se sentir seul dans la multitude est une sensation terrifiante. Celui qui a déjà ressenti cette sorte de solitude saura très bien ce que nous voulons dire.

L'individu qui se sent seul est un individu malheureux, déçu, amer, plein de rancœur envers un monde qui, en apparence, le rejette. Au lieu de vaincre sa solitude en essayant d'en connaître la cause profonde, les gens qui se sentent seuls tendent à se replier sur eux-mêmes, évitant les contacts humains qu'ils souhaitent et qui leur seraient si bénéfiques.

Ainsi s'explique Eléonore T. : « Je suis mariée depuis cinq ans, j'ai un enfant de trois ans et mon mari dirige la filiale d'une importante entreprise. Nous avons une belle maison mais jusqu'à présent fort peu d'argent car nous avons presque tout dépensé pour la meubler. Mais peu importe, mon mari gagne bien sa vie et pense être prochainement promu. Mon souci n'est pas là. Mon problème est d'un autre ordre et ne concerne que moi : depuis que je n'habite plus la capitale où je suis née et où j'ai fait mes études, et que je vis ici où je ne connais personne, je me sens terriblement seule. Mon mari a des horaires impossibles, je ne le vois que le soir tard ; bien souvent le samedi il travaille toute la journée. Quant aux voisins, il m'est difficile d'établir avec eux une conversation qui aille au-delà du simple bonjour-bonsoir. Je ne travaille pas, c'est peut-être là mon point faible et lorsque j'en ai fini d'arranger la maison et de m'occuper de mon fils, je n'ai rien d'autre à faire.

Je me sens seule et triste. Mes parents me manquent, bien qu'une fois mariée j'aie pris l'habitude de ne les voir que tous les quinze jours. Mais c'était différent : je les savais près de moi, je pouvais aller les voir quand je voulais. Ce sont mes amis qui me manquent, les vieux amis d'autrefois et les camarades d'études. On me dit souvent : « Mais tu as un enfant ! Cela ne te suffit donc pas » ? Et bien à vrai dire, non ! Mon fils a trois ans ; il est gentil, souriant, intelligent, mais ce n'est pas une compagnie pour une femme de mon âge, bien que je sois sa mère. Je ne sais pas si je me suis bien expliquée, je ne voudrais pas être mal comprise : bien que j'aime beaucoup mon petit garçon, mes relations avec lui sont celles d'une mère envers son enfant, bien entendu, et non pas de deux amis. Si mon mari travaillait un peu moins, tout serait différent. Il lui est si facile de s'adapter partout, de communiquer avec les autres : c'est sa nature, son caractère est sympathique. Le dimanche, le téléphone ne cesse de sonner et la maison se remplit d'amis, de ses amis, des collègues de bureau, et il semble même impossible que pendant la semaine je me sente aussi seule et déplacée.

Mon mari trouve que je donne trop à la famille et rien aux autres. Selon lui, j'adopterais une attitude de dame snob qui ne me convient pas du tout. Il sait que je suis timide, mais les autres l'ignorent. Que dois-je donc faire ? Je suis ainsi faite et à mon âge, je ne saurais vraiment pas par où commencer pour changer mon caractère et devenir une personne exubérante. C'est peut-être dû au fait que je suis du Nord et que se ne sais comment me lier d'amitié avec les Méridionaux ? ». Après un examen plus approfondi, Eléonore T. reconnut un fait important qui aussitôt élucida son comportement et expliqua ses confidences. Étant enfant, elle adorait que son père lui montrât son affection ; or lui semblait préférer sa sœur cadette, plus gentille, plus jolie qu'elle. Bien que ses rapports avec sa mère fussent affectueux, elle a toujours souffert de cette préférence de son père pour sa jeune sœur. « Oui, reconnut-elle, je me sentais rejetée, reléguée au second plan ». « C'est-à-dire seule » ? lui avons-nous demandé. « Exactement, finit-elle par avouer, seule ».

Un enfant se sentant rejeté par ses parents recherche la solitude. Les enfants qui grandissent dans des orphelinats et des hospices, avec peu de soins et guère d'affection, deviennent des adultes mélancoliques et misanthropes. Dans ce cas, la solitude les protège de la crainte du monde extérieur. Ils se sentent seuls parce qu'ils évitent les gens, et ils les évitent parce qu'ils suscitent en eux d'obscures sentiments d'angoisse. Voici donc un autre sentiment engendré par la peur : la solitude. Une personne véritablement seule est aussi incapable de sortir de sa coquille pour donner son affection ; elle veut tout d'abord recevoir, elle exige la sécurité. Peu à peu, son esprit se perd dans une brume grise, très difficile à expliquer. Que peut-on faire pour l'aider ? Bien peu si ce n'est lui conseiller d'aller voir un psychanalyste pour essayer de ramener à la conscience certains épisodes douloureux de son enfance et comprendre les sentiments qui l'ont faite souffrir. Et il ne faut pas perdre de temps. Lorsque l'on arrive à une solitude totale, on finit par choisir le suicide, l'« isolement » parfait qu'implique la mort. Jamais personne ne saura ce que pensent les suicidés pendant les derniers instants de leur vie, mais il est plausible de supposer que ce qui les pousse au suicide, c'est précisément la solitude. La douleur n'est pas suffisante. Aussi grande soit-elle, la douleur est supportable lorsque l'on se trouve près d'une personne avec qui on peut la partager. Mais la solitude opaque, monotone, sans larmes, ne l'est certainement pas. Elle est intolérable.

Parmi les cas de suicide, nous trouvons les cas les plus divers : femmes au foyer, homosexuels, industriels, adolescents, vieux, riches, pauvres, agriculteurs, employés. On est souvent surpris. On se souvient du caractère jovial de l'un, de la fortune de l'autre, et rien, rien ne laissait soupçonner une fin aussi tragique. Les masques que le cœur solitaire revêtent peuvent abuser l'observateur le plus attentif.

Fort heureusement, il existe diverses formes de solitude qui ne tournent pas toujours à la tragédie. Il peut parfois s'agir d'un état d'esprit passager, d'une forme de timidité, de la conséquence d'un chagrin. Comme dans le cas de Mme T.L. âgée de cinquante-huit ans, veuve après vingt-sept ans d'un heureux mariage et qui brusquement s'est retrouvée seule. Sans enfants dans une maison bien trop grande, bien trop vide pour elle, la pauvre femme était sur le point de devenir folle. Rien ne parvenait à la distraire. Peu à peu, même ses vieilles amies l'avaient abandonnée et ne lui téléphonaient plus. La maison était vide et triste.

Son cas, quoique bien plus dramatique que celui d'Eléonore, pouvait de toute façon être résolu, car la vie de T.L. avait été tranquille et heureuse et cela l'avait rendu sûre et forte. La douleur et la sensation de solitude étaient compréhensibles, étant donné les pénibles circonstances, mais tout aussi compréhensible fut soudain sa réaction.

Elle qui n'était plus très jeune décida, malgré son âge, d'ouvrir la porte de sa maison à ses anciens amis et surtout de rechercher de nouvelles amitiés. Elle se consacra à des œuvres de charité, transforma sa maison en une sorte de foyer où elle hébergeait gratuitement des enfants d'ouvrières qui allaient travailler dans une usine, non loin de chez elle. Jamais plus elle ne fut seule. Sa vie fut comblée de satisfactions. Ce valeureux effort n'ôta rien à la douleur qu'elle ressentait face au décès de son cher époux, mais dans un certain sens, le souvenir de cet homme doux et aimable, auprès duquel elle avait vécu tant d'années, lui redonna courage et lui indiqua le chemin qu'elle devait suivre : le chemin de la vie.

## Conseils pour vaincre la solitude

Nous ne devons jamais nous laisser abattre par les circonstances, aussi douloureuses et cruelles soient-elles. Sachez que tous les êtres humains sont « seuls » et que toute amitié, toute relation amoureuse, exigent un effort. Vouloir que l'initiative vienne toujours des autres est une idée absurde et puérile. C'est une attitude mentale qui mène tout droit à la solitude.

1. Soyez naturel. Vous ne parviendrez jamais à vaincre la solitude en adoptant des attitudes qui vous font sembler différent de ce que vous êtes réellement. De nombreuses personnes ont honte de leur solitude et, pour ne pas l'admettre devant autrui, feignent de n'avoir besoin de personne.
2. Une personne qui ne connaît pas la solitude est toujours expansive, extravertie, attentive, disposée à aider et à écouter. La spontanéité lui permet de franchir de nombreuses barrières et d'inspirer la sympathie.
3. Ne soyez pas trop exigeant au moment de choisir vos amis. Nous avons tous des défauts et des qualités. On n'adopte pas un ami en fonction de ses disponibilités financières ou de son intelligence.
4. Il ne faut jamais sous-estimer son temps libre. Vos tâches vous sembleront toujours plus légères et agréables si vous parvenez à leur opposer la perspective d'une agréable soirée avec des amis ou d'une fin de semaine différente. Un livre peut aussi être un excellent ami, mais il ne résout pas le problème de la solitude.
5. Il est utile de s'inscrire à une association ou à un

cercle, selon ses tendances naturelles. Bien d'autres personnes se sentent seules, et ne demandent qu'un peu de compagnie.

6. Il ne faut pas se fixer de limites d'âge. Ne dites pas que vous êtes trop vieux pour telle et telle chose. Et ne dites pas non plus : « Cette personne est bien plus âgée que moi et par conséquent, elle ne m'intéresse pas. ». Il existe de fantastiques amitiés entre des personnes d'âges très différents et dans les relations amicales l'âge est la dernière chose qui importe.
7. Avant tout, soyez en bons termes avec vos proches parents. Ne recherchez pas la sympathie et la compréhension à l'extérieur, lorsque dans votre famille d'autres ont besoin de vous et de votre affection. Vous ne parviendrez jamais à être de bons amis si vous ne savez être de bons parents ou enfants.
8. Il faut être relativement indulgent avec ses propres erreurs.
9. Il ne faut pas se soucier de sa solitude et la considérer comme une condamnation à perpétuité du destin.
10. Il est bon de profiter d'une période de solitude passagère pour se consacrer à quelque chose de véritablement productif. Choisissez une activité que vous auriez dû abandonner si votre temps libre avait été consacré à sortir et à vous amuser avec des amis.
11. Il faut constamment se demander : « Suis-je une personne sympathique ? Suis-je spontané, cordial et sincère dans mes compliments » ?

Avant de conclure, il faut préciser une chose : de nombreuses personnes se plaignent d'être seules alors qu'en réalité elles sont seules parce qu'elles ne font rien pour lier amitié, parce qu'elles se sentent inférieures aux amis qu'elles souhaiteraient avoir et n'ont pas. C'est comme si elles avaient la certitude d'être indignes d'attention. L'origine de ce conflit singulier réside dans la nécessité habituelle de s'autopunir par le biais de l'indifférence des autres. S'il existe un sentiment de culpabilité qui empêche de réagir, de suivre nos conseils, la seule solution valable et utile consiste à découvrir d'où vient ce sentiment d'infériorité et ce qui est à l'origine de ce sentiment de culpabilité. De cette découverte peut surgir la solution.

## Pourquoi s'inquiéter ?

La peur n'engendre pas seulement la haine et la solitude. De la peur naît aussi l'inquiétude, le souci, une préoccupation continuelle qui, bien que ne s'identifiant pas à l'angoisse, représente, dans une plus ou moins grande mesure, l'incapacité de jouir de la vie.

Précisons tout de suite que, dans certaines circonstances, nous ne pouvons éviter de nous faire du souci. Par exemple, si un enfant souffre d'un accès de fièvre, il est compréhensible que ses parents soient inquiets. Si les affaires marchent mal, il est logique de s'inquiéter de l'avenir. Mais l'inquiétude devient anormale lorsque les parents se font du souci alors que l'enfant se porte bien ou lorsque le commerçant se tourmente constamment en pensant à l'avenir alors que ses affaires marchent bien.

Il est facile de se convertir en un tourmenté chronique. N'importe quelle occasion est bonne : « Et s'il m'arrivait la même chose » ? « Et si les circonstances venaient à changer ? ». Certains croient franchir l'obstacle en étant fatalistes : « Pourquoi me faire du souci » ?, essaient-ils de se convaincre, « Si le destin veut que je me ruine, je ne pourrais pas faire grand-chose pour l'éviter ».

Si nous devions préciser à quelle époque de la vie l'être humain commence à avoir des soucis, nous pourrions le situer vers cinq ou six ans, c'est-à-dire peu après les premiers contacts avec l'école. À moins que l'enfant n'ait des parents ou des maîtres particulièrement sensibles aux problèmes de l'enfance, le jeune enfant commencera à s'inquiéter de ses notes, des questions de son maître, de son attitude vis-à-vis de ses camarades de classe. Si auparavant, pendant le bienheureux temps des jeux, il lui importait peu de perdre ou de gagner, il apprend vite à l'école ce qu'est la compétition, la discipline, les obligations. Il perd le sens de l'amitié, de la solidarité.

Il est certain que les examens accentuent cette propension diffuse à l'inquiétude.

Qui n'a jamais rêvé, une fois adulte, qu'il se retrouvait devant un professeur à l'air grave et sévère et ne savait que répondre à ses questions incompréhensibles ? C'est un complexe d'infériorité qui demeure en nous, rien ne sert de le nier. L'autorité qui juge nous préoccupe, et dans cette préoccupation se rejoignent divers éléments : l'orgueil, le sens du devoir, la nécessité de faire apprécier notre intelligence ou nos capacités, la nécessité d'éviter une humiliation, etc.

Se faire du souci pour un examen est excessif, ou plutôt absurde. Ce sont les parents qui doivent canaliser les appréhensions de l'enfant afin qu'elles deviennent un facteur positif, à savoir une incitation à l'étude.

En dépit de ce qu'affirment certaines mères, l'inquiétude ne sert pas à l'étudiant ; elle le distrait au lieu de le stimuler, de l'inviter à se concentrer sur ce qu'il lit. Elle lui fait gaspiller une grande partie de son énergie intellectuelle au préjudice du résultat final. Un enfant ou un adolescent qui se présente à un examen le cœur en paix a bien plus de possibilités qu'un autre.

Ce type de préoccupation évolue chez l'adulte mais demeure fondamentalement inutile et néfaste. Dans certains cas, cela devient une excuse et l'on dit : « Je suis si préoccupé que je ne parviens à rien faire... ». C'est une façon de se justifier, en cas d'échec.

Un célèbre psychanalyste américain affirme qu'une préoccupation chronique agit comme une automobile dont le moteur demeure en marche vingt-quatre heures sur vingt-quatre, sans avancer ni reculer. Excellente comparaison. Celui qui s'habitue à s'inquiéter, ne laisse jamais son esprit se reposer et gaspille son énergie dans le souci continuel de pensées qui presque toujours, ne devraient pas être un motif d'inquiétude.

## Le droit au malheur

La haine, la solitude et l'inquiétude se rejoignent pour provoquer un sentiment de malheur.

Par malheur, nous entendons la prédisposition à s'apitoyer sur son sort et à considérer les autres comme responsables de ce qui doit être, en réalité, uniquement attribué à sa propre apathie.

« Je suis très malheureuse et personne ne me comprend », s'exclame la jeune fille à l'intention de ses parents. « Connais-tu plus malheureux que moi ? », dit le jeune homme à l'un de ses amis, de toute bonne foi. « Tu as fait de moi une femme malheureuse et tu m'as enlevé toutes mes illusions ! » déclare sur un ton dramatique la femme à son mari.

Dans toutes ces affirmations, sous les lamentations, se cache une certaine vanité, comme si le malheur était, malgré tout, une condition privilégiée qui implique sensibilité et intelligence. Ne dit-on pas « Bienheureux les pauvres d'esprit » ou « Il vaut mieux être ignorant si l'on veut vivre heureux ». Accoutumés par une littérature romantique à identifier le poète et l'homme cultivé à des personnages mélancoliques, nous trouvons un certain réconfort à l'idée de pouvoir partager nos états d'âme avec d'aussi illustres compagnons de souffrance. Voilà pourquoi le malheur se proclame haut et fort. On nous habitue à la souffrance que l'on glorifie et qui sert ensuite de prétexte pour se faire plaindre, cajoler et considérer. Mais c'est un concept erroné. La personne malheureuse n'est pas sympathique. Au début, elle trouve peut-être une écoute et une bienveillance, mais peu à peu, même les gens les plus compatissants finissent par s'éloigner, presque repoussés par une amitié aussi triste et encombrante. De ce brusque revirement, le malheureux tire une nouvelle confirmation du bien-fondé de ses craintes. « Je le savais » dira-t-il avec l'air fier de celui qui a su prédire les choses, « ils m'abandonnent tous ! ».

Nous insistons sur le fait que le malheur est une prédisposition de l'esprit, un état psychique. Il est inutile d'essayer de le combattre en en éliminant les causes apparentes, car de nouveaux prétextes d'infortune seront vite avancés. En revanche, si l'on veut véritablement vaincre le malheur, il faut partir de la ferme décision de gagner non pas la première bataille mais toute la guerre. Un soldat, l'arme non chargée, est voué à l'échec, à moins que la grâce de Dieu ne le protège. Un malheureux qui désire être heureux doit auparavant se persuader que ses intentions sont sincères.

Le bonheur, qu'est-ce ? À nouveau, nous nous trouvons devant un mot étrange, poétique plus qu'humain, auquel il est impossible de donner une signification absolue et universelle. On peut seulement dire qu'il s'agit d'une condition subjective et relative à laquelle chacun d'entre nous peut prêter ses idées. « Aujourd'hui je me sens heureux », constatons-nous étonnés. Pourquoi ? Nous ne saurions le dire. Nous sommes heureux et tout semble nous sourire, grâce à cette inattendue et merveilleuse euphorie qui nous enivre d'optimisme, bien que très probablement, il ne nous soit rien arrivé de particulier. Aujourd'hui la vie est telle qu'hier. Les personnes que nous côtoyons sont exactement les mêmes. Et pourtant, tout semble différent, tout semble plus beau, meilleur.

La personne psychiquement saine oscille entre le malheur et le bonheur, sans souffrir pour autant de profonds traumatismes. La personne éternellement heureuse est une utopie. La personne éternellement malheureuse est un cas pathologique. Celui qui oscille entre des moments de joie et de tristesse peut, bien entendu, essayer de multiplier les premiers pour compenser les seconds. Voici à cette fin, quelques conseils utiles.

1. Il est utile de se concentrer chaque jour sur ce que l'on fait habituellement. Ce sera une façon de tout redécouvrir. Supposons que vous soyez une femme au foyer, toujours devant vos fourneaux, au point de savoir cuisiner les yeux fermés. Bien ! Pour une fois, approchez-vous de vos casseroles comme si vous étiez une débutante, décidez d'essayer un plat nouveau, préparez-le avec amour, mettez la table comme si c'était une occasion spéciale, n'ou-

bliez pas d'ajouter à la soupe un peu de sel et de tendresse pour tous ceux qui vous sont chers.

Imaginons un instant que vous êtes un homme d'affaires, de ceux qui se lèvent de fort méchante humeur tous les matins pour se rendre au bureau, s'habillent et déjeunent en toute hâte, grognent si la voiture ne démarre pas au quart de tour et pestent si la circulation est plus dense que de coutume. Pour une fois, essayez de vous lever au moins une demi-heure plus tôt, habillez-vous avec plus de soin que d'habitude et au lieu de prendre la voiture, marchez un peu ou prenez l'autobus. Vous découvrirez des visages nouveaux autour de vous ; vous n'aurez pas à vous concentrer sur la circulation. Vous pourrez enfin vous permettre le luxe de regarder autour de vous, de surprendre la tension ou la sérénité sur les visages des gens, de remarquer et juger des événements divers que, le soir venu, vous pourrez raconter à votre famille.

Attaquez la journée du bon pied, tranquillement avec optimisme, en étant légèrement critique vis-à-vis des autres et généreux envers vous-même. Tout ira bien mieux et vous vous sentirez même plus heureux.

2. Il ne faut pas vous imaginer que vous ne méritez pas le bonheur. Malgré les fautes que nous pensons avoir sur la conscience, nous avons tous droit à un rayon de soleil.
3. Il ne sert à rien de se retrancher derrière le prétexte d'une enfance malheureuse. Il est vrai qu'une grande part de nos problèmes actuels dépendent largement des traumatismes soufferts pendant notre jeune âge, mais au lieu de nous résigner à cette idée, rebellons-nous à la pensée de traîner le poids

de quelque chose qui nous a tourmenté ou effrayé il y a de nombreuses années. Ne soyez pas conformiste. Les parents n'ont pas toujours raison mais ils n'ont pas toujours systématiquement tort non plus. Les parents sont des personnes comme les autres avec leurs qualités et leurs défauts. L'amour familial ne saurait annuler tout jugement critique et objectif.

4. Il est bon de pleurer si l'on en ressent l'envie, mais il ne faut pas parler comme si l'on était toujours sur le point de fondre en larmes. Une bonne crise de pleurs peut nous soulager et a un effet favorable sur nos nerfs tendus mais une larme qui brille toujours au coin de l'œil, sans parvenir à rouler le long de la joue, est néfaste et provoque l'antipathie.
5. Si, à un moment donné, vous ne croyez plus à la possibilité d'être heureux, accordez-vous un quart d'heure de trêve, de repos, de sérénité pour vous consacrer à ce qui vous plaît véritablement. Un homme nous a un jour expliqué quel était son secret pour conserver son calme et sa sérénité tout au long du jour, quoi qu'il puisse lui arriver ; le secret se trouve dans un petit secrétaire à trois tiroirs fermés dont lui seul garde la clé. Sa famille n'ose jamais le déranger lorsqu'il est assis à ce bureau car il prétexte un travail urgent qu'il n'a pu terminer et prie tout le monde de le laisser travailler sans l'importuner. Une fois la porte fermée, il ouvre les tiroirs du secrétaire et en retire mille et un trésors qui n'ont rien à voir avec sa profession ; il y a une collection de timbres, une photographie qui lui rappelle des moments de bonheur, une note d'hôtel de son voyage de noces, diverses cartes postales de lieux qui lui plaisent, des photos d'amis qui lui sont chers et bien d'autres souvenirs agréables encore. Si l'on

venait à l'épier tandis qu'il examine ses trésors, on en conclurait aussitôt que cet homme se comporte de façon enfantine ou plutôt fétichiste ; mais il n'en est rien, tout au moins dans son cas. Si le contact avec les objets et les souvenirs qui lui sont chers lui redonne force et courage, quel mal y a-t-il à cela ? C'est une façon de se retrouver avec soi-même, de méditer, de se laisser aller un peu à la fantaisie ; une habitude tout à fait inoffensive que le psychanalyste pourrait parfois interpréter négativement, mais qui dans la pratique, se révèle utile et innocente.

6. Si l'on vous fait du tort, il faut savoir pardonner. Vous n'en sortirez que plus fort et serein. Rien n'est plus exaspérant que le désir de vengeance. Pardonner signifie se sentir meilleur que les autres et psychiquement plus solide.
7. Il faut prendre soin de sa santé.
8. Il faut essayer de s'améliorer chaque jour « un peu » ; au niveau de son caractère, dans sa façon de conduire, de cuisiner, dans ses relations avec ses collègues, avec ses enfants, son conjoint, etc. Que la vie soit un effort constant mais réconfortant de perfectionnement de ses propres capacités ; le monde qui nous entoure n'en semblera que meilleur dans la mesure où notre personnalité s'y projette.
9. Il faut savoir s'occuper. Rien de plus triste et malheureux que l'ennui et le désœuvrement.
10. Il faut essayer de ne pas se laisser démoraliser pas ses soucis d'ordre économique.

## Désir d'expiation

Nous avons, à plusieurs reprises, parlé du cas des personnes qui ne sont pas heureuses car elles croient ne pas mériter le bonheur. C'est à cette catégorie qu'appartiennent de nombreuses femmes qui pleurent même dans les mariages ou les baptêmes ou qui réagissent à tout événement joyeux en versant d'abondantes larmes.

Nous ne pouvons leur conseiller qu'une seule chose : consulter un psychanalyste. Le désir d'expiation exclut la volonté de guérir spontanément et par conséquent la possibilité de toute auto-analyse profonde. Le masochisme, qui est à la racine de cette souffrance éternelle et obstinée, sera énergiquement traité par un spécialiste avant qu'il ne débouche sur une pulsion suicidaire.

## L'alcoolisme, la drogue

Il n'y a pas que le revolver, le robinet du gaz ou le tranchant d'une lame de rasoir pour s'éliminer ; on peut fuir la vie de mille autres façons moins draconiennes et définitives, mais non moins graves et dramatiques, dans la mesure où elles mènent aussi à la mort. L'agonie est seulement plus longue. Celui qui choisit l'alcool ou pire encore la drogue, prend un chemin qui le mène implacablement vers une fin tragique. Les alcooliques et les toxicomanes sont des êtres faibles. Incapables de se prendre en charge, de se ressaisir, ils recourent à des moyens excessifs qui en font de véritables pantins. L'illusion d'oublier conduit à ces excès absurdes. Mais le prix qu'il faut payer pour une euphorie est, en vérité, bien trop élevé ; c'est le prix de sa santé et de sa vie.

Un alcoolique n'est pas forcément un pauvre diable au nez rouge et à la face congestionnée qui se raccroche aux réverbères. L'alcoolique peut être un monsieur distingué qui, de bon matin, commence par boire une eau-de-vie pour « se requinquer », puis continue d'apéritifs en pousse-café pour passer la soirée avec deux ou trois whiskies, derniers verres d'une longue série. Il porte bien son euphorie ; il est à peine plus joyeux et exubérant que la normale, il converse allègrement, rit, plaisante volontiers, ou bien devient triste, s'isole et ses amis le laissent dans son coin.

Avec un verre à la main, ce monsieur « distingué » se sent plus sûr de lui. Les problèmes qui le matin lui semblent insurmontables, le soir venu ne sont que de simples vétilles, sans importance. L'alcool semble tout résoudre. Les affaires marchent mal ? Deux ou trois verres d'alcool et tout semble plus simple, plus facile. Et qu'importe si le lendemain matin, la tête tourne, l'estomac chavire, si l'appétit diminue, si les migraines deviennent fréquentes, si l'on a des nausées, si le foie commence à donner des signaux d'alarme.

Il est stupide de continuer ainsi. Boire trop, nous le savons tous, est une habitude pernicieuse et comme tous les vices de ce genre fort difficile à guérir.

Essayons de comprendre pourquoi l'on boit et pourquoi l'on recourt à la drogue. La réponse est simple : il s'agit d'un retour à la première enfance, à une situation lointaine qui remonte aux premiers jours de notre existence, lorsque nous nous collions au sein maternel et tétions le lait chaud et tiède. Avez-vous déjà observé un nouveau-né lorsque sa mère lui donne le sein ? Si auparavant il criait, le seul contact avec le sein tiède de sa mère le réconforte, l'écoulement du lait dans sa bouche, le bras qui le serre tendrement le rassurent, le satisfont et toutes ses résistances sont aussitôt vaincues.

Psychologiquement, l'alcool représente pour l'adulte ce que le sein maternel représente pour le nouveau-né. Il lui redonne confiance. En d'autres termes, c'est la répétition d'une lointaine félicité. Cette explication pourra peut-être sembler très audacieuse. Elle ne l'est pourtant pas. Tout le monde sait, même ceux qui sont le moins disposés à admettre les découvertes de la psychanalyse, qu'un homme frustré trouve un réconfort à ses obscurs malaises en retournant symboliquement à la période où il tétait. Il fume, il boit, il se drogue. Son désir d'oublier tout ce qui lui est arrivé depuis ces instants de bonheur et le moment présent se réalise comme par enchantement. Pour nous résumer, l'individu retourne aux tout premiers stades de sa vie.

En buvant, l'homme se croit libre. Il n'a plus d'inhibitions ni de complexes. S'il était timide, il devient joyeux et cordial. À sa nature véritable se superpose le masque de l'individu qu'il voudrait être et ne sera probablement jamais sans le recours à cet excitant.

L'angoisse disparaît sous l'effet de l'alcool mais, au réveil, elle est encore plus pénible et la résistance à celle-ci est bien moindre. Pour quelques heures de trêve, un individu court le risque de gâcher sa vie sans envisager d'autres voies plus recommandables pour parvenir à une solution. Certains psychiatres considèrent l'alcoolisme comme une espèce de folie ; une folie sous les effets de laquelle un homme peut faire ce que bon lui semble, allant parfois jusqu'à tuer ou se tuer. Les délits commis sous l'influence néfaste de l'alcool sont innombrables.

Plus grave encore est le problème de la drogue, sujet brûlant d'actualité, répandu dans le monde entier. Il n'est pas besoin de parler des dangers implicites de ce fléau qui menace la santé et la vie de tant de personnes. Ceux qui prennent cette voie ne sauraient dire après : « Je ne savais pas, je ne croyais pas... ». Celui qui recourt aux stupéfiants sait très bien ce à quoi il s'expose.

Tous ceux qui se droguent par désespoir sont aussi malades que les alcooliques chroniques. Il serait un peu trop facile de tomber dans un moralisme mesquin et d'accuser les coupables. Notre propos ici n'est pas de faire la part de ce qui est raisonnable et de ce qui ne l'est pas, mais de trouver le plus rapidement possible un remède afin de prévenir ce mal et soigner tous ceux qui souffrent des conséquences de ce terrible vice. Une guérison radicale et totale ne peut se faire sans recourir à une psychanalyse.

Il faut tout d'abord savoir ce qui tourmente ces hommes et ces femmes qui gâchent ainsi leur vie. Il faut rechercher les racines du mal, savoir ce qui s'est passé dans leur enfance et leur adolescence. Une cure de désintoxication ne servira pas à grand-chose si l'on n'élimine pas les causes psychiques responsables de cette annulation volontaire de la personnalité. À la première occasion, le désintoxiqué rechutera.

Ce qu'il faut soigner ce sont les conflits de la personnalité, c'est-à-dire la racine profonde du mal. On ne peut compter sur une vague bonne volonté du patient. Il serait absurde de se limiter à dire au drogué : « Si tu veux te soigner, essaie d'être plus optimiste, regarde un peu autour de toi, souris à la vie, etc. ». Le toxicomane n'est pas en mesure d'écouter ces conseils. Le monde entier le dégoûte, les gens le gênent et il se réfugie dans les stupéfiants car les sensations qu'il expérimente alors lui rappellent le doux souvenir, inconscient mais réconfortant, du giron maternel.

## La fuite de la réalité

Ce n'est pas en fuyant que l'on apprend à vivre. La vie est telle que nous la voyons, de la couleur de notre inconscient, de nos pulsions, instincts et désirs refoulés, c'est-à-dire de notre propre création. Sinon, comment expliquer que pour les uns, la vie soit source de joies et de bonheurs et pour les autres, source de tristesses et de malheurs ?

Prenons, par exemple, l'attente du premier enfant pour deux couples issus du même milieu et jouissant de conditions économiques identiques (nous éliminons ainsi toute justification d'ordre socio-économique) et du même âge. Pour le premier couple, cette attente est synonyme de joie ; chez le second, l'atmosphère est tendue, et la conversation tourne autour de la crainte de l'accouchement et des sacrifices futurs. Pour la première mère, l'enfant qui doit naître est une joie ; pour la seconde, un contretemps, un hôte non désiré, qui lui rendra plus difficile sa carrière, brisera ses objets préférés, lui fera perdre sa ligne et lui supprimera bien des loisirs. Un autre exemple : les vacances. Pour le premier couple, les vacances sont une sorte de récompense bien méritée et il économise tout au long de l'année pour profiter de trois semaines de repos savourées à l'avance en pensée.

Pour le second couple, jusqu'au dernier moment, on ne sait où on ira, l'un parle chaleur et bains de mer, l'autre parle fraîcheur et promenades en montagne ; on discute ensuite du mode d'hébergement et finalement tout se termine par vingt jours de vacances épuisantes sur fond de disputes, dont personne n'a su tirer profit. Et pourtant, le couple A et le couple B passent leurs vacances au même endroit et à la même période de l'année. En fait, on ne peut fuir constamment la réalité et, une fois que l'on a quelque chose, vouloir aussitôt son contraire. Fort nombreuses sont les personnes qui se lamentent de ne pas avoir telle ou telle chose, mais dès qu'elles l'ont obtenue, elles geignent car elles ont changé d'idée. Bref, elles ne cessent de se contredire et de se plaindre. Ce sont des gens qui détestent la réalité quelle qu'elle soit, belle ou laide, et qui se réfugient dans les rêves en pensant que la fantaisie les satisfera bien plus. Mais la fantaisie ne les satisfait guère ; au contraire, elle ne fait qu'accroître leurs envies et les éloigne un peu plus à chaque fois de l'occasion de saisir la chance au vol lorsqu'elle se présente, les condamnant à un douloureux gaspillage de joies jamais savourées.

# Comment mieux vivre ?

L'objectif vers lequel tout être humain devrait tendre est, sans aucun doute, celui de vivre mieux. C'est à cette tâche que nous vous proposons de consacrer vos efforts. Qu'advient-il de celui qui laisse les maux physiques et les conflits psychiques troubler son existence, sans réagir ? Il vieillit rapidement et ne cesse de se plaindre à propos des occasions qu'il a perdues ou gaspillées. Toute sa personne n'exprime qu'amertume et regrets. Ses meilleures années se sont envolées à jamais et n'ont servi qu'à poursuivre des fantasmes, ressasser des pensées destructrices qui maintenant semblent vaines, stupides et inconsistantes.

« Ah ! s'il m'était donné de tout recommencer ! » bougonnent les personnes âgées. Mais il est hélas trop tard. Ce qui est fait est fait. La vieillesse devient alors triste et amère, et ces personnes se réfugient alors dans une morbide agonie de l'esprit. Incapables d'évoquer le passé sans frémir, elles attendent que la mort vienne les délivrer de toutes leurs souffrances morales. Aucun plaisir dans les souvenirs, aucun écho de rires ou de douceurs passées. L'image que reflète leur mémoire synthétise impitoyablement les années passées vainement et volatilisées.

On peut parfois se demander comment une personne

en mesure de voir, d'entendre, de lire et surtout de raisonner, peut encore être optimiste par les temps qui courent.

Mais l'optimisme, bien loin d'être la vertu des sots, est en réalité une conquête ardue de l'esprit qui parvient à être suffisamment fort pour résister aux attaques extérieures et à trouver un motif de satisfaction et de plaisir autour de soi.

## Pessimisme et optimisme

Essayons de voir ce qui distingue un optimiste d'un pessimiste. Ce n'est, certes, ni l'intelligence ni la chance. Ce sont deux personnes diamétralement opposées qui se caractérisent par des points de vue différents au moment de juger et d'apprécier une même chose, un même fait, une même situation. Voici quelques exemples qui illustreront clairement cette différence.

- Aux premières heures de l'aube, un chat noir traverse soudainement la rue, devant l'optimiste et le pessimiste qui vont réagir de manière totalement différente. Le pessimiste, bien que non superstitieux, arrive vite à se convaincre que dans la journée, tout ira fort mal. L'optimiste pense que dans tous les pays anglo-saxons le chat noir est un signe de chance et se réjouit de l'avoir vu. Ou bien, l'optimiste ne prête guère attention à l'animal et n'y voit qu'un chat purement et simplement, qui n'annonce rien de particulier.
- Après une longue promenade, l'optimiste et le pessimiste se sentent tous deux fatigués. Le pessimiste s'exclame : « Je rentre et vais aussitôt aller me coucher ; je ne voudrais pas tomber malade demain ; cette fatigue ne me dit rien qui vaille » ! L'optimiste

dit : « Je rentre à la maison prendre une bonne douche, avant de ressortir ».

- L'optimiste et le pessimiste arrivent tard, le soir venu, dans un petit village où il n'y a qu'un seul hôtel et ne trouvent aucune chambre de libre. Le pessimiste se fâche et blasphème. L'optimiste pense : « Et bien, je vais en profiter pour voir le lever du soleil et demain je dormirai douze heures d'affilée ».
- Devant un verre à moitié plein, l'optimiste pense : « Il est encore à demi plein » et le pessimiste pense : « Il est à moitié vide ».
- L'optimiste regarde sa montre et s'exclame : « Il est six heures quarante-cinq ». Le pessimiste constate : « Il est sept heures moins le quart ».
- Le pessimiste et l'optimiste sont envoyés à l'étranger par l'entreprise dans laquelle ils travaillent. Le pessimiste se désespère et se plaint (bien qu'il ait été promu et augmenté) tandis que l'optimiste se sent euphorique à l'idée de connaître une nouvelle ville.
- L'optimiste et le pessimiste se font une légère entaille au doigt. Les deux vont aussitôt chez le médecin, mais le pessimiste se fait aussitôt faire une piqûre antitétanique tandis que l'optimiste dit : « J'ai eu de la chance... cela aurait pu être bien plus grave » !

Les exemples sont innombrables. Tout autour de nous, les occasions ne manquent pas de faire de telles comparaisons avec nos proches parents et nos amis. Parfois, derrière une phrase ou un commentaire insignifiant se cache un tempérament renfrogné et pessimiste qui assombrit l'atmosphère et répand la tristesse chez les autres.

Et vous ? Vous êtes-vous demandé parfois comment vous considèrent les autres ?

Êtes-vous optimiste ou pessimiste ?

Recherchez-vous le bon côté des choses et des personnes ? Vous efforcez-vous de sourire et de prendre avec humour un incident ou un contretemps.

Certes, il n'est guère facile de se transformer soudain en un individu allègre, surtout après avoir passé la majeure partie de son temps à se plaindre de ses propres malheurs et de ceux d'autrui. Mais parvenu à ce point du livre, vous avez pu analyser les causes profondes de vos mouvements d'humeur et appliquer des remèdes à votre névrose (bien entendu dans les cas où le recours à l'analyste n'est pas indispensable) ; il ne vous sera donc pas difficile de ramener vos difficultés à leurs justes dimensions.

Vous savez maintenant pourquoi vous êtes affecté de certains tics, de certaines manies ou phobies ; pourquoi vous vous sentez déprimé, pourquoi vous avez éprouvé une terrible angoisse pendant des années à l'idée d'être inférieur aux autres. Vous savez que tous ces symptômes et bien d'autres encore vous font souffrir indirectement, c'est-à-dire en substitution à d'autres troubles plus secrets, refoulés. En analysant votre enfance, votre vie sexuelle, en jugeant objectivement l'éducation que vous ont donnée parents et professeurs, vous aurez peut-être décelé le foyer d'infection où sont nés tant de troubles obscurs. Et répétons-le encore une fois : savoir signifie guérir ou pouvoir expliquer à soi-même ce que l'on savait déjà mais feignait ou croyait ne pas savoir. Cela signifie surtout mettre de l'ordre dans ses idées, découvrir des sensations lointaines qui affectèrent la sensibilité de l'enfant que nous étions et qui se sont ensuite transformées en désirs, instincts, pulsions et tendances irréprimables chez l'adulte.

Lorsque l'on a mis un peu d'ordre, lorsque l'on a réétabli l'équilibre entre les forces du bien et du l'inconscient et l'intransigeance de la conscie pourquoi ne pas s'accorder le privilège d'être un peu plus optimiste ? Pourquoi ne pas agir de façon différente, ne serait-ce que pour changer ?

On peut arriver à être optimiste avec un peu de pratique. On parvient à être optimiste en apprenant à sourire et avec un peu d'autosuggestion. Ne confondez pas toutefois l'optimisme avec l'illusion et la naïveté, car les déceptions n'en seraient que plus terribles. L'optimisme n'a jamais exclu les échecs et les erreurs mais les juge à leur juste mesure.

Essayez de penser :

- J'ai gaspillé trop de temps, j'ai perdu de nombreuses occasions d'être heureux, mais je veux maintenant récupérer le temps perdu et profiter de la vie.
- Je vais commencer aujourd'hui même.
- Que le passé me serve de leçon et non d'obstacle, je veux toujours vivre dans le présent.
- Si je me sens heureux aujourd'hui, je veux l'être aussi demain.
- Si les choses ne vont guère comme je veux aujourd'hui, tout ira mieux demain.
- Si j'ai des soucis et des problèmes à résoudre, je vais essayer de dormir sans y penser et je suis sûr que demain je me réveillerai avec de meilleures dispositions prêt à essayer de trouver la meilleure solution à ces problèmes.
- J'ai confiance en moi.
- Je suis quelqu'un d'intéressant et si les autres ne semblent pas me comprendre ni m'apprécier, tant pis pour eux.
- Je suis quelqu'un d'honnête et de loyal et je sais que je serais incapable de faire du mal à qui que ce soit.

– Les gens sont en règle générale sympathiques bien qu'ils fassent tout leur possible pour se montrer antipathiques. De toute façon, ils méritent attention et respect.
– Je suis quelqu'un de sympa.
– Je ne tire pas suffisamment parti de mes capacités. Si je faisais un effort, je serais bien plus efficace.
– Si, par le passé, j'ai commis quelque erreur, patience. Tout le monde peut se tromper et même plus que moi. Je me pardonne et me déclare prêt à partir du bon pied.
– Cela ne vaut jamais la peine de se fâcher.
– Je ne blasphème pas, je ne jure pas, ne crie pas et ma voix conserve toujours un ton posé et poli.
– Je m'intéresse à toutes sortes de choses.
– L'argent va et vient alors que les amis restent.
– Il est inutile de courir sans raison valable. Demain je pourrai très bien faire certaines choses qu'il n'est pas indispensable de faire aujourd'hui.
– Montres et pendules sont là pour me donner l'heure et non pour m'obliger à courir et à ne pas perdre une minute.
– Dorénavant je vais prendre l'habitude de faire tous les jours une promenade, de préférence seul, peu importe où.
– Je vais m'efforcer de voir les choses comme le fait un enfant, c'est-à-dire avec la plus grande attention.
– Je serai plus prudent, ce qui ne veut pas dire que je vieillis. Au contraire, je ne me suis jamais senti aussi jeune et plein d'entrain.
– Je me sens serein, plus posé.
– Malgré tout, la vie est belle.
– Qui sait combien de choses intéressantes je vais découvrir demain.

Des phrases toutes simples, des propos simples, presque élémentaires.

Mais c'est cette simplicité qui favorise l'autosuggestion et le désir d'améliorer sa destinée.

## Comment rester jeune

Rester jeune et beau toute sa vie serait magnifique. Nous ne connaîtrions ni la déception des rides ni celle des cheveux blancs ; le passage du temps ne nous atteindrait pas aussi cruellement.

Le corps, gardé en parfaite forme physique grâce à une bonne gymnastique et à une alimentation équilibrée, ne serait pas exposé aux douleurs et aux faiblesses de la vieillesse. C'est un rêve, mais qui sait, demain peut-être, la science fera des miracles ! Pour le moment, il nous faut nous contenter des moyens qui sont à notre disposition ; défendons-nous comem nous pouvons, ne nous résignons pas devant la vieillesse et rejetons l'idée de nous prendre et de nous faire passer pour des « vieux ».

L'esprit, notre ambigu et précieux compagnon, n'a pas d'âge. Laissez-le être jeune. Empêchez les processus mentaux de « vieillir », le cerveau de renoncer à travailler, le cœur de ne battre que pour vivre et non pour savourer les moments heureux et passionnants de la vie. Il faut vous convaincre que si changement il y a, c'est sans aucun doute le meilleur, car les années apportent la sagesse et la maturité.

Sachez mieux maîtriser vos instincts, mieux vivre avec votre *Ça* et votre *Surmoi*.

- Cessez de ressasser votre passé, cela ne sert à rien : ni à revivre les moments joyeux (irrémédiablement perdus) ni à résoudre des problèmes qui n'existent plus. Mais penser aux êtres avec qui vous avez passé tant d'années de votre vie vous aide à égayer le temps présent.

- C'est le présent qui compte. Laissez au futur le plaisir de l'imprévu ; ne commettez pas l'erreur de faire d'obscures prévisions. Comme disaient les sages : « L'avenir est entre les mains des dieux ».
- Ne critiquez pas les autres uniquement parce qu'ils sont plus jeunes et ont des expériences différentes des vôtres. L'amertume ne convient et ne plaît à personne.
- Ne rejetez pas systématiquement le monde d'aujourd'hui. Le fait que vous le connaissiez fort mal devrait être un stimulant. L'intérêt que l'on peut porter à tout ce qui nous entoure est l'un des meilleurs remèdes que l'on puisse conseiller à qui veut rester jeune.
- Travaillez : le travail peut être plaisant car il permet à l'homme de se sentir utile à lui-même et aux autres. Mais n'oubliez pas que les distractions le sont aussi. L'alternative au travail n'est pas forcément le repos qui consiste bien trop souvent en une contemplation mélancolique de soi-même et en un éloignement progressif de la vie. Prenez exemple sur les étrangers qui, très jeunes, apprennent à voyager et à s'intéresser à tout. Qui peut imaginer une grand-mère française disant au revoir à sa famille avant de s'embarquer pour une croisière transatlantique ? Sa famille l'exhortera à la prudence, lui rappellera son âge et ses douleurs. Faites la sourde oreille pour savourer les meilleurs moments de votre vie. Profitez de la vie et n'économisez pas pour les autres.
- Abstenez-vous de donner des conseils et repoussez ceux qui prétendent vous en donner.

– Ne vous laissez pas influencer par ceux qui tiennent à vous rappeler votre âge et considérez ces gens-là comme de grossiers personnages.

Et soyez accessible à la compassion. Songez à tous ces hommes d'État, à tous ces grands savants, à tous ces illustres artistes qui ont donné le meilleur d'eux-mêmes précisément lorsqu'ils avaient votre âge ou peut-être plus. Ceci signifie qu'avec le temps, l'esprit demeure entier et s'enrichit de nouvelles expériences, pour devenir chaque jour plus fécond et plus lucide.

## L'importance du travail

Si demeurer actif est indispensable pour rester jeune et mieux vivre, cela l'est à plus forte raison lorsque l'on est jeune. On dit que le travail annoblit l'homme, même si certains ajoutent méchamment « et le rabaisse au niveau de l'animal », mais ceci ne se produit que lorsque l'être humain est exploité, lorsqu'il travaille à contrecœur, lorsqu'il est tourmenté.

Bien souvent l'homme se réalise en partie dans le travail qui constitue alors une sorte de remède contre tous les maux de l'esprit.

Il ne faut pas chercher à lutter contre le travail. Essayez en revanche d'utiliser vos capacités en harmonie avec votre ambition et n'y renoncez pas pour l'éphémère et frustrante ambition de l'argent. Celui qui ne travaille que pour l'argent a deux portes ouvertes devant lui ; toutes deux mènent à la névrose : ou bien il s'engage dans une activité qui ne l'intéresse que par son aspect financier et qui lui permet de maintenir sa famille à un certain niveau de vie ; ou bien il se laisse entraîner par un excès de travail qui le prive de tout moment de repos véritable (mental et physique) et qui finit par ne lui faire songer qu'à gagner plus d'argent encore.

L'idéal, bien sûr, est que puissent coïncider la nécessité d'être économiquement indépendant et celle de satisfaire sa capacité créative ou son intelligence qui, selon les cas, peut être utilisée manuellement ou intellectuellement. Dans le premier comme dans le second cas, il faut garder son enthousiasme car on risquerait bien vite d'agir machinalement et de vivre comme un robot pendant une grande partie de la journée ; en d'autres termes, on finirait par renoncer à la condition même d'être humain.

Est-ce important d'avoir du succès dans son travail ? Oui, mais ce n'est pas essentiel, car à trop le prendre à cœur, on risque d'être déçu. Réussir ne signifie pas atteindre les plus hauts sommets de sa profession, ni parvenir à grimper en haut de l'échelle sociale.

Il serait bien triste de devoir conquérir le bonheur à un prix aussi stupide, aussi ingrat. Réussir signifie vivre sereinement et en harmonie avec soi-même, en rejetant tout ce qui peut constituer une stimulation obsédante. À tout point de vue, le travail doit être un moyen et non un but auquel consacrer toute notre énergie.

## L'équilibre de l'existence

On pourrait comparer la vie à une balance à plusieurs plateaux dont chacun correspondrait aux diverses parties qui composent l'univers de chacun ; l'amour, la famille, le travail, les distractions, les amis, etc. L'objectif est de maintenir l'équilibre entre ces divers plateaux et empêcher que l'un deux entraîne tous les autres et finisse par nous perturber.

Pour se sentir bien équilibré dans la vie, il faut savoir

programmer son existence. Bien entendu, il ne s'agit pas de planifier ses journées en les divisant de façon rigoureuse et stricte comme s'il s'agissait d'un horaire d'internat : il suffirait du moindre imprévu pour que tout tombe à l'eau, et il va sans dire qu'une programmation de la sorte est ennuyeuse, lassante. Aucune programmation ne doit être inflexible ou telle qu'elle exclut le plaisir de toute nouveauté.

La volonté de disposer de son temps doit naître du besoin de se sentir maître de soi-même, de pouvoir prendre ses décisions, de savourer à l'avance certains projets qui ne dépendront ni des autres ni des circonstances. Qu'il est triste d'entendre : « J'aimerais faire ceci ou cela mais je n'en ai jamais le temps » ! Le temps, il faut le chercher, le trouver, renoncer à quelque chose de moins important pour son bien-être. Être incapable de consacrer une partie de son temps à ce qui nous rendrait heureux et serein trahit un manque d'intérêt profond.

De nombreux écrivains sont devenus célèbres en écrivant leur œuvres, la nuit, à la lueur d'une chandelle, afin de lui consacrer tout le temps nécessaire. Certains ont écrit des dizaines de livres, en se limitant à rédiger une page par jour ou même quelques lignes. Ils aimaient écrire et ont écrit. Ils se sont organisés et ont trouvé le temps nécessaire.

L'homme finit par réduire sa journée à une monotone alternance entre le travail et la vie de famille. Il pourrait réagir, éliminer les graisses superflues en faisant du sport, éteindre le poste de télévision et ouvrir un livre, téléphoner à des amis, s'organiser. Les personnes que l'on trouve sympathiques sont celles qui bousculent l'apathie des autres grâce à leur esprit d'initiative, accepté au départ avec méfiance, essentiellement par jalousie.

Qui n'aimerait avoir une famille toujours de bonne

humeur, peut-être un peu bruyante mais toujours disposée à faire mille choses ?

N'aimeriez-vous pas l'idée de rentrer à la maison, de voir des visages souriants, visages que vous auriez évoqués avec tendresse dans la journée, précisément lorsque vous vous seriez senti particulièrement inquiet, tendu ou fatigué ? Le bien-être familial dépend aussi en grande partie de nous-mêmes ; il dépend de l'amour que nous donnons et savons donner à notre compagnon ou à notre compagne, à nos enfants et à nos parents. Il nous faut savoir pardonner à nos parents leurs erreurs, l'éducation maladroite qu'ils peuvent nous avoir donnée. La psychanalyse tourne beaucoup autour des traumatismes de l'enfance, rejette la faute sur les parents qui ont fait preuve d'égoïsme ou d'une affection étouffante mais oublie l'importance du pardon. Certes, il est nécessaire de juger et de savoir. Mais lorsque nous connaissons les causes de la névrose, à quoi bon en vouloir à ceux qui auraient pu l'éviter ? Pardonner signifie se situer bien au-delà de la guérison.

## L'importance de la santé

Dans le cadre général de notre exposé, nous ne devons pas oublier l'importance de la santé, la vôtre et celle des autres. Il ne faut pas renoncer à dormir. Défendez votre repos et celui des personnes qui partagent votre vie.

Il n'est pas juste que votre femme que vous avez connue jeune et belle devienne en peu de temps fatiguée, tendue. Pensez aussi à elle et ne l'empêchez pas de prendre le repos qu'elle mérite. Que ferez-vous si elle tombe dans un état d'épuisement mental et psychique ? Qui en paiera les conséquences ? Elle bien sûr, mais vraisemblablement votre famille aussi.

Le même conseil vaut aussi pour les épouses. Il ne faut pas négliger son conjoint sous prétexte qu'il est plus fort et plus résistant.

Aller se coucher l'esprit préoccupé par de sombres pensées annonce une nuit agitée. Allez-vous reposer l'esprit tranquille et inspirez la sérénité à ceux qui vous entourent. Enfants, vous aimiez que l'on vous embrasse pour vous souhaiter bonne nuit ; maintenant, vous avez besoin de vous assurer que vous n'avez aucun compte à régler avec vous-mêmes. Faites le bilan de la journée : demain un jour nouveau commencera.

Et puisque nous parlons santé, n'oubliez pas l'importance de l'hygiène ; ne vous permettez pas d'être négligent, peu soigné.

Il faut se baigner ou se doucher tous les jours, non seulement par hygiène, mais aussi pour donner aux muscles une sensation stimulante de bien-être. S'il ne vous est pas possible de le faire le matin, parce que la salle de bains est trop sollicitée, prenez un bain ou une douche le soir ; vous vous sentirez ainsi bien plus détendu et prêt à profiter d'un sommeil réparateur.

Sachez que les médecins n'existent pas seulement pour les malades.

Ils sont aussi là pour les bien-portants qui souhaitent se soumettre à un examen complet, de temps à autre. Il nous faut insister sur ce point, car c'est une habitude encore peu répandue.

Une fois par an, il est bon que la famille consulte le médecin ; c'est une dépense utile et si le médecin constate que notre santé est parfaite tant mieux. N'est-ce pas ce que vous préférez entendre ? Par ailleurs, si l'un d'entre vous souffre d'un mal quelconque, il est toujours préférable de le soigner à temps et d'éviter toute mauvaise surprise.

Il en est de même pour le dentiste qu'il faut aller voir à la moindre carie.

Parlons maintenant des repas. Les maîtresses de maison qui s'acharnent à trop remplir l'assiette de leur mari et de leurs enfants ne leur rendent pas service, même si elles ont cuisiné chaque plat avec amour. Trop manger n'est pas bon. Le corps ne doit pas accumuler de graisses. Personne ne nie le droit de savourer un bon pot-au-feu ou un vol-au-vent en quantité raisonnable, mais il est toujours préférable de se lever de table avec encore un petit creux dans l'estomac. La plupart des maladies se soignent précisément par un bref jeûne. La viande n'est pas aussi nécessaire qu'on le croit souvent. Certaines personnes devraient même éviter d'en manger. En revanche, il est important d'avoir une alimentation équilibrée ; évitez de surcharger votre estomac et sautez de temps à autre un repas ou contentez-vous de quelques fruits. Un petit déjeuner copieux comme le prennent les Anglo-Saxons est une excellente formule. La tasse de café avalée debout au coin d'un café n'est pas à conseiller ; en revanche, un bon bol de café au lait ou de chocolat avec des toasts, de la confiture, des œufs, du jambon, ou des céréales vous permettent de prendre des forces pour toute la matinée. C'est une question d'habitude qu'il faut donner très tôt aux enfants et qu'il faut essayer d'adopter si l'on passe la matinée sans pouvoir manger ni boire quoi que ce soit. Il ne faut pas se mettre à table l'estomac creux depuis des heures et en ayant très peu de temps devant soi ; c'est ainsi que nous digérerons mal le repas avalé trop rapidement.

Il faut savoir se réserver un moment de calme à l'heure du déjeuner.

## L'amour, l'amitié

L'homme n'est pas fait pout vivre seul : il a besoin des autres. Les relations avec le prochain peuvent susciter une multiplicité de sentiments ; en règle générale, on peut les diviser en sentiments affectueux et hostiles. Celui qui désire bien vivre doit essayer d'éliminer les seconds. S'il parvient à établir autour de lui une atmosphère de cordialité et d'amour, ce sera un homme serein et heureux.

Mais ce n'est pas toujours facile à réaliser ; c'est même parfois impossible car, en dépit de notre meilleure volonté, nous pouvons susciter antipathies, envies et rancunes. Notre gentillesse peut même quelquefois être mal interprétée et notre amabilité jugée hypocrite.

Que pouvons-nous dire ? Patience encore une fois. Nous ne pouvons espérer plaire et être sympathique à tout le monde. L'amour et l'amitié sont aussi nécessaires à l'homme que l'air qu'il respire. Un individu qui préfère se retrancher dans la solitude commet la plus grave des erreurs. Ce n'est pas en fuyant la vie que l'on peut la conquérir. N'attendez pas que les autres fassent le premier pas et vous offrent sur un plateau l'amour et l'amitié que vous souhaiteriez recevoir. C'est un peu puéril. Vous n'êtes plus les adorables enfants que vous étiez pour vos tendres et compréhensives mères. Une fois adultes, vous devez apprendre à discerner les sentiments d'autrui, à choisir, à deviner, à reconnaître, à voir, sans vous laisser aveugler par des préjudices qui vous pousseraient injustement à exclure de votre cercle d'amitiés des personnes qui méritent votre estime.

## Derniers conseils, en conclusion

Notre voyage par les chemins de l'esprit humain s'achève.

Un voyage amical qui, nous l'espérons, aura servi à vaincre la tension nerveuse de certains. Après tout, vivre mieux n'est pas si difficile.

Parfois, il suffit d'essayer d'être optimiste pour se sentir différent et pour voir le monde autrement. Il est donc important de se rappeler ce qui suit.

- N'oubliez pas vos chagrins mais surmontez vos souffrances en essayant d'en découvrir les origines, c'est-à-dire en annulant leur agressivité.
- Aimez et soyez aimé.
- N'imaginez pas que les avantages de la vie sont gratuits. La vie a un prix qui ne dépend que de nous.
- Ne négligez pas votre famille. Ne croyez pas qu'en vous montrant sympathique à l'extérieur, mais taciturne, et incompréhensif à la maison, vous pourrez être heureux. C'est en famille que vous pourrez apprendre le bonheur...
- Ne vous laissez pas impressionner par le monde extérieur : même si de tristes nouvelles vous arrivent quotidiennement, refusez le pessimisme et observez les événements d'un point de vue critique et avec un intérêt qui différencie l'homme adulte de l'enfant effrayé qui croit aux ogres et aux sorcières.
- Ne soyez pas prétentieux. Ne dites pas que vous êtes meilleur que les autres ; efforcez-vous, en revanche, d'être meilleur qu'hier. Votre passé doit être votre unique point de comparaison.

- Ne perdez jamais votre sens de l'humour. Apprenez à rire.

Exercez-vous à minimiser certaines petites contrariétés qui risqueraient de vous blesser de façon disproportionnée. Le sens de l'humour ne consiste certainement pas en une attitude ironique vis-à-vis d'autrui. Tous les hommes sont égaux ; simplement, certains sont plus chanceux que d'autres.

- Ne vous habituez pas à prendre des attitudes puériles : cela ne plaît à personne. Soyez jeune, mais jamais aux dépens de votre dignité.
- Essayez de valoriser l'intelligence des autres. Nous aimons tous être flattés. Ne vous vengez pas sur les autres du peu de reconnaissance que vous obtenez. Si vous vous montrez aimable et serviable avec les autres, vous recueillerez toujours au moins 10 % de cette affabilité et c'est déjà beaucoup.
- Il faut aussi savoir prendre soin de soi, être un peu égoïste afin de ne pas être ensuite une charge pour les autres.
- Ne considérez pas vos journées comme une suite d'obligations sans fin. Méditez parfois sur vos droits mais sans les imposer aux autres de façon agressive. Chaque journée comporte au moins une heure de distraction et de détente.
- Il faut être tolérant. L'esprit de vengeance ne contribuera guère à votre sérénité et ne fera que susciter des attitudes névrotiques.

# Table des matières

Introduction .................................................... 7

Comment devenir son propre psychanalyste ?...... 9

Qu'est-ce qu'un psychanalyste ?...................... 10
L'oubli ne résout rien .................................. 11
Les inconvénients de la vie moderne............... 12
Objections .................................................. 13
L'auto-analyse : signification, utilité et risques ... 16
Un auto-interrogatoire................................... 18
Concept de normalité : psychotique, psychopatique et débile ............................................ 21
Qu'est-ce que l'esprit de l'homme ? ................ 24
Les mystères du psychisme............................ 27
Les lapsus................................................... 31
Docteur Jekyll et Mr Hyde ............................. 35
Ceux qui renoncent ....................................... 36
Les nostalgiques........................................... 36
Les rêveurs ................................................. 37
Les suicides ................................................ 37
Le bon sens ................................................ 38
Les frustrations ............................................ 43

Un code pour déchiffrer notre âme .................... 47
Qu'est-ce que le rêve ? .................................. 48
L'auto-analyse par l'interprétation des rêves...... 50
Comment naissent les rêves ?.......................... 51
La méthode d'interprétation ........................... 55
La résistance................................................. 57
Les rêves symboliques ................................... 58
Censure onirique........................................... 76
La condensation onirique .............................. 79
L'éloignement onirique.................................. 80
La transposition des rêves en images .............. 81
Conseils pour interpréter les rêves ................. 83

Sommes-nous tous névrosés ? ............................ 87
Comment se manifeste la névrose ? ................ 89
Les cas les plus graves de névrose.................. 91
La personnalité du névrosé ........................... 93
Types de névrose .......................................... 95
– Neurasthénie ............................................ 95
– Névrose d'angoisse .................................... 96
– Névrose monosymptomatique ...................... 97
– Hystérisme ............................................... 98
– Hypocondrie ............................................. 100
Comment se comporter auprès des personnes
névrosées ? ................................................. 102
Les avantages du névrosé............................... 104
L'autocompassion.......................................... 104
Les résistances ............................................. 106
La responsabilité de la famille........................ 109
Le milieu ..................................................... 111
La surprotection maternelle ........................... 116
Comment se défendre de ses parents ? ........... 118

À bout de nerfs .................................................. 125
L'asthénie nerveuse.............................................. 128
La crainte de l'avenir ........................................... 131
Les maladies psychosomatiques .......................... 137
La migraine ........................................................ 141
Les vomissements et les nausées ........................ 144
Troubles et désordres intestinaux......................... 145
Troubles cardiaques, complexe de culpabilité et autopunition ........................................................ 147
Mal au dos et complexe érotique ........................ 149
Le bégaiement .................................................... 150
La dépression nerveuse ....................................... 154
Le chagrin .......................................................... 156
Comment prévenir la dépression nerveuse ? .... 158

Les complexes d'infériorité et leurs causes ......... 165
Les défauts de la personnalité.............................. 167
– L'hypersensibilité ........................................... 167
– La colère ........................................................ 169
– Le mécontentement......................................... 172
– Le scepticisme ............................................... 173
– L'égoïsme ....................................................... 175
– L'intolérance.................................................... 176
La valeur de l'introspection .................................. 177
D'autres façons de retrouver son équilibre....... 179
Le complexe d'infériorité : une maladie embarrassante........................................................ 184
Les avantages du complexe d'infériorité.......... 190
Comment surmonter le complexe d'infériorité... 191
La discipline ........................................................ 198
Les surcompensations.......................................... 198

Le mariage et la sexualité ................................ 205
Les premières manifestations sexuelles chez l'enfant ........................................ 206
Vie sexuelle et bonheur ................................ 209
L'éducation sexuelle ........................................ 212
L'homosexualité ........................................ 215
– Homosexualité latente ........................... 216
– Homosexualité manifeste ....................... 219
L'impuissance ........................................ 221
La frigidité ........................................ 224
Les inhibitions ........................................ 229
La sexualité dans le mariage ....................... 231
Le mariage du névropathe ............................ 235
Incompatibilité sexuelle ................................ 238
Les couples condamnés ................................ 240
Que faire ? ........................................ 242
– L'ennui ........................................ 243
– Le doute ........................................ 243
– Les lamentations ................................ 244
– L'isolement ........................................ 244
– La pudeur ........................................ 244
– La négligence et le manque d'éducation... 245
– Le silence ........................................ 245
– La critique ........................................ 246
– La paresse ........................................ 246

La peur ........................................ 247
Qu'est-ce que l'angoisse ? ........................... 247
Les origines de l'angoisse ............................ 251
Le contrôle de la peur ................................ 256
Les phobies ........................................ 260
La superstition ........................................ 263
La haine, enfant de la peur ......................... 263

La solitude ........................................... 268
Conseils pour vaincre la solitude .................... 273
Pourquoi s'inquiéter ? ................................ 275
Le droit au malheur ................................... 277
Désir d'expiation ...................................... 283
L'alcoolisme, la drogue ............................... 283
La fuite de la réalité .................................. 287

Comment mieux vivre ? ................................. 289

Pessimisme et optimisme .............................. 290
Comment rester jeune ? ................................ 295
L'importance du travail ............................... 297
L'équilibre de l'existence .............................. 298
L'importance de la santé .............................. 300
L'amour, l'amitié ....................................... 303
Derniers conseils, en conclusion ..................... 304

*Composition Nord Compo*
*Impression Bussière, juin 2006*
*N° d'édition : 9700 – N° d'impression : 062250/1*

le 16. 12. 2007

Bon anniversaire

Kris

bonne Lecture

Dépôt légal : juin 2006
Imprimé en France